2023年江苏省高等教育教改研究立项课题"适、趣、效"高职院校大学生心理健康教育课堂教学模式研究(2023JSJG800)

你好！新同学

杨雪琴　徐　悦　主编

苏州大学出版社

图书在版编目(CIP)数据

你好！新同学 / 杨雪琴，徐悦主编. --苏州：苏州大学出版社，2023.8(2024.8 重印)
ISBN 978-7-5672-4511-2

Ⅰ.①你… Ⅱ.①杨… ②徐… Ⅲ.①大学生-入学教育 Ⅳ.①G645.5

中国国家版本馆 CIP 数据核字(2023)第 159340 号

书　　名：	你好！新同学
主　　编：	杨雪琴　徐　悦
责任编辑：	周建兰
封面设计：	吴　钰
出版发行：	苏州大学出版社(Soochow University Press)
社　　址：	苏州市十梓街 1 号　邮编：215006
网　　址：	www.sudapress.com
邮　　箱：	sdcbs@suda.edu.cn
天 猫 店：	https://szdxcbs.tmall.com
印　　装：	苏州市深广印刷有限公司
邮购热线：	0512-67480030
销售热线：	0512-67481020
开　　本：	787 mm×1 092 mm　1/16　印张：18.25　字数：380 千　插页：2
版　　次：	2023 年 8 月第 1 版
印　　次：	2024 年 8 月第 2 次修订印刷
书　　号：	ISBN 978-7-5672-4511-2
定　　价：	49.00 元

凡购本社图书发现印装错误，请与本社联系调换。服务热线：0512-67481020

《你好！新同学》编委会名单

主　　编　杨雪琴　徐　悦
副 主 编　郑月圆
编　　委　(按姓氏笔画排序)
　　　　　朱佳艺　刘福莲　花树洋　余新年
　　　　　张　静　罗海涛　赵子云　徐　锋
　　　　　赵癸萍　赵艳华　钱　怡　徐　进
　　　　　曹　亮　魏　艳
主　　审　强伟纲
美术指导　孟剑飞
翻页动画制作　康玉英
手绘地图改编　贺艺朵

办学理念

　　　　学生的家园　　企业的伙伴

学校精神

　　　　严谨务实　　敢为人先

校　　训

　　　　严谨治学　　崇尚实践

校　　风

　　　　敬业　俭朴　奋进

教　　风

　　　　敬业　勤业　精业

学　　风

　　　　勤奋好学　　开拓进取

遇见美好

流年静好,墨守岁月,梦的明天,期待着一份美好。

历经十多年寒窗,在美好初秋,满怀对大学生活的憧憬,你拉着行李箱,挥手告别父母,似轻拨一缕云彩,来到了无锡这个好地方,就读于无锡职业技术学院。

在这里,你遇见了美,这一次相遇,美得惊艳,美得震颤,美得彻骨;在这里,你遇见了好,这一次相遇,好得随意,好得舒心,好得难忘。

在美好时光里,你进入一座如诗如画的好地方。这里有"太湖佳绝处"鼋头渚、"江南水弄堂"清名桥。这里是"灵山吉祥地""百年工商城",曾获国家历史文化名城、国家生态文明建设示范市、国家园林城市、国家森林城市、中国优秀旅游城市、中国制造业最具竞争力城市、中国旅游休闲示范城市等荣誉称号,率先创成全国文明城市群,并蝉联中国最佳引才城市、中国最佳促进就业城市、中国最具幸福感城市。

在美好时光里,你求学在一所国内领先的高职院校。这是一所具有60多年办学历史的国有公办省属全日制普通高等职业院校,是国家"双高"计划A档建设院校,2024年在高职高专院校综合竞争力排行榜中位列全国第一;2019年以来,在江苏省普通高校高水平高职院校组综合考核中连续获第一等次。学校正高歌奋进在创建具有中国特色、世界水平的职业技术大学征程上。

在美好时光里,你遇见了一群德才兼备的好师生。学校有教授70余名、博士150余名。其中,国家教学名师2人、省教学名师4人、二级教授4人、享受国务院政府特殊津贴专家2人,国家级教学团队6个,省"青蓝工程"科技创新团队8个,聘用姚建铨院士等高层次专家学者及顾秋亮、黄成等大国工匠和技能大师为兼职教授。

在这四季青绿、鸟语花香的校园里,你会遇见温文尔雅、知识渊博的专家教授,遇见身怀绝技的大国工匠、技能大师。这里,你有14 000余名同学,你会遇见激扬青春、志同道合的同学舍友,遇见自强不息、勤奋上进的最美青春榜样。

在某一天的早晨，你或许会遇见手捧书本、匆匆而过的女同学；在某一天的黄昏，你或许会遇见手持篮球、健步如飞的男同学；在某个不经意的瞬间，你或许会遇见令人向往的最美爱情。

在"严谨治学，崇尚实践"的校训熏陶下，当你感到迷茫时，师生会用集体的力量引导你前行；当你遇到困难时，会有一双手托起你明天的太阳；当你取得成功时，总有无数双手为你鼓掌；毕业后，在数以万计遍及全国的校友中，你会找到很多共同的美好回忆。在这里，你遇见的将是青春岁月中最好的自己。

青春，始终洋溢着活力；青春时代，充满梦想的年轮。时代总是把历史责任赋予青年，新时代的中国青年生逢其时、重任在肩，施展才干的舞台无比广阔，实现梦想的前景无比光明。习近平总书记强调："青年是常为新的，最具创新热情，最具创新动力。党和人民事业发展离不开一代又一代有志青年的拼搏奉献。只有当青春同党和人民事业高度契合时，青春的光谱才会更广阔，青春的能量才能充分迸发。"总书记的谆谆教诲为广大青年指明了前进的方向。同时，学校60多年的办学历史中，无数杰出校友的奋斗成长史也给我们插上了成长的路标，向我们深情地昭示：奋斗是青春最亮丽的底色，行动是青年最有效的磨砺。有责任有担当，青春才会闪光。

岁月里的每一场遇见都有着万般牵念，无数次擦肩而过总会有不经意的邂逅。大学阶段，人生最灿烂的时光，最富活力的年华。在这奋斗的时代，让我们以太湖作墨，惠山作笔，写尽人生春色之志，学得一身创业报国的真本领，练得一手独领风骚的硬功夫，为筑梦中国积聚正能量。

今天你以母校为荣，明天母校因你而骄傲。在这个初秋的季节，用一朵花开的时间相遇，在我们最完美的年华里，用我们最好的姿态，遇见你——无锡职业技术学院。

杨雪琴

目录 Contents

第一篇　魅力锡城 / 001

　　第一章　走近锡城　　/ 003

　　第二章　品读锡城　　/ 009

　　第三章　锡城风味　　/ 021

　　第四章　"锡"望你来　/ 027

　　第五章　走进锡职　　/ 031

第二篇　乐在锡职 / 039

　　第一章　正德乐思　　/ 041

　　第二章　奉献乐善　　/ 047

　　第三章　健康乐群　　/ 056

　　第四章　修身乐学　　/ 064

　　第五章　厚积乐创　　/ 069

　　第六章　敬业乐业　　/ 077

第三篇　更好的你 / 085

　　第一章　信仰之光　　/ 087

　　第二章　赢在规划　　/ 090

第三章	时间管理	/100
第四章	人际交往	/110
第五章	积极情绪	/123
第六章	学生奖助	/134
第七章	防诈反诈	/140

第四篇　锡职"团团" /147

第一章	花团锦簇	/149
第二章	社团风采	/156
第三章	口袋校园	/164
第四章	艺彩纷呈	/176

第五篇　多元发展 /199

第一章	技能提升	/201
第二章	大赛引领	/209
第三章	科创探索	/220
第四章	学习延伸	/229

第六篇　青春榜样 /235

第一章	身边榜样	/237
第二章	校友故事	/247
第三章	荣誉引航	/270

参考文献 /281

第一篇 魅力锡城

　　在曹禺的《雷雨》中，主人公周朴园有这样一句台词："无锡是个好地方。""太湖佳绝处、江南水弄堂、运河绝版地、百年工商城"是对无锡最好的概括。无锡坐拥太湖千顷碧波，京杭大运河穿城而过，小桥流水、古典园林，二泉映月、吴风锡韵，舌尖美食、惬意生活，吸引着很多游客和学子到无锡观光旅游、求学乐业。

　　在这美好的时节，你与无锡相约而遇，你眼中无锡的美，心中无锡的好，一定会让你留恋……

歌曲《无锡是个好地方》

第一章　走近锡城

> 无锡市，别名梁溪，简称锡，江苏省省辖市，地处长江三角洲江湖间走廊部分、江苏省东南部，东邻苏州，南濒太湖，西接常州，北临长江。众所周知，南京是六朝古都，苏州、杭州以"人间天堂"著称，上海更是世界大都市，而无锡和这些闪耀的邻居相比，又有哪些特点呢？"无锡是个好地方"，它"好"在哪里？且听慢慢道来。

第一节　江南盛地　吴文化发源地

这里是人们所熟悉的江南胜地，娟秀的园林，淙淙的泉水，宽袍大袖的书生，低回婉转的胡琴声响，数不尽的诗词歌赋，看不完的笔墨丹青；这里又似乎不是人们所熟悉的江南胜地，娟秀园林的深处，有万千战马在嘶吼；淙淙流水的涟漪间，锋利的吴钩正挣扎着啸出龙吟之声；宽袍大袖的褶皱间，有家事国事天下事的羁绊；低回婉转的胡琴弦上，一曲悲歌道不尽人生的酸甜苦辣；诗词歌赋、笔墨丹青的笔触中虽饱含无尽的风月，却又不缺倔强的风骨。

当长江奔腾万里而来，在这里遇到了太湖，它们在这里邂逅、碰撞，一小条支流在这片本布满荆棘的荒野之中悄然蜿蜒开来，它默默地等待着，等待着一个人的到来。这个人将会让这脉支流和受它滋润而诞生的城在历史的舞台上活跃数千年。

他叫泰伯（图 1.1），是中原周部落首领古公亶父的长子，在他的传奇中，镌刻着恭谦礼让、淳朴儒雅的赞誉之词。据记载，古公亶父偏爱幼孙姬昌，甚至有"我世当有兴者，其在昌乎！"的断言。因此，古公亶父想把首领之位传给姬昌的父亲季历，却因为王位"传长不传幼"的礼制而陷入苦恼。为遂父亲的心愿，深明大义的泰伯与弟弟仲雍离开周地，离开自己深爱的家乡。兄弟两人带领数百名族人朝着东南方向走去，一路历经艰难险阻，终于在太湖水畔定居，融入了当地，和原住民一起生活。

泰伯到来后，中原文化开始在东海之滨传播，华夏文明从此诞生了一种全新的地域文化——吴文化，同时出现的还有一个名叫"句吴"的国家和一群自称"吴人"的部族。这段流传于上古时期的故事，史称"泰伯奔吴"。孔子曾称赞曰："泰伯，其可谓至德也已矣。三以天下让，民无得而称焉。"

图 1.1　吴泰伯像（资料图）

继泰伯、仲雍之后，吴国统治者深陷于矛盾之中。在中原大国眼里，吴地是"荆蛮之地"，但吴王是周王姬姓的嫡出，他们都不甘心遭此冷落。这个无足轻重的偏远小国一直蛰伏着，规划着争霸中原的宏伟蓝图。

当伍子胥、孙武投奔到吴国，吴王阖闾看到了崛起的曙光。史书记载，伍子胥来到吴国不久，就为阖闾主持修建了都城。一大一小两座雄伟的城池，依山势而耸立，在太湖畔遥相呼应。整齐的官道、辉煌的宫阙、繁华的街肆、雄壮的军队，昭示着一个强国的崛起。厚重的青铜器皿、锋利的吴钩吴剑，江南的金戈铁马开始驰骋于中原大地，所向披靡。

吴国终于登上了它的巅峰，却也迎来了终结。公元前473年，越王勾践率领着他的谋臣和军队终结了吴国的辉煌，绵延了700余年的古吴国退出了历史的舞台。恢宏的吴都成了一片废墟，动人心魄的雄伟和瑰丽湮没在了历史的长河中，这黯然一别，就是2 000年。

弹尽粮绝的吴国走向了灭亡，聪慧的吴人却也从劫难中看到了生命的另一面。

"吴墟"是后人对吴都废墟的感慨。对吴人来说，命运的转折促使他们的性情朝着另一个方向转变，尚武之风逐渐衰落，崇文成了显性的社会风尚。那时候不会有人想到，将会有一座城以"吴墟"命名，而这座弹丸小城日后彰显出的文化将在华夏文明圈中闪耀着熠熠光彩。

在吴语中，"吴墟"与"无锡"这两个词的发音几乎完全相同。有学者考证，正是"吴墟"让太湖边的这座江南小城真正拥有了属于自己的名字。2008年的一次震惊全国的重大考古发现，更让无锡与湮没了千年的古吴国都城联系在了一起。当时，江苏省考古队对无锡和常州交界处的阖闾小城遗址进行勘查时，意外地通过卫星地形图发现了一座残存的大城遗迹（图1.2为阖闾城现貌），其地理位置与东汉史籍《越绝书》中关于阖闾城的记载基本吻合。

图1.2　阖闾城现貌

时光荏苒，岁月如歌，无锡是吴文化、民族工商业和乡镇企业发源地的观点已深入人心。20世纪以来，无锡又经历着一次高速发展，在保持独特的江南文化与城市文明的同时，迅速成为一座具有现代特色的新型城市。随着我国改革开放的深入推进与经济的快速发展，无锡已成为江苏省的重要城市，其大力发展经济文化，同时葆有古老的文明与新兴的时尚，努力探索自我发展路径，成为一座呈现新时代、新生活、新时尚的美丽城市。

第二节　智慧城市　凝聚创新力量

随着历史的更迭、时代的变迁，无锡已然成为一座智慧城市。自2015年起，无锡在鼓励新经济社会发展、政务服务改革、智慧城市建设等方面取得了巨大进步，并被评为国家智慧城市示范城市。智慧无锡以信息化为基础，以精神文明建设为着力点，以文化建设为保障，建立起覆盖智慧政务服务、智慧社会服务、智慧城市运行维护、智慧交通、智慧生活等各个领域的智慧城市建设全覆盖网络体系。

无锡市政府携手社会各界实施"智慧无锡"规划，坚持数据开放战略，全面推进智慧政务服务，加强网络安全管理，加快构建智慧城市生态系统，积极拓展智慧无锡

资源，致力于提升智慧无锡的格局水平，不断探索建设智慧城市的新模式。近年来，无锡以智慧发展为抓手，以政策实施为保障，以提升市民福祉为目标，统筹运用人力、财力、科技资源，不断加快经济社会发展步伐，正向着建设国际一流智慧城市的目标阔步前进。

无锡智慧城市建设以提升城市运行效率为核心，主要包括以下八大领域：一是智慧交通，推进智慧出行建设，实现各交通模式融合运行；二是智慧治水，推进治水一体化、网格化，构建低碳水环境；三是智慧能源，加快智慧用能建设，实现经济高效利用；四是智慧政务，建立统一的管理平台，不断提升政务服务水平；五是智慧社区，建立完善的社区管理体系，改善社区环境；六是智慧医疗，加强诊疗信息化建设，实现精准医疗；七是智慧教育，推进教育信息化，实现学习立体化；八是智慧安全，弘扬公德道德，加强安全防范。

第三节　便捷交通　领略城市美景

无锡是一座迅速发展的城市，其交通运行也发生着巨大的变革。近几十年来，为顺应城市建设、经济发展的新需求，无锡的交通基础设施正不断改善和完善。下面就让我们以无锡职业技术学院为起点，乘坐公交、地铁抵达各个充满美景、美食和文化的地方吧！

一、自然景区

1. 太湖鼋头渚风景区（5A 级景区）

太湖鼋头渚风景区是太湖风景名胜区的主景点之一、中国著名赏樱基地，有着"太湖第一名胜"的称号。"太湖佳绝处，毕竟在鼋头"，在这里可以领略太湖山水之美，乘船渡湖，感受太湖仙岛之灵秀。景区现有充山隐秀、鹿顶迎晖、十里芳径等 10 多处景点，既有山长水阔的自然山水画卷，也有小桥流水人家的山乡田园风光。尤其是每年 3 月至 5 月初，鼋头渚樱花竞相绽放，浪漫唯美的画面美不胜收。

公交路线：乘坐 95 路至"蠡湖大桥"站，转乘 1 路至"鼋头渚充山"站。

2. 锡惠公园

锡惠公园是一处大型的综合性园林。这座宝藏公园也是无锡最美赏秋地，每到深秋，很多游客都会到公园赏百年银杏、品醉人红枫，在湖光山色中追寻秋的色彩、秋的浪漫。

公交路线：乘坐 95 路至"体育中心东大门"站，转乘 59 路至"锡惠公园"站。

3. 蠡园公园

蠡园作为江南水景名园,精致绝美的景色令人惊艳。进入蠡园,穿过假山,走过柳堤,漫步廊中,移步换景,将蠡湖的湖光山色美景尽收眼底,还可以重温春秋战国时期范蠡与西施的爱情故事。

公交路线:乘坐95路至"蠡湖大桥"站,转乘1路至"蠡园"站。

4. 梅园公园

梅园南临太湖,北倚龙山。中华民族工业之首户荣宗敬、荣德生昆仲二人本着为天下布芳馨之宏愿,于1912年在此购地筑园,倚山植梅,以梅饰山,称为梅园。梅园是集自然景观、人文古迹、名花异卉、园林建筑及休闲健身于一体的著名旅游胜地。

公交线路:乘坐95路至"建筑路(青祁路)"站,步行至"体育中心(建筑路)"站,转乘207路/快3线至"开原寺"站。

二、人文景观

1. 灵山胜境(5A级景区)

灵山胜境是中国最为完整,也是唯一集中展示佛教文化的主题园区,是感受佛教文化的纯净之地。灵山有一千多年的历史,相传玄奘西天取经归来,游历东南到此,见层峦丛翠、景色非凡,大为赞赏,就将此地命名为小灵山。景区高高屹立的灵山大佛,是世界上最高的释迦牟尼大佛,高达88米。走进灵山胜境,聆听梵音袅袅,心生宁静安详之意。

公交路线:乘坐95路至"紫金英郡"站,转乘89路至"灵山胜境"站。

2. 无锡影视基地(5A级景区)

中央电视台无锡影视基地,是我国首创的大型影视拍摄基地和文化旅游胜地,是影视文化与旅游文化完美结合的主题景区。作为中国著名的影视拍摄基地,这里已经承接了《三国演义》《水浒传》《唐明皇》等250多部海内外影视剧的拍摄。影视基地位于无锡市太湖之滨,拥有大规模的古典建筑群体,依山傍湖而建,尽享太湖之灵气、秀气。

公交路线:乘坐77路至"许舍"站,转乘9路至"唐城"站。

3. 拈花湾

拈花湾小镇充满唐风宋韵、白墙青瓦,小桥流水,木质的门窗和梁柱,一步一景,古韵悠然。若穿上汉服游玩,更能与小镇融为一体。夜幕降临,华灯初上,漫步其中,洋溢着独具特色的中国风,如梦似幻,仿佛梦回大唐。

公交路线:乘坐95路至"梁溪路"站,步行至"河埒口"站,转乘乐游2号线

至"拈花湾"站。

4. 惠山古镇（5A 级景区）

历史悠久的惠山古镇被誉为无锡历史文化的"露天博物馆"。古镇的古迹多、寺庙多、祠堂多，建筑依托古运河而建，尽显江南水乡的魅力。惠山古镇曾是全国著名的"泥人一条街"，如今建有中国泥人博物馆。古镇中还有惠山寺，旁边是寄畅园，这里是当年乾隆下江南必去之处。

公交路线：乘坐 105 路至"迎蠡二路"站，步行至"五湖大道"站，转乘地铁 4 号线至"惠山古镇"站。

5. 荡口古镇

荡口古名丁舍，传说是东汉孝子丁兰的故乡。荡口古镇河道纵横，芦荡密布，小桥流水，环境幽雅，有"小苏州""银荡口"之称。闲暇之余，在幽静的古镇里走走逛逛，感受古镇惬意的慢生活，品古迹人文，体会石板巷陌间婉约娴静的意韵。

公交路线：乘坐 77 路至"塘南路"站，步行至"风光里"站，转乘 712 路至"蘅芳路"站。

6. 南禅寺

南禅寺位于无锡市梁溪区中心地段，历史悠久。地处无锡南隅、古运河畔，为距今 1 400 多年的南朝四百八十寺之一，始建于梁武帝太清年间，规模宏大。

公交路线：乘坐 105 路至"跨塘桥"站。

7. 清名桥古运河景区

清名桥是无锡历史最悠久的石拱桥，伴随着悠悠的古运河，延伸在一代代无锡人的心中。现在的清名桥古运河景区，正以一种优雅独特、缤纷多彩的靓装和韵味，改变着自己，装扮着自己，展示着自己，融入无锡人的慢生活中。夜晚，步入清名桥古运河景区，让你顿时融入一片华光倒映之中。

公交路线：乘坐 77 路至"塘南路"站。

8. 无锡博物院

无锡博物院成立于 2007 年 10 月 15 日，由原无锡市博物馆（创建开放于 1958 年）、无锡市革命陈列馆、无锡市科普馆"三馆合一"组建而成，是一座集陈列展示、科学研究、艺术欣赏于一体的地方综合性博物馆。现有馆藏文物 3 万余件，以古代书画、历代紫砂、惠山泥人、近现代革命文物和民族工商业文物为主要特色，尤以书画藏品在博物馆界享有盛誉。

公交线路：乘坐 105 路至"永乐西路"站。

第二章　品读锡城

> 无锡拥有丰富的历史文化、风景名胜及巨大的经济发展潜力，正成为越来越多人眼中的宝地。这里风景秀丽如画，文脉源远流长，民风淳朴热情……

第一节　一汪太湖水，润养一座城

一、太湖佳绝处

太湖的苏醒是从长春堤上如雪如雾的樱花开始的，经历了一整个冬天，寂冷太湖水在那一抹色彩的绽放后温暖开来，那一抹粉色的绽放，虚实之间，宛如天边的云霞。

太湖是如此地眷顾这片土地，那么多人杰地灵的城镇环绕太湖，可它最偏爱的还是无锡这座城市。"太湖佳绝处，毕竟在鼋头。"郭沫若的赞誉毫不夸张。那一抹色彩绽放开，慢慢融化到碧波荡漾的湖水中，再缓缓地流入千家万户。这份得天独厚的恩赐，谁会不因此而陶醉呢？

春天，就在这份陶醉中，慢慢地晕散开，铺满了整个江南。

来无锡必览太湖，览太湖必游鼋头渚（图1.3）。鼋头渚是饱览太湖山水的绝佳处，近看春波垂柳奇石，远观群峰帆影白浪，山峦叠翠，亭台缥缈，鸟鸣声声，花香阵阵，太湖的万般妙处汇聚于此，让鼋头渚拥有了"太湖第一名胜"之美誉。所谓"渚"，是指探入水中的半岛，一片陆地斜斜地滑入水中，如画舫般轻盈，又不失庄重。而鼋头渚的美妙就在这一份平缓轻盈之中……

太湖四周有多座山峰簇拥，古代典籍中常用"太湖七十二峰"来称呼这些山峰。若能如神仙般在云端远眺，我们便能看到这些山峰宛如点点青螺在烟波浩渺中缓缓前行，逆着水流的方向。有神话记载，这鼋本是龙子，受大禹调遣，又感于民众于洪灾中挣扎的苦难，于是化身巨鼋，永镇水患。自此太湖风调雨顺，江南大地也成了锦绣富饶的鱼米之乡。远古的神话传承至今，和太湖风光交融在一起，让太湖之美多了一份壮阔之气。

图 1.3　鼋头渚美景

鼋头渚的春光，从远古而来直到今天。它把泰伯奔吴的至高品德、专诸刺僚的惊天一剑、吴越争霸的铁马金戈，都融入如今无锡人的日常生活中，融入这份独特的春色中，再慢慢地诉说给后人听。

二、运河水弄堂

当城市的灯火如繁星点亮的时候，也是南长街真正苏醒的时候，喧嚣声同时惊醒了古运河（图1.4）。运河水激荡开来，挥动柔荑，向两岸的游人展示着水弄堂的柔情。这段古运河汇集了古河、古桥、古寺、古塔、古街、古窑等众多文化，如长轴画卷一般徐徐展开……

图 1.4　无锡古运河

无锡自古水道密布，有"东方水城"之称。夜幕降临，携一二知己登船夜游、秉烛夜话，观两岸霓虹灯闪烁，街上车水马龙，让人忘却了时间，只想躺在梦里水乡，不肯归去。若说到船,当然就离不开桥。无锡的桥多本就是出了名的,人在桥上走,船在桥下行,是所有无锡人司空见惯的景象。随着城市的建设和扩张,许多古桥消失于历史中,但在南长街,清名古桥则被完整地保留了下来。所谓粉墙黛瓦,小桥流水,清名桥就是古运河那弯弯的细眉,而往来的小船便是她灵动的眼睛。

清名桥为单孔石拱桥,始建于明代万历年间,距今已有四百多年的历史。桥体全部由花岗岩修砌而成,呈半圆形构造,桥孔中没有支撑物,几百年来就那么伫立在古运河上。清名桥边,处处是岁月留下的痕迹。忙碌了一天的上班族,泡上一杯茶,听着小船经过水波荡漾开去的声音,疲惫便也就融化在水乡中了。

三、民族工商城

无锡是最早注入工商基因的城市,无锡的工商传说源远流长。晚清以来,无锡籍工商巨子群星璀璨。近代散文家、外交家、洋务运动的主要领导者之一薛福成更成为资本主义工商业的发起者。1895年,无锡第一家民族资本工厂——业勤纱厂诞生。以此为开端,以棉纺织业、面粉业、缫丝业为主体的民族工商业逐步形成并迅猛发展,永泰丝厂、丽新纺织印染厂、振新纱厂、广丰面粉厂等各领行业风骚。1915年,首届巴拿马太平洋万国博览会上,无锡县推送的产品斩获11个奖项。茂新面粉厂的"兵船牌"面粉更成为中国的"001号"商标。到了近代,轻工业显现出蓬勃的气象,无锡也成为民族工商业最早的发祥地。以荣、唐、杨、薛四大家族企业为代表的一批民族工商企业成为地方经济的重要支柱,在中国近代经济发展史上具有独特而重要的地位。

得利不忘本,得利不忘民。民族工商业家们并没有沉溺于享乐之中,而是修桥铺路,兴教办学。以荣氏家族为例,从1906年至1918年,先后创办四年制的公益初等小学和竞化初等女子小学各四所,二年制的公益高等小学和竞化高等女子小学各一所。公益小学和竞化女子小学,不仅在无锡地区被公认为私立小学的模范,而且在江苏省乃至全国也颇负盛名。抗战胜利以后,荣德生(图1.5)虽已年逾古稀,但办学的热情丝毫未减。1946年,他亲自主持了公益中学的复建工作;1947年,又亲自创办了私立江南大学。兴办教育、造桥修路、捐建图书馆,这些善举足以让老百姓铭记荣氏家族这一民族工商业的杰出代表。

图 1.5 荣德生先生像

荣宗敬、荣德生兄弟在浒山和横山一带种满梅花时,从来没想过把这个园子作为私产隐匿、封闭起来。除了供家人生活起居的区域外,梅园始终对市民完全开放,除却有军政要员来访,出于安保的考虑而闭园外,从不谢客。附近村庄的老百姓闲时会在园内摆小摊,卖些点心和手作,荣氏兄弟也没有将这些人阻挡在门外;相反,荣氏兄弟欢迎他们的到来,也为这些人们能够通过这种方式谋取生计而高兴。无锡百姓没有忘记荣氏兄弟给家乡所做的贡献,老无锡人还是习惯把梅园叫作"荣氏梅园"(图1.6)。"万花敢向雪中出,一树独先天下春",梅园的梅花历经岁月和战火,在每一个春天到来之际,总是在那里向人们点头微笑。

图 1.6 梅园

1934 年,荣德生老先生六十大寿,他将寿宴所得的礼金全部捐出,在蠡湖上建造了一座钢筋水泥大桥,以方便蠡湖两岸的百姓通行往来。长桥建成后,蠡湖就以这座桥为分界线分成了东西两边,大桥以东称为东蠡湖,大桥以西称为西蠡湖。60 年后,奔走于蠡湖两岸的汽车开始多了起来,6.2 米的宽度已经无法满足人们的出行需要。

此时，荣德生的孙辈荣智健又独力捐资，在长桥的东侧平行修建起一座新的大桥，以纪念长桥60岁的生辰。自此，蠡湖上多了一个"两水夹明镜，双桥落彩虹"的美景，也成就了一对传奇——便是这合称"宝界双虹"的两座桥（图1.7）。

图1.7　宝界双虹

四、无锡东林书院

"风声雨声读书声，声声入耳；家事国事天下事，事事关心。"这副楹联伴随着一群书生的琅琅诵读声回荡了几百年，一段段可歌可泣的往事成就了这座千古流芳的书院（图1.8）。而书院也承载了他们那宏伟的理想。

图1.8　东林书院

江南的书生仿佛天生就容易与风花雪月、浅吟低唱纠缠在一起，吟诗作对、才子佳人一直是人们对江南文人的刻板印象。但在这座书院，总有一股傲然于天地间的浩然正气在那副楹联前缓缓涌动，不断警醒着面对着它的读书人，不要忘记自己的使命。他们也做到了，他们以经世致用的传统、严谨治学的态度，用自己或瘦弱或枯槁的脊梁背负起整个民族的希望。

1625年，已显老态的大明朝拖着疲惫的步伐走向它最后的时光。那是一个暗无天日的时代，衰老的王朝在内忧外患的交织中风雨飘摇，皇帝不问朝政久矣，权宦当政，百官失声。天下的读书人在那一晚似乎失去了他们的灵魂，只求在沉默之中保全自我。在那国将不国的时候，那一阵琅琅读书声，仿佛要撕开厚重的乌云，在黑暗的朝堂上空撕出一道口子，让阳光再一次洒下来。这琅琅读书声里，包含着对家国的忧虑、对当政者的劝诫，更有对权宦、对龟缩不前者、对丧失灵魂的同伴们的斥责！骄傲的权宦和他的附逆们从来没有想过，烟雨轻柔的江南水乡也能生出如此刚毅的臂膀。

　　东林书院有着"天下言书院者，首东林"之赞誉，如今东林书院已基本重现当年的模样。走进书院，树木成荫，小桥流水，曲栋围廊，白墙黛瓦，那座承载了岁月痕迹的石牌坊重新立于院中。进入书院里的依庸堂，映入眼帘的依旧是那副耳熟能详的楹联，那傲然于天地间的浩然正气似乎依旧在涌动、嘶吼。我们仿佛能听到先贤的心声，仿佛能看到先贤挺拔的脊梁，他们从读书声中走出来，又回到读书声中去。

第二节　点滴名人史，讲述一座城

一、李绅

　　"锄禾日当午，汗滴禾下土。谁知盘中餐，粒粒皆辛苦。""春种一粒粟，秋收万颗子。四海无闲田，农夫犹饿死。"这两首《悯农》诗，朗朗上口，妇孺皆知。作者李绅也因此被称为"悯农诗人"。如今，那镌刻着《悯农》诗的白墙伫立在无锡惠山古镇秀嶂街上，成为一个著名的景点，依然向游人讲述着这个发人深省的道理。

　　李绅，字公垂，幼年随家人来到无锡，在惠山寺（图1.9）读书。十年间，李绅勤奋好学，孜孜不倦，工诗善书。他参加了科举考试，虽然两次落榜，但最终考上了

图1.9　惠山寺前乾隆御碑亭

进士,这也是无锡历史上第一个进士。在惠山顶上龙光塔的旁边还保留着无锡人钱泳所留下的"龙光塔进士"题名碑,李绅排在唐宋元三朝进士的第一号。李绅开进士之文风,作为读书先贤人物而被无锡历代读书人所崇拜。

李绅初入仕途时并不顺利,很快就被罢官而回到无锡惠山寺读书。这是他第二次到惠山寺读书,他非常热爱惠山,将惠山称呼为"家山",并为其创作了许多怀念家乡景物的诗歌,如《别石泉》《过梅李上家山》《别双温树》《忆惠山》等。李绅在当官时尤其重视农桑生产和灭治蝗虫,对农民十分同情和关切,这也许与他在惠山读书时经常登山远望阡陌良田,耳濡目染农民辛勤劳作有关。也正因为此,他才能写出《悯农》这样的诗歌吧。

二、徐霞客

当东林党人在书院中畅谈时弊、慷慨陈词,为国家前途命运担忧的时候,一位年轻的侠客正在打点他的行囊。或许他自己也不曾料到,一个传奇会从此时开始。他默默迎上母亲鼓励的目光,坚定地迈开了第一步,传奇的第一步……

1607年,这位20岁的年轻人第一次踏上出游之路。"大丈夫当朝碧海而暮苍梧",是他的愿望,也是他立下的誓言,他就是徐霞客。

徐霞客(图1.10),名弘祖,字振之,号霞客,出生于万历十五年(1587年)。他在30余年间共有20多次出游,足迹遍布中国今21个省、自治区、直辖市,给世人留下了《徐霞客游记》。虽然其中的大部分已经在沧海桑田变幻中消失了,但是我们依然可以从残存的60多万字中,领略到这位千古奇人的风采。

1636年,徐霞客深感不复壮年,身体每况愈下,规划已久的西行计划再也禁不住拖延了,他毅然开始了他一生中最重要,也是最壮烈的一次出行。1636年,徐霞客乘醉放舟,水陆并行,穿越苏浙,经江西、湖南进入广西。1637年,徐霞客从永昌府(今保山市)西行,计划继续进入缅甸,却遭到阻拦。

图1.10 徐霞客像(资料图)

此时,长年的奔波使得他"两足具废,心力交瘁",权衡再三后,最终放弃了出境的念头。几个精壮的纳西族汉子穿山越岭、披风沥雨,足足走了156天,才将他抬回3 000多千米外的江阴老家。几个月后,徐霞客在自家的病榻上辞世。

对于徐霞客和他的游记,不同时代的人都曾有过高度的评价。与徐霞客同时代的文坛领袖钱谦益评价《徐霞客游记》是"世间真文字、大文字、奇文字"。《四库全书》将《徐霞客游记》收录其中,并说"游记之夥,遂莫过于斯编"。清朝潘耒盛赞徐霞客"以性灵游,以躯命游"的探索山水的精神,天人合一的精神境界在他身上得到了最好的诠释。

三、王选

王选是我国著名的计算机科学家,他带领团队成功研制汉字信息处理与激光照排系统,并实现成果市场化和产业化,掀起了我国"告别铅与火、迎来光与电"的印刷技术革命,为信息时代汉字和中华文化的传承与发展创造了条件。

王选出生于1937年,为了不忘国耻,家里给王选起了别名"铜卢"以纪念卢沟桥事变。在沦陷区的日子里,年幼的王选和父亲有一个"小秘密",那就是一张画着中国军人的小画报。这是非常危险的,可父亲对他说,"放在你们小孩子这里不会有事的",王选便将这张画报一直保存到抗战胜利。父辈的爱国情怀影响了王选的一生,多年后他拒绝美国麻省理工学院的邀请和外资企业的高薪诱惑,正是他自幼接受爱国主义教育作出的必然选择。

王选上大学时选择了计算数学专业。在国内,当时的人们对于计算机几乎一无所知,大多认为这个专业不可能有什么前途,但王选并不这么认为。他觉得既然国家在"十二年科技规划"中将计算技术列为重点发展学科,说明这个专业一定蕴含着巨大价值。这样的洞察力帮助他在从事汉字照排系统研究时,决定跨过主流的二代机和三代机,直接研制世界上尚无成品的第四代激光照排系统。

与西文相比,汉字字数繁多、字形复杂,存储、处理和输出等问题使得将汉字输入计算机成为世界性难题,曾经有专家断言:计算机时代将是汉字的末日。作为印刷界的新兵,王选迸发出勇于创新的雄心壮志。终于,他研究出采用"轮廓加参数"的数学方法,用来描述汉字笔画,将汉字的总体存储量压缩到原先的1/500至1/1 000;接着,又设计出以710字/秒的高速复原汉字字形的超大规模专用芯片。他用软、硬件结合的方法,解决了汉字信息处理的技术难题,奠定了激光输出方案的基础。

1979年7月,在精密汉字照排系统的第一台样机上,第一张8开报纸的胶片输出。同年8月11日,《光明日报》率先在头版头条报道了激光汉字编辑排版系统主体工程研制成功的消息,极大地鼓舞了这群身处科研困境的年轻人。王选后来回忆说:"所以我牢牢记住这张报纸,一直想要用事实来证明它是对的。"

四、钱锺书

钱锺书（图1.11），1910年出生于江苏无锡，曾用笔名中书君，中国现代作家、文学研究家。1929年，钱锺书考入清华大学外文系。1932年，在清华大学古月堂前结识杨绛。1935年，赴英国留学。1941年，完成《谈艺录》《写在人生边上》的写作。1947年，长篇小说《围城》由上海晨光出版公司出版。1958年，其创作的《宋诗选注》被列入中国古典文学读本丛书。1972年3月，62岁的钱锺书开始写作《管锥编》。1976年，由钱锺书参与翻译的《毛泽东诗词》英译本出版。1982年，其创作的《管锥编增订》出版。

讲到钱锺书，不得不提到杨绛。她1911年出生于江苏无锡，本名杨季康，中国著名的作家、戏剧家、翻译家，是钱锺书的妻子。

2001年，杨绛把她和丈夫的稿费及版税捐赠给母校清华大学，设立"好读书"奖学金。2003年，93岁的杨绛出版散文随笔《我们仨》，风靡海内外，再版达100多万册。96岁时出版哲理散文集《走到人生边上》，102岁时出版250万字的《杨绛文集》八卷。2014年，杨绛出版《洗澡之后》。杨绛通晓英语、法语、西班牙语，由她翻译的《唐·吉诃德》被公认为最优秀的翻译佳作，到2014年已累计发行70多万册。她早年创作的剧本《称心如意》，被搬上舞台长达六十多年，2014年还在公演。

图1.11 钱锺书、杨绛夫妇（资料图）

1935年初，钱锺书完成了光华大学任教的服务期，参加了出国留学考试。学识渊博的他以最高分，赴英国牛津大学艾克赛特学院英文系留学。此时，钱锺书希望未婚妻杨绛与自己一同出国。1935年7月，钱锺书和杨绛在苏州庙堂巷杨家大厅内举行婚礼。自此，钱锺书和杨绛结为伉俪，携手走进了幸福的围城之中。

远离故土的国外求学之路是困顿的，对于钱锺书来说，杨绛就是他的一切支柱。1937年5月，他们的女儿钱瑗出生了。躺在医院里的杨绛当然不能再照顾钱锺书的饮

食起居。而被"宠坏"的钱锺书每天到医院探望杨绛，常苦着脸对杨绛坦白他所干的"坏事"：今天打翻了墨水瓶，染黑了房东的桌布；明天弄坏了门轴，门合不上了；后天额骨上长了一个大大的包块，疼痛难忍。产后虚弱的杨绛每次都微笑着回答六个字"不要紧，我会洗""不要紧，我会修""不要紧，我会治"。

归国后，正处抗战时期，时局艰难，一家三口被迫分开。直至1942年，钱锺书被上海震旦女子文理学院聘为教授，一家三口的日子才摆脱拮据，当时的钱锺书发愿："从今以后，咱们只有死别，不再生离。"也正是在这段苦难的日子里，杨绛笔耕不辍，写出了《称心如意》和《弄假成真》话剧双璧，就在杨绛的话剧创作如日中天之时，为了满足钱锺书"想写一部长篇小说"的愿望，杨绛甘愿放下一切，作钱锺书的"灶下婢"。也正是这种"灶下婢"的精神可敬可爱，令钱锺书无比感动。正如其在《围城》序言中所写的："这本书整整写了两年。由于杨绛女士不断地督促，替我挡了许多事，省出时间来，得以锱铢积累地写完。照例这本书该献给她。"

五、顾毓琇

中国的导弹之父是他的学生，世界原子弹之母还是他的学生。

他是科学家、诗人、教育家、戏剧家、音乐家……也是中国电机、无线电、航空教育的奠基人，是中国近代以来唯一能够左手娴熟于人文、右手精通于数理的旷世通才！

从文学巨擘、学界泰斗，到政界名流甚至国家元首，他的门生几乎跨遍近现代中国所有领域，近现代历史教科书上的每一位人物都对他敬佩有加，他就是顾毓琇。

1902年，顾毓琇出生于江苏无锡虹桥湾，是明代思想家顾宪成的后代，祖母是北宋文学家秦观的后人。他的父亲思想开明，精通算术、地理和物理，母亲则是大名鼎鼎的"书圣"王羲之的后裔。6岁时，顾毓琇就以第一名的好成绩，考进了我国最早的新式学堂"俟实学堂"。13岁时，他进入清华大学学习，国文老师是钱锺书的父亲钱基博，英文阅读老师是林语堂，英文语法老师是孟宪承。梁实秋、梁思成、吴文藻等后来的民国时期名人都是他的同学。

顾毓琇攻读的是电机专业，在学习期间，他把业余时间全都用在了搞文学创作、翻译小说、创作诗歌上。他的同学都不是普通人，才子遇上才子，注定要影响世界！他和闻一多、梁实秋等人发起了清华文学社，他担任戏剧组主席，他写的话剧至少有三部在清华公演。他20岁就发表了现代话剧剧本《孤鸿》，这是中国现代话剧史上最早的四幕话剧。

1923年，顾毓琇进入麻省理工学院学电机工程，曾有人劝他选修文科，但顾毓琇认为既然选了，就不改了吧。在美国学习的他仍然把大部分时间都用在了写剧本、研究文学上。1925年，他将我国的传统戏《琵琶记》改编成话剧，在波士顿公演。剧中梁实秋扮演蔡中郎，顾毓琇扮演宰相，冰心扮演宰相之女，闻一多帮忙画布景、化装。这次演出轰动一时，令美国观众眼界大开，惊叹不已。同期，顾毓琇的专业学习一点都没有落下，甚至比他的同学们学得更好：他仅仅用了四年半的时间，就获得了麻省理工学院的理工学士、电机硕士、科学博士三个学位，创造了麻省理工学院当时的纪录，也是该校第一位获科学博士学位的中国学者。23岁的他，发明《四次方程通解法》；26岁的他，一项研究成果被国际电机理论界命名为"顾氏变数"，成为享誉中外的著名科学家，还被美国通用电气高薪聘为工程师；27岁的他，毅然放弃美国高薪，选择回到正在遭受苦难的祖国。

回国后，他立即就被多所名校聘任。顾毓琇认为，在民族存亡的生死关头，必须实行科学救国。他说："我们要抵制外侮，我们要枪炮、要弹药、要飞机、要运输的便利、要粮食的供给，这些都是有赖于工程师的。"

1949年，顾毓琇不愿意接受反动统治者的裹挟，远赴国外避难。顾毓琇本以为去国外避几年风头就是了，但他这一等就是24年。24年里，他一直拒绝加入美国国籍。直到1972年，尼克松访华后，中美关系破冰，他回国的机会终于来了。1973年8月，应时任总理周恩来的邀请，他冒险试飞，几经辗转回到祖国。阔别24年，重访北大、清华故旧，他向学生们做了关于非线性系统分析的专业报告。在1983年的国民科技大会上，他和邓小平畅谈，向邓小平描述自己的一套理论：科学技术不仅是经济上的第一生产力，还是整个国家战略层面的重中之重。1995年，他的这些理论被时任总书记的江泽民概括为"科教兴国"。

六、王莘

"五星红旗迎风飘扬，胜利歌声多么响亮。歌唱我们亲爱的祖国，从今走向繁荣富强……"当这首凝结了爱国之声、人民之心、民族之魂的《歌唱祖国》响起的时候，每一个中国人的心潮都会随着旋律澎湃起来。这首亿万中国人民久唱不衰、响遍神州的"金曲"的词曲作者王莘就出生在无锡荡口镇上。

王莘，原名王莘耕，1918年出生在荡口镇卖鸡桥边的一个普通农民家庭。自幼他便受民间音乐的熏陶，酷爱音乐，并悄悄地种下了一个愿望，那就是学习音乐，并成为一名优秀的词曲作家。父母十分赞同他的爱好与志向，但无奈家境窘迫，连上中学都难以为继。1932年，14岁的王莘离开家乡去往上海务工，他白天干活，晚上去夜校学习国文和英语，课业和工作之余还自发参加了一些群众性的抗日救亡歌咏活动。在那段时间，王莘结识了著名进步音乐家冼星海、吕骥、孙慎等人，后来还参加了由冼星海、吕骥领导的抗日救亡歌咏运动，曾被派往宁波等地进行抗日宣传，渐渐成长为一名进步青年。后来，王莘终于实现了自己学习音乐的愿望，被安排到延安鲁迅艺术学院学习，当冼星海写出大型声乐套曲《黄河大合唱》并在鲁艺排练演出时，王莘担

任了领唱。在王莘离开延安鲁迅艺术学院前夕，冼星海送给了王莘一支铅笔，并对他说："我用这支笔写下了《黄河大合唱》，我把这支笔送给你，希望你也能用这支笔写下一首鼓舞人心的音乐作品。"

正是从那天开始，王莘就在心中种下了新的梦想，那就是一定要用这支笔写一首好歌，一首能鼓舞亿万中国人民的好歌。1949年10月1日中华人民共和国诞生，第一面五星红旗在天安门广场上空高高飘扬。王莘在北京参加了开国大典，面对如此盛况，王莘激动得热泪盈眶，热血沸腾，心情久久不能平静，就是那时，一个旋律在他的脑海中逐渐成形。终于，在王莘收到冼星海那支曾谱写过《黄河大合唱》的铅笔的第11年，1950年，《歌唱祖国》诞生了，王莘终于实现了自己毕生的第二个梦想。

数十年光阴飞逝，这首作品或用于群众歌咏，或用于庆祝游行，或用于大型庆典，寄托着亿万中华儿女对伟大祖国的无限热情，是中国当代音乐创作中最具影响力的群众歌曲之一。1954年获得"全国群众歌曲"评选一等奖，1989年荣获中国唱片总公司"金唱片奖"，2019年入选中宣部"庆祝中华人民共和国成立70周年优秀歌曲100首"。

第三章　锡城风味

> 无锡是一座空气里都弥漫着甜蜜气息的城市，耳边听着吴侬软语，口中品着香甜软糯。甜甜的吴侬软语、甜甜的水蜜桃，无锡人笑起来甜，无锡人民生活甜，在每一口甜滋滋里，瞬间让人的心都要融化在这份甘甜之中……

第一节　舌尖上的无锡

一、锡帮菜：甜出头，咸收口，浓油赤酱

无锡的本帮菜也叫"锡帮菜"，口味偏甜偏清淡，以甜糯为主，擅长各类水产，花色雅致，宛如刺绣一般精细；也擅长浓油赤酱，浓中带甜，又仿佛一幅大泼墨画般厚重。无锡本帮菜在制作工艺上注重情景交融的运用，菜肴配色和谐，造型绚丽多彩，在挑选食材、制作工艺、调味方面注重细节，充分显示了无锡饮食文化追求雅俗共存的特点。

似乎从来没有人像无锡人这样爱好甜食，这种喜爱是源于血脉的无法自拔的狂热。无锡酱排骨、梁溪脆鳝、肉酿面筋、腐乳汁肉、镜箱豆腐……这些都是非常有特色的无锡菜肴，初来乍到的你一定要记得品尝哦！

二、"太湖三白"：吃的就是鲜

"太湖三白"指的是太湖的三种河鲜特产，包括银鱼、白鱼和白虾。古时"银"有"白"的意思，只是比"白"亮度更甚。银鱼被捕捞上岸后，其色泽会从"银"转为"白"，故"三白"之中会有一"银"。它们是太湖对人类的馈赠，晶莹剔透、光洁鲜美，给味蕾带来极致的享受。

太湖银鱼形如玉簪，长约7~10厘米，身体细嫩透明。对于这种对水质要求较高的小型鱼类，浮游生物众多的太湖无疑是"乐居天堂"。春秋时期，太湖就盛产银鱼，宋代诗人"春后银鱼霜下鲈"的名句，把银鱼与鲈鱼并列为鱼中珍品。清康熙年间，银鱼被列为"贡品"，是太湖名贵特产。我们熟悉的菜品有银鱼炒蛋和银鱼纯菜羹。

太湖白鱼亦称"鲦"，因其头尾俱向上而得名。学名翘嘴红鲌，又称翘白、白条。

其体狭长侧扁、细骨细鳞、银光闪烁，是食肉性经济鱼类之一。其肉质细嫩，鳞下脂肪较多，同样属于太湖名贵鱼类。清蒸白鱼是无锡大小宴席中的"常客"。

太湖白虾原名"秀丽白虾"，其体形较小，最大不超过60毫米，通体透明，如玉雕成而名为"水晶虾"。根据《太湖备考》记载："太湖白虾甲天下，熟时色仍洁白，大抵江湖出者大而白，溪河出者小而色青。"煮熟后的白虾，不同于其他虾会变红，而依旧为白色。

漫步青石古巷、小桥流水，在这好似水墨丹青的清雅之城品尝河鲜的美味，是怎样的画面呢？

三、阳山水蜜桃：玉露蜜桃

阳山水蜜桃产自无锡阳山镇，是中国国家地理标志产品。阳山镇境内的安阳山是华东地区唯一的锥形火山，由距今一亿四千万年前的中酸性火山碎屑融合而成，周边土壤肥沃，得天独厚的火山地质条件创造出最适宜水蜜桃生长的绝佳土壤。阳山水蜜桃有近70年的栽培历史，这里出产的水蜜桃比其他地方的水蜜桃果形大、色泽美、香气浓郁、汁多味甜。

凡是吃过正宗阳山水蜜桃的人都会一口上瘾。先看看这些好评：直接用吸管喝的桃子，香甜到怀疑人生，软甜果肉中瞬间飙出丰盈果汁，口中尽是桃香蜜味。阳山水蜜桃素以肉嫩汁多、香浓味醇、鲜甜甘美而著称，口感十分鲜嫩、爽滑。与其他地方的水蜜桃相比，阳山水蜜桃很嫩，一撕开皮，汁水就会流出，一般不会出现咬不动的情况，所以又被称作"玉露蜜桃"。如今，阳山水蜜桃的美味已经风靡全国、走向世界。无锡的夏天烈日炎炎，但是因为有了水蜜桃，让夏天多了几分甜蜜与清凉。

四、无锡小吃：无锡人的"心头肉"

无锡小吃的特色是"咸中带甜，甜中带鲜"。无论是在清晨需要唤醒路人的时候，还是在夜晚需要安慰食客的间隙，总能看到小笼包的可爱身影，还有热气腾腾的馄饨与之相配。鲜味、咸味、甜味三种滋味的交织让人难忘。无锡的小笼包也是与众不同的，皮儿薄到几乎透明，馅儿甜甜腻腻。吃小笼包与吃灌汤包类似，在皮上先咬开一个小口子，再慢慢地吸出它的汤汁，最后就着薄薄的皮儿和肉馅一起咀嚼，肉香四溢的美味就是无锡的幸福。

在无锡街边的小吃摊上还有着两样童年的甜食美味：玉兰饼（图1.12）和梅花糕（图1.13）。光听这两个名字，绝不会想到这两种美食实际的样子。玉兰饼呈金黄色，圆滚滚的小球模样，外面的皮是糯米粉制作的，里面肉馅充足，经炸制而成。玉兰饼炸出来之后圆滚滚金灿灿，外皮酥脆油香，鲜甜鲜咸的口感独一无二。

图 1.12　玉兰饼

梅花糕长得跟一朵花儿似的，更像一个甜筒冰激凌。里面有豆沙、小元宵、松子仁，还有砂糖，当然也有油滋滋的肉馅。梅花糕烘烤好就可以食用，焦香甜脆，咬一口，童年的回忆就在这一份香甜中弥散开。热爱美食的你一定要记得去探寻这道街头美味哦！

图 1.13　梅花糕

无论是微微的甜味还是浓郁的甜味，都是无锡人基因中无可取代的滋味。无锡城中甜味的美学也离不开这些美味食材的构建。酒酿圆子、桂花粥，再来一份糖芋头。在冬天的寒风中，只要你吃上无锡一口甜，人生中的幸福感就能直击你的灵魂。

第二节　无锡风土人情

无锡是江南的一片美丽土地，拥有得天独厚的自然环境和深厚的文化底蕴，因优美的自然景观、悠久的历史文化和独特的风土人情而享誉闻名。在这里，你可以感受到一种与众不同的生活气息，这种气息凝聚着无锡人民对生命和自然的热爱，体现了深刻的人文情怀和独特的精神气质。

一、庙会

庙会是流传于无锡乃至整个吴文化地区的，具有广泛群众基础的民间风俗，起源于一种民间的神灵信仰。有别于其他地区以一地一庙为特点的传统庙会，无锡庙会的举办地是无锡城西的锡惠山麓。2007年5月，庙会被列为无锡市非物质文化遗产；2009年，被列为江苏省非物质文化遗产。现在举办庙会，已不再是出于对神灵的信仰，而是为了挖掘文化资源，保护民俗遗产，继承和弘扬民族优秀文化。庙会的节目也丰富起来，有荡湖船、打莲湘、八宝箱、拖竹片、大头娃娃、高跷杂技、龙灯狮舞、轮车抬阁等，演员都浓妆盛彩，神情飞扬，异彩纷呈。

而在城市的另一头，梅村泰伯庙会又有着另一番面貌。相传正月初九是泰伯的生日，为纪念泰伯"三让天下"的高风亮节和开发江南的丰功伟绩，每年这一天，百姓都会举办盛大的泰伯庙会，游泰伯庙，焚香参拜泰伯。泰伯庙会在历经社会变迁后，逐渐成为融祭奠仪式、踏青访友、农贸集市和文化娱乐等多种功能于一体的民间集会活动，在梅村乃至整个无锡地区都受到百姓的喜爱与追随。近几年来，梅村泰伯庙会的形式和主题又有了新的面貌。传统的泰伯庙会很多年来都是以自发的商贸活动、祭祀活动为主。而如今的泰伯庙会以"以文兴商"为主题，主打传统文化牌，成为名副其实的交流的平台、情感的纽带、文化的盛会、市民的节日。

二、惠山泥人

惠山泥人（图1.14），又称无锡彩塑，无锡人称为"纳泥牟牟"，是国家文物局于2006年5月公布的首批国家级非物质文化遗产，起源于无锡惠山。惠山泥人历史悠久，是无锡著名的民间特产，也是无锡人民高度智慧和卓越创作才能的结晶。

图1.14 惠山泥人（阿福阿喜）

能寻到最早的关于惠山泥人的文字记载于明代崇祯时期,其兴盛于明清至近现代,由乡民农闲时的副业,随着知名度的提高而逐渐发展为作坊式生产。据文献记载,清代中期,在惠山周边祠堂林立,几乎每一家祠堂门前都有一家泥人店,逐渐形成繁盛的泥人产业。《清稗类钞·工艺录》中有记载:乾隆南巡至惠山,艺人王春林进献数盘泥孩儿,皇帝颇为赞赏。到了清末光绪年间,有称这些泥孩儿依然完好保存于颐和园的佛香阁中,后不幸在庚子之乱后遗失。

三、宜兴紫砂

宜兴古称"阳羡",阳羡茶始于东汉,到了三国时期,宜兴所产"国山茶"便已名传江南。唐代诗人卢仝留下了"天子未尝阳羡茶,百草不敢先开花"的名句。宋代苏东坡更是发出"雪芽我为求阳羡,乳水君应饷惠山"的感叹,被阳羡香茶、紫砂壶所吸引而定居阳羡。

明代开始,宜兴紫砂壶逐渐成为重要的茶饮器具,器与茶深度融合、彼此成就,逐步演绎出具有地方特色的宜兴茶文化内涵。在茶文化的形成过程中,文人以创作茶书、茶画及茶诗,甚至亲自参与茶器的设计与制作等形式介入,对茶文化的发展起到了不可磨灭的推动作用。茶文化以茶道为核心,通过沏茶、赏茶、闻茶、饮茶、品茶等程式形成了一种独特的文化现象,茶道是茶与道的融合与升华,中国器物文化能上升到道的高度的唯有茶文化。中国传统道家思想赋予了茶文化柔静的主体特征,给茶文化注入了旺盛的生命力。

宜兴紫砂文化的诞生离不开茶文化,它是茶文化演变到一定阶段的产物。唐朝是饮茶文化繁荣的开始,以煎茶为主。到了明代,饮茶方式出现了一个重大变革,形成了泡茶这种饮茶方式,也引发了人们对品茗茶具的关注。紫砂的多元功能特征,使其在众多器具中脱颖而出,成为最佳的茶器角色。明人周高起在《阳羡茗壶系》中说:"近百年中,壶黜银锡及闽豫瓷,而尚宜兴陶。"李渔在《闲情偶记》中说:"茗注莫妙于砂,壶之精者,又莫过于阳羡。"在文人与饮茶礼仪的推动下,紫砂茶器的美妙通过茶事礼仪传播开来,正是因为茶文化的影响,紫砂茶器才具有了鲜明的文化特征和广泛的群众基础。

宜兴紫砂壶受道家文化的影响最为突出,认为将自身、自然及内在意识融为一个有机整体是人在品茶中的最高境界,即"天人合一"的境界。紫砂茶具的创作主题恰到好处地表达了热爱自然、亲近自然、天人合一的愿望,其外观造型与装饰是一种艺术理想的体现,以凝练自然的外观和融入表象下的底蕴来展现作者的艺术情感与人文价值。

四、人情味道

无锡地区的人情味道是无锡文化的重要组成部分,是居住在这里的人所推崇的一

种生活态度和处世哲学。人情味道包含着独特的情感及其交流方式，蕴含着深刻的文化内涵和生活智慧。

无锡的人情味道强调人与人之间的关系和互动，注重以情感交流为基础，以人情味道为纽带，建立起亲密、融洽的人际关系。重视人情、重视交际，注重在日常生活中建立起长久稳定的人际关系，这种人情味道成为吴文化的重要特色。

无锡的人情味道还体现在江南的文学、戏曲和电影中。江南的文学作品以其独特的笔调和情感表达方式著称于世，《红楼梦》等都体现了江南的人情味道和情感交流方式。江南的戏曲和电影作品也同样注重情感表达和人际关系的塑造，体现了江南文化的深厚底蕴和内在精神。

江南地区风土人情的多元性和复杂性，使其成为中国文化中的独特存在。江南地区的历史、文化、风景和人情，为这片土地赋予了无穷的魅力和价值。我们应该保护和传承这份宝贵的文化遗产，让无锡的人情味道继续在中国文化中发光发热。

第三节　说说无锡话

吴侬软语，又称江南话，是非常好听的一种中国方言，也是江南人思维方式、生活情调、文化涵养的生动体现。吴语是吴越人的母语，使用人口高达9 000多万，目前，一百余座城市构成以上海为首的吴语城市群和江南文化圈。吴语与吴越文化血脉相连，"醉里吴音相媚好"。

无锡话是吴语的组成部分，是在无锡地区悠久历史中形成的方言。它汇聚了吴越江南语言文化的精华，有着深厚的文化积淀，承载着无锡这座城市的时代回音、文化血脉、历史记忆。

无锡人总将方言说成"闲话"，不论忙时还是闲时，他们都把说话称为"讲闲话"。闲话，可以是振聋发聩的"风声雨声读书声"，也可以是轻声细语的"我有一段情呀，唱拨拉诸公听"。

无锡话的特色是简明、扼要、生动、活泼。今天不叫今天，叫"金牙"；明天也不叫明天，叫"门早"；当惊讶于他人成就或者能耐的时候，会惊呼一声"结棍"；而在伤感落泪时，也都默默转身，绝不愿在他人面前"阔测乌拉"。当有人皱着眉头说"小巨头"的时候，你千万不要以为他是在违着心表扬谁，事实上他一定是在吐槽某个"佬小"（小孩子）；当频繁听到"嗯啊呼哈"的时候，你千万不要以为他在敷衍着某人，事实上，这四个语气词代表了四种动物，分别是鱼（嗯）、鸭（啊）、虾（呼）、蟹（哈）。

这就是无锡话，并不是那么好懂却又天生具有幽默感的无锡"闲话"。

第四章 "锡"望你来

> 无锡市积极推进产业转型，发展集成电路、生物医药、物联网、大数据与云计算、新能源汽车、机械制造、影视制作等产业，发展数字经济、总部经济、枢纽经济，坚持高质量发展，用物联网技术、智能制造为传统产业赋能，建有无锡高新技术产业开发区、江阴国家高新技术产业开发区等国家级高新技术产业开发区，以及无锡经济开发区、宜兴环保科技工业园、锡山经济技术开发区、宜兴经济技术开发区、惠山经济开发区、无锡空港经济开发区、江阴临港经济开发区、江阴—靖江工业园区、宜兴陶瓷产业园区等多个经济开发园区，还设有无锡国家数字电影产业园、欧美同学会海归小镇（无锡·物联网）、无锡国际生命科学创新园、马山国家生命科学园等专业型产业园区。
>
> 同学们，让我们一起来看看在无锡就业创业需要了解的知识吧！

第一节 就业在无锡

一、先落户后就业——筑好"留锡安心巢"

在无锡，符合条件的高校毕业生可以申请"先落户后就业"。无锡每年给予本科生（技师）1万元、硕士生1.5万元、博士生2万元，累计支持两年。如果你今后继续深造，去世界一百强高校或所学学科二十强高校留学，可以获得最高三年的支持，同时给予本科生1万元、硕士生2万元、博士生3万元的一次性生活补贴。此外，无锡还给来锡高校毕业生提供乘车通勤优惠、景区免费旅游等暖心服务。

二、就业见习——打通"留锡好通道"

同学们，也许你们还没有听过"就业见习"这个词。就业见习是根据未就业毕业生、毕业前的在校生、失业青年的意愿，组织其到就业见习单位进行工作实践，提升就业能力的一项就业促进措施。一般来说，就业见习期限为3～12个月。在无锡，同学们在正式就业前，可以选择就业见习来进行职业探索。无锡市对在就业见习基地参

加见习的人员给予就业见习生活补贴,每月补贴标准为本市最低工资标准的80%,就业见习补贴累计不超过12个月。同学们可以通过"江苏智慧人社"App自主选择就业见习岗位,参加青年就业见习活动。

三、求职创业补贴——领好"就创好补贴"

根据规定,在毕业学年有就业创业意愿并积极求职创业的高校、中等职业学校、技工院校和特殊教育院校职业教育类的城乡低保家庭、残疾人、已经获得国家助学贷款(含生源地助学贷款)、建档立卡低收入农户家庭(含建档立卡低收入残疾人家庭)、建档立卡贫困家庭(含建档立卡贫困残疾人家庭)和属于特困人员的毕业生可以享受求职创业补贴,标准为1 500元/人。毕业生只可按一种身份享受一次补贴,申请时间在毕业前一年度的5~12月,须及时关注学校通知。

第二节 创业在无锡

也许在求学期间或毕业后你会选择创业,下面我们来了解一下无锡市的创业扶持政策,为你的创业梦想插上翅膀。

一、一次性创业补贴

无锡市大力支持高校毕业生来锡创业,给予开业补贴、租金补贴、项目支持、"人才贷"支持等资金保障,包括6 000元的一次性开业补贴和为期三年、每年最高1万元的创业租金补贴等。此外,还为研究生来锡从事科研实践创造条件,给予一次性最高1 500元的交通补贴、380元的住宿补贴和200元的用餐补贴。

二、创业项目无偿资助

属于互联网、物联网、新能源与新能源汽车、节能环保、微电子、软件与服务外包、新材料与新型显示、生物、工业设计与文化创意等新兴产业领域,已在无锡市工商注册3个月以上、5年以下的企业,且有销售收入,创业实体法人代表(或负责人)为大学生(高校在校生、大学生村干部、毕业5年内高校毕业生),可以申请创业项目无偿资助。无锡市创业项目无偿资助申报与"创响无锡"全民创业大赛报名同步进行,采取网上申报的方式,同学们如有需要,可以咨询企业所在区人力资源管理办公室。

三、省级大学生优秀创业项目

江苏省设有省级大学生优秀创业项目申报,每个项目按照《省人力资源社会保障

厅 省财政厅关于做好江苏省大学生优秀创业项目和省级创业示范基地建设工作的通知》中的明确标准，给予3万元至10万元补助。根据要求，项目申报人为毕业5年内国内高校毕业生、国（境）外本科（含）以上大学毕业生、国内高校全日制在校生。毕业时间以毕业证书发证日期为准。项目须在项目所属主体登记注册所在地人力资源和社会保障部门进行申报，需要提供《江苏省大学生优秀创业项目推荐表》、相关证明材料、项目成果展示材料。

四、创业带动就业补贴

在无锡市，大学生首次成功创业并正常经营，吸纳各类城乡劳动者就业的，按规定签订1年以上劳动合同并实际缴纳社会保险费达到3个月（含）以上的，可享受创业带动就业补贴。办理时需带《无锡市创业带动就业补贴申请表》、创业者身份证、创业实体注册登记证书、学生证或毕业证。

五、创业租金补贴

大学生（高校在校生、大学生村干部、毕业5年内高校毕业生）在锡首次成功创业，租房营业且正常经营6个月以上的，可享受创业租金补贴。符合补贴条件的创业人员，可通过江苏省人力资源和社会保障厅网上办事服务大厅（https://rs.jshrss.jiangsu.gov.cn/index）上传实地营业照片进行办理，也可自行至创业所在地街道（镇）人社服务部门现场办理。

六、富民创业担保贷款

大学生可以申请富民创业担保贷款，向经营项目所在地的街道（镇）人社服务部门提出申请，填写《无锡市富民创业贷款申请表》及相关人员身份材料。由街道（镇）人社服务部门按规定对创业对象个人身份、经营项目情况进行初审，到经营活动场所实地调查。通过初审的创业大学生可选择担保贷款模式或银行直贷模式，携带相关材料至担保公司、经办银行或直贷银行办理贷款。

七、创业社会保险补贴

大学生（高校在校生、大学生村干部、毕业5年内高校毕业生）在锡首次成功创业并依法缴纳社会保险的，可申请创业社会保险补贴。创业对象以用人单位形式参保的，按单位缴纳社会保险费部分给予全额补贴；创业对象以灵活就业形式参保的，按其缴纳社会保险（养老、医疗）的50%给予补贴。申请时需要提供《创业社保补贴申请表》《创业社保补贴人员花名册》、创业人员相关身份证明。

八、创业实体注销社保补贴

大学生（高校在校生、大学生村干部、毕业 5 年内高校毕业生）首次在锡注册登记起 3 年内，企业注销后登记失业并以灵活就业形式缴纳社会保险费 6 个月以上的，可申请创业实体注销社保补贴。申请时需要提供《创业实体注销社会保险补贴申请表》、创业人员相关身份证明、创业实体存续期间缴税凭证。

九、高校毕业生灵活就业社会保险补贴

离校 2 年内的本市户籍高校毕业生，从事灵活就业并依法缴纳社会保险的，可申请高校毕业生灵活就业社会保险补贴。申请时需要提供《灵活就业人员社会保险补贴申请表》、高校毕业生毕业证书。

第三节 就业创业资讯

特别提醒，因地方就业创业扶持政策时效性较强，具体要以无锡市人社部门最新通知要求为准。这里推介若干适用于江苏无锡的相关官方网站（图 1.15）、微信公众号、小程序等，便于同学们时时查询。

1. 江苏人社网 https://rs.jshrss.jiangsu.gov.cn/index
2. 无锡市人力资源和社会保障局 https://hrss.wuxi.gov.cn
3. 江苏大学生智慧就业服务平台 https://www.91job.org.cn
4. "就在江苏"智慧就业服务平台 https://www.js365job.com/recruitment/home

图 1.15　地方就业相关官方网站

第五章　走进锡职

> 校园文化是一所学校的灵魂和软实力。无锡地处太湖之滨,是吴文化发源地、中国民族工商业发祥地,是至德之地,百年工商城。水的温情与千载历史融合,赋予这座城市鲜明的文化品格,也造就了这方水土"尚德务实、和谐奋进"的城市精神。坐落在这里的无锡职业技术学院,也在吴文化和城市精神的熏陶下,走出一条立足行业、服务企业的特色发展之路。

第一节　栉风沐雨　薪火相传（1959—1999）

1959年,农业机械部（以下简称"农机部"）成立,即着手培养农业机械工程技术人才,以适应全国农业机械化形势,决定在北、中、南部分别建设三所部署农业机械中等专业学校,南部定址无锡,学校定名"无锡农业机械制造学校"。图1.16为无锡农业机械制造学校筹备处。

一、筚路蓝缕　艰苦创业

1959年12月,农机部下达《关于无锡农业机械制造学校计划任务书的批复》,一批部队转业军官加入创建学校的骨干队伍；1960年,一批清华大学、华东师范大学、华中理工大学、西安交通大学、吉林工业大学等高校毕业生来校任教；1960年9月,首批农业机械、内燃机两个专业296名新生报到入学。

图 1.16　无锡农业机械制造学校筹备处（1959 年）

　　转业军官带来的优良作风，与名校知识青年的蓬勃朝气融合，在无锡"经世致用"教育传统的熏陶下，铺就了学校文化与精神气质的底色。20 世纪 60 年代，学校师生同吃、同住、同劳动，祠堂、农家、树荫下皆是课堂；剧场、仓库临时当宿舍；至于实训车间，则要靠全体师生参与建造。

　　在如此艰难的环境下，学校对从讲课、实验、课外作业，到课程设计、毕业设计等教学环节的教学规范和教学质量作出了详尽严格的规定，在教师中开展"四风"（鼓足干劲、遵守纪律、勤奋学习、勤俭节约）教育，在学生中开展"十项要求评比"（专心听讲、认真读书、积极思维、重点札记、反复运算、准备使用、抓紧时间、有劳有逸、学好技术、练好身体）等竞赛，形成了"艰苦奋斗、自力更生、勤俭办学""好学上进、尊师团结"的良好校风与学风，为中华人民共和国农机行业培养了一批又一批肯干、能干的掌握农业机械制造基础技术和操作能力的工艺技术员。

　　"文化大革命"期间，学校发展受到严重冲击，但全校师生发扬艰苦创业、自力更生的精神，排除干扰、尽量减少损失，坚持边教学边生产，为职业教育保存了火种。

二、质量立校　领跑全国

　　1978 年 8 月，第一机械工业部发文将部属无锡农业机械制造学校划归江苏省机械工业局（后改名为"江苏省机械厅"）领导，并更名为"江苏省无锡机械制造学校"（图1.17）。为尽快结束"文化大革命"带来的负面影响，努力提高教学质量，学校党委以校风建设为抓手，加强学生思想政治教育和基础文明建设，开展以人为本的教学探索与实践。

图1.17　学校更名为"江苏省无锡机械制造学校"（1979年）

这一时期的办学指导思想，可以总结为"**坚持全面发展，加强实践教学，培养学生能力**"，一手抓常规，一手抓改革，以规范保证质量，以制度促进改革。学校深化课程结构、教学内容、教学模式改革，突出实践教学，构建"一条主线，三个层面"实践教学体系；教学内容突出实用性、先进性、动态性；教学模式采用一体化教学模式、仿真模拟教学模式等，提出"双师、双纲"（既具备相应的理论教学和实践教学能力，又具有相关工作经历；理论、实践两个教学大纲）、"双向"（学校和企业）育人，有效提高学生的综合能力，更加贴近市场需求。

1988年，国家教委确定无锡为引进联邦德国"双元制"职业技术教育试点城市，我校成为"双元制"试点学校，这一机遇影响了学校的办学理念和教学模式变革，在"双元制"模式启发下，各专业开始突出实践性教学环节，注重校企合作，强化实用性技术教学，还全面实行"厂校挂钩""双向育人"教学改革，并借鉴加拿大以能力为基础的教育模式（competency based education，简称CBE），因地制宜加强与企业联系，从工厂给学校单方面提供实习基地，变成校企紧密合作，结成科研、生产、教育的联合体，学校在"教学、技术服务、生产实践"三结合的办学之路上跨出了新的一步。

通过努力，学校先后顺利通过江苏省教育厅思想管理规则检查、江苏省中专校合格评估、办学条件评估等一系列质量工程，在职业教育界声誉和口碑越来越好，1980

年和 1994 年两次入选全国重点中专校，赵克松、谈兴华、韩亚平被称为领跑全国职业教育的"三驾马车"。

第二节　提质升级　接续荣光（1999—2019）

1994 年，学校成为全国十所五年制高职试办学校之一，也是江苏省唯一的一所试点学校。学校清醒地意识到发展高职的重要意义，也对高等职业教育的培养目标、人才规格、课程内涵、教学计划及"素质、能力、态度"三者关系开展了充分调研和探索实践。

一、抢抓机遇　加快发展

1999 年，学校适时提出提升办学层次、申办职业技术学院的办学思路，得到江苏省机械厅和无锡市教委的肯定与支持（图 1.18）。

升格后，领导班子在谋划新校区硬件建设的同时，提出了"增强高职意识，构建高职框架，建立高职机制"建设思路，凝心聚力开展教学改革、科研攻关、校企合作、国际化办学的探索与实践，成为国家数控技术应用专业和汽车运用与维修专业技能型人才培养培训基地。2006 年，教育部开展高职高专院校人才培养工作水平评估，学校以九个全国"唯一"或全国"第一"的办学成就获评优秀等级，后顺利入选首批 28 所国家示范性高等职业院校立项建设单位（当年全国共有 1 145 所高职院校）。

三年建设期满，学校在国家精品课程、国家规划教材、全国首个高职资源库建设、国家级教学成果奖、国家级专业教学团队、国家级教学名师、全国性学生技能竞赛等方面都取得了标志性成果，机电类专业成为全国高职院校"单打冠军"。

图 1.18　学校在无锡市人民大会堂隆重举行建院揭牌庆典大会（1999 年）

二、聚焦内涵　追求卓越

从入选首批"国示范"校开始,学校发展便步入快车道。2012年,作为江苏省现代职教体系试点项目之一,学校率先启动与江苏大学联合培养四年制高职本科专业人才(图1.19),开始探索"卓越技术技能型人才"和"现场工程师"培养路径;同时开展"中职与高职3+3分段培养""高职与应用型本科3+2分段培养"等试点项目,积极参与现代职教体系探索实践。

图1.19　学校与江苏大学联合培养四年制高职本科专业人才

2013年,学校第三次党代会召开,新一届领导班子确立"国内一流、国际水准、特色鲜明的高职名校"奋斗目标,大力实施"质量立校、人才强校、特色名校、开放兴校、文化厚校"五大战略,坚持以内涵发展和质量提升为主题,人才培养质量稳步提高,科研和服务有了突破性进展,办学综合实力位列全国第一方阵。

2017年,江苏省启动高等职业教育创新发展卓越计划,学校围绕服务学生多元成长成才,服务机械行业转型发展,建设高端人才"蓄水池",推进政、行、企、校深度合作,参与国际教育服务分工,打造新型智慧校园6个方面发力,2018年年底成功入选江苏省卓越高职院校建设单位。

第三节　匠心逐梦　智造未来(2019年至今)

2019年,中国特色高水平高职学校和专业建设计划(简称"双高计划")启动,学校入选A档建设单位(图1.20,全国共10所),数控技术、物联网应用技术两个专业群入选高水平专业群建设单位,在全国1 400多所高职院校可谓凤毛麟角。

图 1.20　学校入选国家"双高计划"A 档建设院校（2019 年）

一、强化绩效　创新管理

"双高"建设期间，学校围绕"建成什么样的高水平职业院校"和"怎样建设高水平职业院校"两个问题，系统谋划，坚持以产教融合、科教融汇为主线，以高水平专业群为抓手，以教师培养体系和内部治理体系为支撑，推进"岗课赛证研"综合育人、产学研用密切结合，打造人才培养高地、技术创新高地和国际职教品牌。

5 年过去了，首轮"双高计划"建设任务陆续收官，两个高水平专业群也已建成全国样板。其中数控技术专业群保持一贯优势，共建工业和信息化部"专精特新产业学院"3 个；建成教育部骨干专业 2 个，1 本教材获评全国优秀教材特等奖；主持和深度参与国家专业教学标准 17 项、国家技术标准 12 项，获省级科技奖 9 项。物联网专业群则聚焦大数据、设备智联等关键技术，与国内知名企业共建产业学院 3 个。新增国家教师教学团队 2 个、国家级虚拟仿真实训基地 1 个，申获省级及行业科技进步奖 7 项。

与此同时，学校创建并完善"三集统筹、双标同步"专业集群建设模式、"双主体、两融合、多通道"人才培养模式、"平台支撑、双库联动"技术技能积累模式、"系统构建、融合共生"国际交流合作模式，构建了"一体、两翼、一平台"教师培养和"数据驱动、多元协同"的内部治理两个体系，初步形成具有中国特色职业教育发展模式的"无锡职院方案"。

二、初心弥坚　勇担使命

办社会需要、人民满意的教育是高校的责任和使命。2018 年年底，在学校第四次党代会上，学校从面临的形势和所处的历史方位出发，提出"领军全国智能制造特色校"发展目标：到"十五五"期末，把学校建设成为特色鲜明的高水平应用技术大学。在2022年9月的学校第五次党代会上，更是提出"全面建成中国特色、世界水平的职业技术大学"。

新时代新形势，呼唤新担当新作为。学校在坚守为党育人、为国育才使命及深耕职业教育沃土的过程中，积累了坚实的硬件基础，也积淀了鲜明的办学特色。随着新科技革命的兴起和我国制造业的快速发展，随着中国式现代化对技术技能型人才的需求越发迫切，也随着社会大众对职业教育的新期待和新修订的《中华人民共和国职业教育法》带来的机遇，学校在积极开展"双高计划"建设的同时，也积极谋划和推进本科职业技术大学的创建工作，为中国职业教育走向世界贡献"无锡职院方案"。

三、匠心传承　锡职逐梦

从无锡农业机械制造学校到江苏省无锡机械制造学校，再到无锡职业技术学院，校名数度更迭，办学层次逐步提升，但"严谨务实、敢为人先"的学校精神一脉相承，"敬业、俭朴、奋进"的校风、"严谨治学、崇尚实践"的校训哺育着一代代锡职人。

如果说60多年的办学积淀了锡职文化的"魂"，那么地处无锡，传承"尚德务实"的优秀文化基因，形成了重质量、创特色、建标准，精益求精、开拓创新的气质，则有力夯实了锡职文化之"本"。而在办学实践过程中不断加以总结，将锡职文化建设体系进行提炼，则成为新时代锡职人责无旁贷的使命。

自诞生之日起，学校始终扎根地方，与国家发展、产业转型、社会进步需求紧密相连，始终胸怀"国之大者"，践行为党育人、为国育才初心使命。新时期，学校坚持以习近平文化思想为指导，形成了以"智慧·创造"为核心理念，以高端智能、精益卓越、互动体验、绿色共享为基本内涵，以培养德技并举的强国工匠为使命的"智造工匠文化"，并在专业教育、治理机制、环境建设、实训实践等环节，由点到面、由事入理、由物及我、由知到行进行实践，在智能制造人才培养中润物无声、深入人心。

"江苏智慧人社"小程序　　"江苏智慧就业"微信公众号　　"无锡人社"微信公众号　　"锡职就业"微信公众号

第二篇 乐在锡职

　　学校秉承"严谨治学，崇尚实践"的校训，恪守"学生的家园，企业的伙伴"办学理念，认真落实立德树人根本任务，实施"乐思、乐善、乐群、乐学、乐创、乐业"工程，着力培养"眼有光、胸有志、心有爱、身有技、脚有力"的"五有"高素质技术技能型人才。

　　从你到学校报到的那刻起，你的大学生活正式开启，丰富多彩的大学活动期待你的踊跃参与、全程投入。各位新同学，你准备好了吗？

无锡职业技术学院宣传片

第一章　正德乐思

> 中国古代儒家五经中的《尚书》和《大学》写道："正德厚生，臻于至善。"意思是匡正道德，让人民生活丰厚，最终达到善良的最高境界。学校坚持以习近平新时代中国特色社会主义思想为指导，深入贯彻落实党的二十大精神，持久深入学习贯彻习近平总书记关于教育的重要论述，以落实立德树人根本任务为核心，围绕学校发展战略，着力打造正思工坊、星火燎原工作室、主题教育等思政育人品牌，让思想引领有抓手，品牌活动强铸魂，形成了"全员育人、全过程育人、全方位育人"的良好育人局面。

第一节　正思工坊

我校于2018年依托马克思主义学院成立正思工作室，后改名为"正思工坊"，2021年被评为无锡市名师工坊。正思工坊牢记思政育人的初心和使命，落实习近平总书记关于思政课系列讲话和中共中央办公厅、国务院办公厅颁布的文件精神，以青年教师队伍建设、精品课程建设、精品教材建设、特色工作室创建为抓手，以自主与合作、交流与研讨、示范与引领、研究与反思、总结与提升为形式，以名师、优秀骨干教师为引领，以师德修养、教育教学能力、科研水平高质量提升为重点，以激发教学科研活力、提升育人质量为目标，强化工坊学研型团队建设，打造教学相长、互助共赢的教师专业发展共同体。

一、目标定位

正思工坊以"博学·明辨·笃行"为理念，以项目为抓手，围绕教师和学生分别设计"双层提升"方案。围绕教师素养提升，正思工坊设计了"正思讲坛""正思磨课""正思扬帆"三大系列项目；围绕学生素养提升，正思工坊设计了"正思悦读""正思对话""正思知行"三大系列项目，构建了"一条理念·双层提升·三三项目"发展模式，切实帮助师生贯通学、思、用，统一知、信、行，把正思工坊建设成为省内外知名、具有较大影响力和辐射力、特色鲜明的思政课名师工坊。

二、运行管理

工坊建设有明晰的中长期规划，发展目标明确，与学校发展和马克思主义学院发展同频共振、同向同行；年度工作有计划、有总结、有考核，发展理念和思路清晰，举措有力。正思工坊自建立以来，在教学科研、获奖展示等多方面建设成效显著。

正思工坊建立了相应的规章制度，涵盖教研活动规范、教学质量考核、"青蓝工程"结对及绩效考核等；建立了以项目为抓手的工作机制，通过"三三项目"建设推进工作落实。

我校马克思主义学院网页开辟了"正思工坊"专栏，动态且全面地呈现了工坊建设情况和成效；还依托微信公众号开通了专栏，建立了"正思"QQ群，经常性开展线上交流和师生互动。

三、效能发挥

正思工坊所在的马克思主义学院为江苏省高校示范马克思主义学院培育点单位。正思工坊积极服务学校课程思政建设，在顶层设计、系统化推进等重要工作中发挥了核心智囊作用，助力一门课程获评国家级课程思政示范课程。在活动课程开发上，围绕"人格成长""价值塑造""文化传承""社会服务"四大主题，形成了必选和任选活动课，具有一定的借鉴价值。

正思工坊策划了思政课"四个课堂"教学改革，即"前沿的课堂""个性的课堂""濡化的课堂""网络的课堂"，改革相关成果获教学成果奖国家级二等奖1项、市级二等奖1项、校级特等奖1项，近年来思政课满意度保持在95%左右。近三年，正思工坊主持或参与了市级以上项目近30项，有力地推动了教改实践。正思工坊成员指导学生参加各类大赛，获国家级三等奖1项，省级二、三等奖各1项，市厅级一、二等奖各1项。开设选修课3门，辅导的学生社团获评无锡市十佳学生社团，每年开展心理咨询和就业指导约4场。

正思工坊主持编写出版江苏省"十三五"规划重点教材2部、专著1部、普及读物2部；积极开展在线课程建设，实现了思政课全课程信息化，形成了视频、课件、讲义、原创微课、讨论题、习题等思政课线上资源近2 000种。

正思工坊近三年在校外开展理论宣讲和示范课19场，受众2 000余人，社会声誉较好；成员发明专利4项，主持横向项目3项，同时积极参与地方和同行高校的结对共建活动，为服务地方、服务社会和促进高校思政课教育教学做出了贡献。

四、优势特色

1. 名师领航扬帆,团队优势明显

正思工坊由江苏高校青年思政课教师"领航·扬帆"计划首批培养对象、江苏"紫金文化人才培养工程"文化优青培养对象(社科优青)领衔;成员为本校思政课教师,涵盖老、中、青三代,从教改到科研、从论文到专著、从市奖到国奖,均有代表成果。队伍结构合理,教学科研实力强。

2. 把握育人规律,双层交互推进

正思工坊坚守思政育人规律,坚持师生共同发展,以"博学·明辨·笃行"为设计理念,以项目为抓手,围绕师生分别设计了"双层"成长路径、三大系列项目。一方面,坚持"正人先正己·育人先育己",注重提升思政教师素养;另一方面,坚持"服务学生·引领学生",帮助学生拓宽认知、明辨是非,践行社会主义核心价值观。正思工坊成功构建了"一条理念·双层提升·三三项目"发展模式,帮助师生贯通学、思、用,统一知、信、行,具有较高的推广价值。

3. 彰显思政本色,突出职教特色

正思工坊不仅引导师生读经典、学原文、悟原理,还及时跟进前沿理论发展,把握马克思主义中国化的最新理论成果,用习近平新时代中国特色社会主义思想武装头脑,彰显思政本色。同时坚持从高职学校办学定位出发,全方面利用政、行、企、校合作共建资源,注重多方协同创新育人方式、方法,活动设计突出学校特点、行业背景和地方特色,注重用职业精神、劳动精神、工匠精神育人,服务高职人才培养,突出职教特色。

党的二十大报告指出:"实践没有止境,理论创新也没有止境。不断谱写马克思主义中国化时代化新篇章,是当代中国共产党人的庄严历史责任。"青年学生主动参与主题教育、网络育人和思政课堂教学,不断提升自己的理论素养和思想政治素质,是永恒不竭的追求。我校构建"168"主题教育模式,打造主题教育常态化运行机制,搭建星火燎原网络育人平台,让党的创新理论与青年云端相逢、心灵相通,创建正思工坊思政教育品牌,让第一课堂与第二课堂深度融合、师生互联。只要我们勇于结合新的实践不断推进理论创新、善于用新的理论指导新的实践,就一定能够让马克思主义在中国大地上展现出更强大、更有说服力的真理力量。

第二节　星火燎原工作室

"时代是思想之母,实践是理论之源。"党的十九大报告把十八大以来党的理论创新成果概括为习近平新时代中国特色社会主义思想。党的二十大报告指出:"马克思主义是我们立党立国、兴党兴国的根本指导思想。实践告诉我们,中国共产党为什么能,中国特色社会主义为什么好,归根到底是马克思主义行,是中国化时代化的马克思主义行……拥有马克思主义科学理论指导是我们党坚定信仰信念、把握历史主动的根本所在。"为了有力推动我校广大青年勇做新时代中国化时代化马克思主义的宣传队和播种机,我校创办微信公众号"星火燎原工作室",学习新思想,传播新理论,引领新青年,精心打造了高校学子信仰构筑项目——"青春心向党　星火永流传",并逐渐形成了"星火"品牌效应。

微信公众号"星火燎原工作室"创建于 2016 年 6 月 1 日,到 2022 年已满 6 年,现已拥有粉丝超 4 000 人,发布推文 352 期,总阅读量达 50 万以上,从一个二级学院的学生党建微信公众号成长为引领我校青年学生思想的知名品牌。

一、微信公众号栏目化,开辟学习新阵地

围绕高职学生面临的思想之惑、信仰之困和精神之需,微信公众号先后开辟了一系列青年喜闻乐见的网络栏目,创作了大批脍炙人口的网络作品。周一的"星火夜读",让青年们仰望星空,重温党章党规,诵读名言名篇;周二的"星火党史",用广播剧角色扮演演绎党史故事;周三的"星火微思享",聘请江南大学马克思主义学院唐忠宝教授为特约撰稿人,开设"宝哥专栏",为广大青年开展理想信念教育。一周一次的"星火影院"带领同学们重温经典,回顾党史;一月一次的"星火微观点"让同学们畅所欲言,搭建青年交流平台。"星火燎原工作室"微信公众号已逐渐成为引领学校青年学生思想的知名品牌,成为一个"一旦爱了,便是深爱"的青年归属,与无锡职业技术学院学子开启了一段"一心向党,星火流传"的青春旅途。

二、新媒体平台矩阵化,构建学习阵地群

根据"00 后"青年网络使用习惯,探索构建差异发展、齐头并进的新媒体阵地群。2019 年,星火燎原工作室创建 QQ 公众号,与微信公众号相呼应,并相继推出了"星火青年说""星火思故人""星火述志集"等多个栏目,弥补了微信公众号在传播形式和频次上的短板。2021 年,又开通了"星火燎原工作室"抖音号,实现了作品的快传快转。

三、网络工作室实体化，创设学习新路径

为了实现网络思政线上线下同频共振，2017年10月，我校以星火燎原工作室团队学生为基础力量，以校"青马工程"组织为骨干，成立了习近平新时代中国特色社会主义思想青年学社。社团采用"导师护航＋朋辈带动"的工作队伍建设模式。选聘5名校内外理论研究型专家作为特聘导师，专门开展理论讲授、政策解读和研究指导工作；选聘马克思主义学院骨干教师和资深团干作为实践导师，指导开展课题研究和社会实践，等等，有效提升了团队成员的思想理论水平和微信公众号的宣传实效。

四、阐释新思想青年化，培育讲习新力量

网络已经成为青年思想引领工作的前沿阵地，需要主动转化新媒体存在样态，突出以学生视角看待问题的话语范式。在星火燎原工作室的运营中，充分尊重青年的"小创意""小心思"，尝试用青年话语阐释主流思想，如用广播剧讲述百年党史故事，用微团课呈现中国共产党的精神谱系，引导青年通过历史对比、国际比较、社会观察和亲身实践，深刻领悟党的领导、领袖领航、制度优势、人民力量的关键作用，使广大青年筑牢理想信念。同时积极发挥朋辈带动效应，组建学生宣讲团，依托团课竞赛、"青马工程"、信仰公开课、团团直播间等活动项目和平台，开展校内宣讲活动127场次，累计听众27 000人次，涌现出了吴乐生、张炳欢等一批优秀的青年学生讲师，共同推进党的创新理论在青年中落地生根。

习近平总书记强调，心有所信，方能行远。2022年，星火燎原工作室入选江苏省网络思政名师工作室。我校将牢记嘱托，继续秉持初心宗旨，学深悟透新思想的理论精髓，弄通做实新思想的实践要求，全力打造"靶向定位青年立德之需、精准助力学校育人供给"的区域示范性思想理论类新媒体平台。

学校"星火燎原工作室"微信公众号

第三节　主题教育

学校以习近平新时代中国特色社会主义思想为指导，落实立德树人根本任务，以思想政治教育、成长成才教育、心理健康教育、就业创业教育、国防安全教育等为主

要教育模块,持续推进主题教育资源库建设,每年组织开展主题教育。逐步形成第一课堂与第二课堂紧密配合、线上教育与线下教育高度共融、理论教育与实践运用同向同行的良性局面,切实提升主题教育的针对性、实效性和规范性,夯实学生在主题教育中的获得感。

大学生是马克思主义的青年传承者和思政课教育的主要对象。为强化大学生的马克思主义理论素养和理论宣讲能力,增强大学生理论学习的自主性、积极性和创造性,学校自2019年起每年组织开展"大学生讲思政课"教学比赛,至今已开展五届。2023年3月举行的第五届"大学生讲思政课"教学比赛活动中,10位同学围绕"弘扬中国精神""破浪十年,挺进深蓝""续写长征路,共筑中国魂"等主题,用学生的视角、青春的语言进行现场教学展示,论述充分,表达流畅、有感染力,举止大方。既有建党百年的历史之思,也有长征精神、脱贫攻坚、生态文明建设的时代之问;既有中国梦给予当代青年的切身体会,也有中国外交、万里征途的国际视野。该活动是学校思政课教学改革创新的重要举措,同学们在自己寻找主题、搜集资料、准备讲授的过程中,沉浸式体验思想政治教育工作的过程与内涵,既增长了知识、锻炼了能力,又让思想得到了淬炼和升华。

第二章　奉献乐善

> 中国传统的童蒙读物《三字经》的开篇第一句便将老子提倡的"善"写入了人性："人之初，性本善。"中国人对这六个字耳熟能详，其中的"善"这个形容词兼有吉利、慈祥、美好之意。以善为美，与人为善，戒恶扬善，是中华传统文化中最重要的特质。而"至善"一词，出自《大学》开篇的第一句话："大学之道，在明明德，在亲民，在止于至善。"一个人品德美、行为美即为"至善"。至善尚美就是追求最善、最美的事物。

第一节　青春乐善皆可为

学校目前已组织建立青年志愿者协会、向日葵义工站、砺香义工站、二月财经社、锡心向阳社 5 个志愿服务类社团。学校共青团始终把"三下乡"返家乡社会实践作为团员青年参与社会实践和志愿服务的主渠道，推行"知行促进计划"，有效扩大覆盖面。

一、志愿服务组织和志愿服务项目培育

1. 培育校院两级志愿服务类学生组织

学校团委不断通过志愿实践落实立德树人的根本任务，依托志愿服务类实践活动与"青马工程"培训，常态化组织青年到基层报到；与梁溪区委等基层组织结对服务，常态化组织青年利用课余时间和寒暑假参与社区治理、志愿服务。

2020 年以来，学校共青团持续推动志愿服务工作的开展。其中，校学生会承接了亚州击剑锦标赛志愿服务，校青年志愿者协会负责了"无锡市智慧体育与数字娱乐产业峰会"项目的志愿服务及校内外其他志愿服务活动。同时，继续推进"关爱小动物""河小青""保护母亲河"等专项志愿服务项目工作。

2. 项目化开展志愿服务实践活动

学校共青团始终把"三下乡"社会实践作为团员青年参与社会实践和志愿服务的主渠道，推行"知行促进计划"，项目化开展社会实践活动，有效扩大覆盖面。先后

培育出"蒲公英"支教队、管理学院"E"支队、"微心愿团队""爱国·逐梦团队"等品牌实践团队和"青春耀晚霞""关爱马路天使""河小青"锡青护水联盟等品牌项目。近年来，涌现出金亚（学生）、管理学院"E"支队等一批全国大学生暑期"三下乡"先进个人、全国优秀团队和全国百强社会实践团队等先进典型。2023年，学校共有395支团队参与暑期"三下乡"返家乡社会实践项目，覆盖人次达7 000。其中，管理学院"红点义"支队获评全国百强社会实践团队荣誉。开源创新创业学院"铸牢中华民族共同体意识 书写民族地区乡村振兴壮丽诗篇"获评全国大学生百强实践项目。

3. 注重选树典型做宣传引导

学校始终注重选树典型，做好宣传引导，依托第二课堂成绩单，将志愿服务列入社会实践课程必修项目，积极选树培养表现突出的学生、志愿服务项目及组织。通过评选学校大学生年度志愿者行动先进典型等工作，推动学校志愿服务工作开展，激励广大学子积极投身志愿服务事业。

二、志愿服务工作育人成效

1. 志愿服务凸显担当

学校广大青年自觉将"奉献、友爱、互助、进步"等志愿服务精神内化于心、外化于行，涌现出一批批先进学子典型。2023年度，学生参与志愿服务覆盖率达85%，人均服务时长超20小时。

2. 社会评价正面积极

学校相关成员和事迹被新华社、中国青年网、《无锡日报》、《江南晚报》等多家媒体报道，暑期"三下乡"社会实践项目累计开发稿件84篇次。在2021年度疫情防控志愿服务和河南特大暴雨抢险救灾工作中，我校学子积极参与，参与人次达802，收到各地基层组织寄送的感谢信300余封。

近年来，学校切实发挥第二课堂实践育人作用，先后培育出了"关爱马路天使"（图2.1）、"大学生文化艺术进社区""留守儿童心理健康成长服务计划"等多个公益品牌实践项目，涌现出了"爱飞翔"志愿服务队、"蒲公英"支教团队（图2.2）和大学生艺术团等多个优秀公益品牌团队。同时校内青年志愿者协会规模不断扩大，"向日葵义工站""砺香义工站"等一批个性化公益社团相继建立，线上深耕"益起来"移动互联网公益实践服务平台，致力于实现公益实践信息快速共享、公益实践资源高效对接、公益实践服务优化升级、公益实践价值整合再造。管理学院"E"支队获评全国暑期社会实践优秀团队，管理学院"红点义"支队也入选全国大学生百强暑期实践团队，开源创新创业学院"铸牢中华民族共同体意识 书写民族地区乡村振兴壮丽诗篇"项目获评全国大学生百强实践项目。

图2.1 "关爱马路天使"团队志愿者教环卫工人急救实操

"蒲公英"支教团队
社会实践

图2.2 "蒲公英"支教团队社会实践

三、品牌志愿服务项目（团队）风采

1. "乡约一夏"志愿服务项目

"乡约一夏"志愿服务项目自2019年启动以来，志愿服务实践团队每年利用寒暑假时间奔赴祖国基层一线，结合专业特长开展志愿服务实践活动，积累了一定的实践成果。截至目前，已有近百名学生参与到项目实施中来，服务总时数近10 000小时，人均服务时数近100小时。

2019年，丁强、张蕊、刘惠文、崔立玮等学生组成"乡约一夏"1.0团队，赴徐州邳州市宿羊山高级中学开展道理课堂之科技创新实践服务乡村教育发展专项活动，获得学校老师和学生们的一致好评。2020年暑假期间，"乡约一夏"2.0团队分别去往吉林长白山、广西凭祥开展志愿服务活动。每到一个站点，团队深入挖掘家乡特产，

用心讲好家乡故事，努力搭建电商服务平台，热心做好直播卖货服务。2021年，张丽娜、华君琪等学生组成的"乡约一夏"3.0团队远赴宁夏回族自治区固阳市彭阳县展开乡村振兴实践活动（图2.3），调研当地脱贫攻坚工作取得的实际成效，并用影像记录当地发展变化。同时，利用专业所学在当地开展直播带货活动，助力乡村振兴。

"乡约一夏"3.0团队
赴宁夏调研

图2.3　"乡约一夏"志愿服务项目志愿者赴宁夏调研

项目实施以来斩获了多项荣誉，培养了一批先进青年代表，实践育人成效初显。项目及项目成员先后斩获全国大学生暑期"三下乡"先进个人、全国优秀团队、全国百强优秀团队、江苏省"三下乡"暑期社会实践先进工作者、江苏省"三下乡"暑期社会实践先进个人5项国家级、省级荣誉及多项市级荣誉。丁强同学获评全国优秀共青团员。2021年暑假，实践视频成果《重走扶贫发展路"仲夏"家乡振兴梦》在"我眼中的乡村振兴·一镜还乡"江苏省大学生微视频创作大赛中获得二等奖。2021年度，项目累计被国家级媒体报道10篇次，省市级媒体报道5篇次。

2. "向阳花·艾健康"志愿服务团队

"向阳花·艾健康"志愿服务团队隶属于无锡职业技术学院红十字会学生分会。近年来先后成立"向阳花""爱飞翔"等多个专项志愿服务分队，专项开展传染病防治、特殊人群服务等志愿服务活动。

2017年，无锡职业技术学院红十字会学生分会成立"向阳花"专项志愿服务队，针对性开展传染病防治宣教。同年，成立"向阳花·艾健康"志愿服务小队，开展艾滋病防治宣传教育。

2019年，陈佳伟、王硕、梁炯妮等学生组成的"向阳花·艾健康"1.0团队深入社区、学校开展"同伴同行，知爱防艾"子项目，项目包含骑行宣传、街头宣讲、采访、调研、爱心募捐、万人签名等多种形式，并制作了防艾宣传短片。

2020年暑假，"向阳花·艾健康"2.0团队在无锡市内开展"博爱青春，有爱无艾"子项目，志愿服务队员创新活动形式，用学生喜闻乐见的形式开展防艾活动。

2022年，"向阳花·艾健康"3.0团队开展"防'艾'不妨爱，'艺'心守护'艾'——防艾志愿服务"活动，以"艺"为着眼点，原创设计学校红十字会吉祥物

"宏宏""慧慧"(图2.4),并用此吉祥物形象原创制作防艾漫画书、绘本,同时,围绕防艾主题创作明信片、书法、绘画、海报等艺术作品。历时20天,累计开展主题文创展、主题宣讲、讲座、互动体验等防艾主题活动10场,发放宣传折页1 000余份,张贴海报60余份,征集明信片祝福200余份、"红丝带"主题书画作品80余份,拍摄制作纪实视频、祝福视频5条,撰写调研报告1篇,发表市级以上报道17篇次。人均服务时长67小时,总服务时长逾2 000小时,直接影响1 000多人次,间接影响8 000多人次。

2022年"博爱青春"
暑期社会实践

图2.4 学校红十字会吉祥物"宏宏""慧慧"

项目实施3年以来,获得了多项荣誉,培养了一批先进青年代表,实践育人成效初显。项目成员先后获江苏省"三下乡"暑期社会实践先进工作者、江苏省"三下乡"暑期社会实践先进个人等8项省级荣誉及7项市级荣誉;2022年,"防'艾'不妨爱,'艺'心守护'艾'——防艾志愿服务"子项目获2022年江苏省青年志愿服务项目大赛卫生健康类三等奖,获2022年博爱青春专项暑期社会实践省提名奖;项目组成员万兴哲同学2022年获评江苏省优秀青年志愿者、无锡市优秀青年志愿者。2022年度,项目累计被省市级媒体报道17篇次。

3. "一亩心田"儿童青少年心理健康护航实践团

2023年7月,无锡市梁溪区、锡山区、滨湖区所辖的广益新村社区、羊尖社区等16个社区里,活跃着一支志愿服务队,来自无锡职业技术学院设计艺术学院的"一亩心田"儿童青少年心理健康护航实践团在林佳燕、刘福莲老师的指导下,为儿童青少年科普心理健康知识、调研心理健康服务需求、开展心理健康团辅活动。

实践团通过开展心理健康系列活动,帮助社区暑托班的孩子树立"身心同健康"意识,并引导家长、社区、社会各界关心和关注孩子的心理健康。团队围绕"塑造积极心态,守护一亩心田"主题,为16个社区"爱心暑托班"的近300名孩子和家长开展青少年心理健康服务需求调研、心理健康知识科普宣教和团体心理辅导活动共18

场，以青春奋进之力赋能青少年心理健康成长。

在开展心理活动之余，队员们还充分发挥艺术设计的专业优势，带领孩子们开展"探索植物拓染，感受非遗之美"拓染活动。通过互动问答的形式，队员向孩子们介绍了非遗在技艺传承和文化传播中的重要意义。孩子们在了解了拓染的原理和步骤后，开始挑选花叶，用盐水浸泡，再摆放定形，最终敲打成型。"叮叮当当""咚咚锵锵"，现场气氛热烈高涨。孩子们拿着自己的拓染成品，迫不及待地与队员们分享自己的作品。除了在社区心理服务中奉献青春力量，队员们还为无锡市社会福利中心的孩子创作"锡福园的玫瑰"主题漫画。原创漫画活动不仅诠释了"赠人玫瑰，手有余香"的内涵，也让艺术设计与志愿服务碰撞出耀眼的火花。此外，队员们还进行了功能受损体验，感受腰背损伤、视力模糊及障碍物设置情景下的行走，并在社工的指导下学习基础陪护技能，以多元化视角学习志愿服务精神内核，提升志愿服务实践能力。

"一亩心田"心理健康
护航实践图

第二节　乐善青年在身边

通过选树典型、榜样引领，学校近几年涌现出全国优秀共青团员 1 人，全国大学生自强之星 2 人，全国大学生年度人物入围奖 1 人，江苏省大学生年度人物提名奖 2 人、入围奖 2 人，江苏省抗疫先进个人 4 人，学生典型在全省乃至全国都发挥了引领辐射作用。

一、袁惠：初心如磐志不渝，百年风华正青春

2020 级室内艺术专业学生袁惠（图 2.5）大一入学时加入学校红十字会志愿服务组织，多次参与志愿服务，如暖冬行动、无偿献血、艾滋病预防同伴教育、疫苗接种志愿服务、"三下乡"暑期社会实践、"博爱青春"暑期志愿服务项目等。大二时继续发扬志愿服务精神，任校红十字会学生分会会长，组织参与学校各项志愿服务工作。截至目前，她连续两年参与"三下乡"暑期社会实践。2021 年 7 月，深入社区普及儿童应急救护知识；2021 年 8 月，奔赴红色教育基地寻访先辈足迹，感悟初心使命；2022 年 6 月，前往乡村开展活动，绘制手绘墙，为桃农设计制作包装标识，完成助农计划；2022 年 7 月，深入无锡市不同场所开展防艾活动，面向大众宣传、科普艾滋病

预防知识。众多实践过程不仅锻炼了她的能力，对她本人也有深远意义。

图 2.5　学生志愿者袁惠（右一）

二、杨长江：青春声线，守护校园

2021级模具设计与制造专业学生杨长江（图2.6）是一名已"退役"的广播站优秀学生干部。为了准备专转本，他大年初二就回到学校学习。2020年春新冠疫情爆发时，学校里留守的还有近250名同学。虽然有学校领导和老师的关心，但网上扑面而来的疫情信息还是让他们感到恐慌和焦虑，远离家人的清冷孤单也无从排解。

就在此时，杨长江同学主动请缨，发挥自己播音主持的特长为同学们播报新闻和通知。从2020年1月31日开始，校园便传来"播报今日疫情最新情况……""学校发布最新通知……"的声音。为了更好地服务留校同学，他总是第一时间从官网收集最新疫情信息，并及时播报，让留校同学战胜恐慌；他把科学防

图 2.6　学生志愿者杨长江

疫的知识编辑成朗朗上口的顺口溜，让留校同学了解有效的防疫措施；他整理播报战"疫"的感人事迹，传递正能量，让留校同学战"疫"信心倍增；还根据留校同学的地域分布，播放家乡音乐，慰藉留校学生的思乡之情，让留校学生不孤单。疫情防控

期间，杨长江同学81天从不间断的每日播报，不仅为在校生的学习和生活提供了指引和帮助，更为大家带来了陪伴和安全感。他用小小广播室里一个人的坚守，温暖了留校的两百余名同学，让大家无惧恐慌，从容相伴，一起迎接春天的到来。

三、万兴哲：无偿献血，传递一份爱心

2020级机械制造与自动化专业学生万兴哲（图2.7）自2016年加入江苏省血液中心无偿献血志愿服务队以来，服务工时至今已超过1 800小时，累计献血3 900毫升，曾获评2018—2019全国无偿献血志愿服务五星级志愿者、2020—2021全国无偿献血志愿服务五星级志愿者、2018年度江苏省暑期无偿献血宣传招募奉献奖、2020年度江苏省无偿献血志愿服务优秀个人奖、2021年度江苏省无偿献血志愿服务突出贡献奖。在这六年中，只要有时间，万兴哲就会走上街头，宣传无偿献血的知识，呼吁大家献一份爱心，挽救一条生命。

2020年秋，万兴哲再次参与了南京市红十字会举办的应急急救培训，并获得了救护员证书。在一次乘坐地铁时，一位中年男子跑完马拉松后在地铁内出现了休克的情况，万兴哲当即运用了所学知识，与身旁另一位爱心人士共同进行急救。

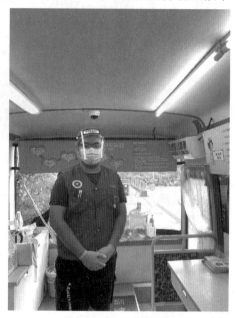

图2.7　学生志愿者万兴哲

2020年11月至2021年3月，万兴哲担任滨湖区创建文明城市志愿者，为无锡争创文明城市而努力；2020年暑期，万兴哲前往江苏省人民医院进行宣传工作，动员病人家属互帮互助，为病人手术的正常进行提供必要条件；2021年3月，万兴哲参与了我校承办的江苏省职业院校技能大赛志愿者服务，负责为期三天的后勤保障工作；2021年6月，万兴哲两次参与了滨湖区残联举办的"助残日"文艺汇演志愿服务活动，负责拍照捕捉志愿者的美丽瞬间和残障人士表演的精彩瞬间。

第三节　崇德向善我能行

习近平总书记在"把雷锋精神代代传承下去——纪念毛泽东等老一辈革命家为雷锋同志题词六十周年"座谈会上对深入开展学雷锋活动作出重要指示，强调深刻把握雷锋精神的时代内涵，让雷锋精神在新时代绽放更加璀璨的光芒。

同学们，实践证明，无论时代如何变迁，雷锋精神永不过时。作为新时代的青年，我们应谨记习近平总书记的殷切嘱托，将雷锋精神代代相传。

在此，向同学们发出倡议：

一是要做崇德向善的好青年。我们要把正确的道德认知、自觉的道德养成、积极的道德实践紧密结合起来，自觉树立和践行社会主义核心价值观，带头倡导良好的社会风气。要加强思想道德修养，自觉弘扬爱国主义、集体主义、社会主义思想，积极倡导社会公德、职业道德、家庭美德。

二是要做积极从善的好青年。要牢记"从善如登，从恶如崩"的道理，始终保持积极的人生态度、良好的道德品质、健康的生活情趣。要倡导社会文明新风，带头学雷锋，积极参加志愿服务，主动承担社会责任，热诚关爱他人，多做扶贫济困、扶弱助残的实事好事，以实际行动促进社会进步。

三是要做奉献乐善的好青年。伟大时代呼唤伟大精神，崇高事业需要榜样引领。志愿服务人人可为、事事可为、时时可为，让我们从现在做起，从自身做起，从小事做起，热情参与、积极投身到文明实践、扶弱助残、维护秩序、爱护环境等社会公益性志愿服务活动中，把雷锋精神传承下去，把爱心送进他人心中。

第三章 健康乐群

大学生活因为有了各种丰富的活动而多姿多彩，因为有了众多的各类竞赛而充满挑战。本章将重点介绍学校开展的若干群体类活动，期待同学们能从中学会积极应对压力和挫折，以理性平和、积极阳光的心态度过大学生活；培养良好的个性心理品质，发现幸福，感受幸福，记录生命的美好。

第一节 心理类活动

学校大学生心理健康教育中心以打造阳光校园、创设和谐的人际关系为总目标，贯穿全年，打造心理健康系列活动、特色活动、社团活动三类模块，助力同学们"健康乐群"，实现全体同学"健心"（身心健康）+"乐活"（快乐生活），全面提升同学们的心理素养。

一、活动原则

学校心理活动设计以学生心理发展特点和身心发展规律为出发点和落脚点，面向全体学生，通过普遍开展教育活动，使学生对心理健康教育有积极的认识，使心理素质逐步得到提高。具体活动原则主要有：一是关注个别差异，根据不同学生的不同需要开展多种形式的教育和辅导，提高他们的心理健康水平；二是尊重学生，以学生为主体，充分启发和调动学生的积极性；三是面向全体学生与关注个别差异相结合，将心理健康教育的普适性与针对性相结合；四是尊重、理解与真诚同感相结合；五是预防、矫治和发展相结合；六是教师的科学辅导与学生的主动参与相结合；七是助人与自助相结合。

二、活动内容

1. 感恩教育

感恩是最强的幸福"促进剂"，与人们的幸福感密切相关。它可以帮助我们深入认识负面情绪，促使我们积极应对消极事件。通过一系列的感恩活动，学生能够更深刻地体会感恩的意义，更加积极地面对生活、面对人生，在愉快、积极的参与中，学会坚强、学会合作、懂得感恩。

2. 爱的教育

"我爱我"不仅仅是一句口号，还是让每个人做到关爱自己、善待自己、熟知自己。只有关爱自己，才会更好地去关爱他人，也才会更加去爱每天的生活及养育我们的这个世界。

3. 适应教育

针对大学生尤其是大一新生的适应不良问题，通过讲座、课程、自助手册等多种方式开展适应教育，使其在大学生活中充分发挥自身潜能，实现自我价值。

4. 合作教育

培养学生与人合作的意识，训练学生的合作行为，增强学生的团队意识，通过活动让学生学会沟通、学会合作，感受来自集体的力量。

5. 生命教育

生命是人生的起点，也是人生的终点。让学生认识生命的宝贵，珍爱生命，珍惜当下，学会捍卫生命的尊严，激发生命的潜能，提升生命的品质，实现生命的价值。

三、品牌活动

1. "四季"主题系列心理活动

学校大学生心理健康教育中心围绕大学生在成长过程中普遍存在的心理困惑，以"四季"主题系列心理活动为主线，贯穿每年始末。下面让我们一起来了解一下具体内容吧！

（1）春·春风——春风十里只等你。

冬去春来，"锡"日老友终于相见；潜龙腾跃而起，便是人间春色万里！初春时节，春季主题系列心理活动带你体验青春的活力与意义，积极地投入学习生活（图 2.8）。春季心理品牌活动项目如表 2.1 所示。

图 2.8 春季心理活动掠影

表 2.1　春季心理品牌活动项目

序号	春季品牌活动
1	"蕙"制兰心,"包"含深情——"女生节"爱的传递活动
2	"青春做伴,放飞三月"放风筝活动
3	"春天花花分享会"摄影活动
4	"分享青春,未来可期"宿舍活动
5	"向阳而生,逐光前行"大学生心理健康原创短视频大赛
6	专家工作坊——教师音乐鼓圈减压放松体验活动
7	"春动鼓圈,鼓舞心灵"鼓圈团体辅导活动

（2）夏·夏花——你如夏花般绚烂。

在春季的烂漫结束后,夏天悄然而至。夏日的校园如诗如画,花红、树绿、阳光灿烂,一切都是那么的美好。当蓬勃的青春遭遇热烈的夏日,必将激起不一样的浪花（图 2.9）。夏季心理品牌活动项目如表 2.2 所示。

图 2.9　夏季心理活动掠影

表 2.2　夏季心理品牌活动项目

序号	夏季品牌活动
1	心理协会定向越野活动
2	心理美文诵读大赛
3	舒心健康夜跑打卡活动
4	专家工作坊——"减压、赋能、重启"教师正念减压活动
5	专家工作坊——易术心理剧减压赋能团体活动
6	大学生心理嘉年华活动
7	这个夏天你最美——口金包制作活动
8	这个夏天有点香——端午香囊制作活动

（3）秋·秋色——多彩季与你相遇。

又是一年开学季，在多姿多彩的秋季，以积极向上、理性平和的良好心态与时代共舞、与季节携行，"秋色——多彩季与你相遇"主题系列心理活动带你快速适应大学生活（图 2.10）。秋季心理品牌活动项目如表 2.3 所示。

图 2.10　秋季心理活动掠影

表 2.3　秋季心理品牌活动项目

序号	秋季品牌活动
1	"多彩季阳光心理"——心理情景剧大赛
2	"多彩季寻找最美笑脸"——摄影大赛
3	"多彩季温暖携行"——宿舍团体拓展活动
4	"多彩季与你在一起"——专家讲座：宿舍长和心理委员培训
5	"多彩季一起奔跑"——舒心健康夜跑打卡活动
6	"多彩季等到你"——心理协会招新、换届
7	"多彩季有我在"——宿舍心理海报宣传
8	"多彩季我懂你"——大学生心理健康知识竞赛

（4）冬·冬阳——穿过寒冬拥抱你。

一树一羽，沉淀了斑驳的芳华；一笔一语，在阳光里闪着微光。就算在寒冷的冬天，你也会觉得很温暖。冬季主题系列心理活动让这个冬天变得不太冷（图2.11）。冬季心理品牌活动项目如表2.4所示。

图 2.11 冬季心理活动掠影

表 2.4 冬季心理品牌活动项目

序号	冬季品牌活动
1	冬日心语，温暖心灵
2	悦动鼓圈，鼓舞心灵
3	冬日编织，织就温暖
4	冬日阅读，照见心灵
5	彩绘曼陀罗，浪漫在我心

2. 心理协会社团活动

大学生心理协会聚集了一群爱好心理学、有志于为大学生心理健康事业奉献力量的年轻学子。协会本着"聆听心声，品味成长"的宗旨，以提高大学生心理健康素质为目的，以普及心理健康知识、提高心理健康意识为己任，旨在关注学生的心理状况，丰富校园精神文化生活。社团主要活动有：

（1）心理广播：我和世界一起爱着你，包括心理电影推介、心理美文分享、师生点歌等。

（2）每周五晚心理电影赏析："三原力"心理电影沙龙。

（3）举办大学生心理健康知识竞赛等活动。

（4）协助完成大学生心理健康教育中心组织的活动。

第二节 体育类活动

一、运动会

蓬勃的青春与运动更搭哦！让我们一起走下网络、走出宿舍、走向操场，拥有更加阳光的心态和更加健康的生活！

学校运动会于每年下半年举行（图2.12至图2.14），届时赛场上，运动健儿们勇敢无惧、奋力拼搏；看台上鼓声喧天、震耳欲聋；赛道边同学们摇旗呐喊、活力无限。

图 2.12　运动会开幕式

图 2.13　田径比赛

图 2.14 颁奖仪式

二、体育社团活动

学校现有 14 个体育类社团，具体明细如表 2.5 所示。

表 2.5 体育类社团一览表

序号	体育类社团名称
1	足球协会
2	跆拳道协会
3	篮球协会
4	轮滑协会
5	武术协会
6	L.S 原点健身社
7	飞弧乒乓球协会
8	毅行社
9	追梦滑板社
10	回音单车俱乐部
11	幻指极限魔方社
12	棋弈社
13	网球协会
14	羽毛球协会

每个社团都由专业的体育老师担任指导老师，各社团在老师的指导下每年都会举办各项体育类活动和比赛。

第三节　文明宿舍创建活动

进入大学，宿舍就成为同学们朝夕相处的温暖港湾。相遇是一种缘，它让天南地北的学生走到一起，它让性格各异的学生成为室友，它让漂泊在外的学生成为一家人。

为了不断提升学生宿舍文化品位，营造"乐思、乐善、乐群、乐学、乐创、乐业"的育人环境，培养德智体美劳全面发展的时代新人，学校定期开展学生社区特色文化宿舍与文明宿舍评选活动。让我们来了解一下吧！

学校特色文化宿舍评选活动以展示"六乐宿舍"魅力，打造文明和谐校园为主题，具体评选项目与评选条件如表 2.6 所示。

表 2.6　特色文化宿舍项目及评选条件一览表

序号	评选项目	评选条件
1	乐思宿舍	宿舍成员思想积极上进，全部递交入党申请书，宿舍有党员或者有两人及以上获得学校党校或分党校结业证书。宿舍成员以身作则，党员或入党积极分子在宿舍精神文明建设中发挥带头示范作用
2	乐善宿舍	宿舍成员积极参加校内外各类志愿服务或社会实践活动，如无偿献血、见义勇为等，成绩突出
3	乐群宿舍	宿舍成员团结友爱、乐于助人，积极参加各类学生组织，策划、组织或参与各类学生活动，并在各类学生组织建设和活动开展中发挥重要作用，展现当代大学生健康、积极、向上的青春风采
4	乐学宿舍	宿舍学习风气好，全体宿舍成员上学期课程无不及格，2/3 宿舍成员必修课成绩名列班级前三分之一或 50% 宿舍成员上学年获各类奖学金
5	乐创宿舍	宿舍成员积极参加双创实践活动（项目）或各类创新创业大赛等，有获奖、工商注册执照或实践成效突出者优先推荐
6	乐业宿舍	宿舍成员在专业知识和专业技能学习上刻苦钻研，积极参加国家、省、市级专业技能大赛并获奖，或积极考取各类专业职业技能等级证书，或专利发明成果突出等

"且将新火试新茶，诗酒趁年华。"作为青春的代言人，大学生总洋溢着年轻的活力、充满着狂热的激情。感受活动之乐，享受生命之美。在大学的每一天里如沐春风，把幸福的种子撒播心扉，在大好的时光里乘风破浪，让青春的生命绽放属于自己的精彩！

2022 年度校特色宿舍风采展

第四章 修身乐学

习近平总书记对职业教育工作作出重要指示,强调在全面建设社会主义现代化国家新征程中,职业教育前途广阔、大有可为。同学们,无志者,天才可归于庸碌;有志者,垄亩亦可飞鸿鹄。立志要趁早,作为一名刚入大学校园的新生,应当在学期伊始,设立清晰的学习目标,制订明确的学习计划,修炼高效的学习方法,构筑职业生涯发展蓝图。

第一节 崇学乐学

孔子曾说过:"君子食无求饱,居无求安,敏于事而慎于言,就有道而正焉,可谓好学也已。"好学成为大学生群体最有区分度的代名词。著名教育家叶澜曾经在其著作《教育概论》中提到,教育的最终目的是让人愉快地生活。《论语》中提到,知之者不如好之者,好之者不如乐之者。"乐之"者,以之为乐也。秉持好学之态度,发扬乐学之精神,方能学有所成。"好学"与"乐学"体现了学习的两种境界,前者重在勤奋,表现出对知识的渴求,落脚点在于结果;而后者重在快乐,表现出对学习本身的热爱,落脚点在于过程。"乐学"是"好学"的内化和提升。读书致远向未来,静水流深前行路。习近平总书记曾多次强调读书的重要性,倡导全社会加强读书学习,把学习作为一种追求、一种爱好、一种健康的生活方式,做到好学乐学,方可成就自我。

一、树立正确的学习观

1. 树立"无处不可学"的学习观

古人的智慧告诉我们:"无一事而不学,无一时而不学,无一处而不学,成功之路也。"同学们要转变"学习是学校之事、课堂之事"的观念,树立起生活实践中"无处不可学"的观念。大学生要立志做一位有心人,生活处处皆学问。当你从"要我学"转变为"我要学"的时候,你便会发现学习是一项值得我们终生追随的事业。

2. 树立"终身学习"的学习观

"吾生也有涯,而知也无涯。"先贤的智慧告诉我们,学海无涯,在瞬息万变的当今社会，这依然是人类生存和发展的美好写照。"世之奇伟、瑰怪、非常之观，常在于险远"蕴含着人生的奥秘：温室中的花经不起风吹雨打，唯有经风雨、见世面、受考验，才能在担当中历练，在责任中成长。作为当代大学生，唯有不断探索尝试，勇于走在前列，才能领略最美丽的风景、成就最壮丽的人生。

二、精进为时间管理的高手

鲁迅曾在文章中写道，时间，每天得到的都是二十四小时，可是一天的时间给勤勉的人带来智慧和力量，给懒散的人只留下一片悔恨。科学合理地管理时间是大学生打好深厚知识基础、获得良好知识储备的重要保障。对刚踏入大学校门，开启自主独立学习的同学们而言，掌握时间管理技巧是一门必修课。要成为时间的主人，成为时间管理的高手，必须掌握以下几种方法：分清楚事情的轻重缓急；今日事今日毕，做到日清日结，学习任务不拖延；巧用"三余""三上"的碎片化时间；选择恰当的时间管理工具；习得"定时专注"法，力争成为高效率、高质量的学习的主人。

第二节 善学会学

一、注重"泛学"和"精学"相结合

博观而约取，厚积而薄发。我们身处知识和信息瞬息万变的时代，科技飞速发展，知识更新速度加快，新事物层出不穷。时代发展赋予当代大学生新的使命：涉猎广泛之余更善于取其精要，积累丰富的知识并谨慎地运用。中学阶段属于基础教育阶段，学校注重中学生对知识的积累；而大学阶段学校不仅对大学生进行通识教育，更注重引导大学生从兴趣出发，饱览群书并拥有独立的人格、批判的思维，在各自专业领域不断深入扎根、自我探究。通识教育，即自由教育，是对心灵的自由滋养，其核心是自由的精神、公民的责任、远大的志向。专业教育则重在引领大学生选准职业方向，在承担社会角色、履行社会责任中，成为某个行业或者专业领域的人才，为社会、人类的进步做出应有的贡献。

二、注重"课内"和"课外"相结合

应坚持第一课堂与第二课堂齐头并进。相对于教学目标、教学大纲成熟规范的第一课堂，第二课堂可以通过较为灵活的方式育人，为第一课堂提供必要的、有效的补充。第二课堂的魅力在于，大学生通过自学、讨论、讲座、实验、实习、科研活动、网络社区论坛、社会实践活动等形式，实现知识与技能的融合、学识与眼界的提升，在此过程中，培养为人处世的哲学、提升团队协作的社会技能。

第二课堂包括四种类型。第一，学术研究型。学习对口专业知识，对生活中遇到的问题及现实中与专业相关的问题进行讨论和研究，如各种各样的专业学习兴趣小组、学术性系列讲座和科技报告。这些学术型的第二课堂形式，助力同学们提升学术素养，营造浓厚的校园学术气氛。第二，文学艺术型。如文学社、书画协会、影视协会、摄影协会、合唱团等。丰富的学生社团活动，不仅能开阔大学生的视野，提升其眼界，更能延伸大学生的兴趣，发展其志趣，提升大学生的职业综合素养。第三，人生探讨型。如生涯规划系列讲座、道德大讲堂、学生心理运动会、演讲协会、辩论会等，有助于学子们启迪智慧，丰富阅历，积累才干。第四，社会实践型。如志愿者协会、礼仪协会、手工制作协会、学生勤工俭学中心及形式各异的社会考察活动。此类形式的第二课堂对大学生关注自身兴趣、寻求职业生涯发展和实现自我价值具有深远意义。

三、注重"理论性"和"实践性"相结合

"纸上得来终觉浅，绝知此事要躬行。"大学阶段是培养知识与能力的黄金时期，大学的学习同时具备理论知识的深度和高度，不但要求学生了解这些学科领域的知识，还需要经常了解学科发展前沿及其发展趋势，甚至包含一些具有争议、没有定论的学术问题。大学阶段的学习，不仅要求大学生们掌握所学专业理论知识，而且能运用所学专业理论知识去指导实践，用实践去验证理论。只有将所学专业理论知识运用到实践中去，才能体现其价值。

四、注重"传承性"和"创新性"相结合

习近平总书记曾说："只有坚持从历史走向未来，从延续民族文化血脉中开拓前进，我们才能做好今天的事业。"传承是发展的根基，创新赋予传承磅礴的生命力。"青年者，国之魂也。"作为新时代的大学生，我们肩负着传承与创新的责任。于全球化潮流中，中国文化要立足世界潮头，需紧握传承与创新两把"利刃"。传承，是要探索文化起源与发展，洞见精华，从而发扬优秀文化；创新，是在继承文化的基础上，以新时代大学生独特的视野与体悟，运用先进的技术、工具，将传统文化发扬光大。在文化传承与创新中，文化得以进步，社会得以发展，国家得以昌盛。此外，大学阶段的专业学习具有探究性，大学的教学内容由确定性的论述逐步转为介绍各派理论观点和最新学术发展动向方面的知识。我们要了解知识的形成过程，掌握专业的学习方法，了解专业发展状况、存在的问题及解决这些问题的可能性。同时，大学的学习不仅仅是掌握专业理论知识和应用技能，还应在此基础上从事探索活动、发展创造能力、培养创新精神。

五、注重"方法运用"和"能力提升"相结合

工欲善其事,必先利其器。罗宾森提出的"SQ3R"学习法有助于提高我们的学习能力。"SQ3R"学习法揭示了学习由纵览、提问、阅读、背诵、复查五个连续的阶段组成。

1. 纵览(survey)

纵览就是对全书进行快速浏览,弄清这本书的基本内容,对作者的基本观点有一个初步印象。一般来说,可以先阅读作者的序言(前言)或后记,了解作者写这本书的意图和目的。纵览往往可以了解到最新信息,启发自己的思路。

2. 提问(question)

提问即大学生在学习过程中,不仅要学会解决问题,还要学会提出问题。在读书时,要透过书中表面字句去捕捉问题,敢于在无疑处生疑,提出自己的设想。有了问题,就会进一步去探索,从而可能提炼出新观点。

3. 阅读(read)

阅读的目的是正确理解和深入掌握文章的精髓,对重点章节学深吃透,做到融会贯通。要养成思考的习惯,边读边想,必有所得。

4. 背诵(recite)

背诵不是指逐句的复诵或默记,而是指在理解的基础上,集中精力把有关章节的中心思想和基本观点牢记在脑中,当然,不排除把某些重要的基本概念背诵出来。

5. 复查(review)

复查即对于需要长时间保留在记忆中的材料,必须反复复习。注意每次复习时,在内容上要有所开拓,有所发现。

第三节 享学乐学

图书馆是学校的标志性建筑,也是最受学生欢迎的公共空间。目前我校图书馆纸质藏书量达百万册,阅览座位1 300多个,是学生自习的好地方。图书馆致力于为读者营造舒适的阅览和自修环境,二楼西侧的露台花园是学校重要的打卡地之一。为增进读者和图书馆之间的信息沟通,营造浓郁的学习氛围,学校设有读者协会。该协会由学校图书馆指导,本着"求知、博学、创新"的宗旨,服务广大读者,活跃校园文化,架起图书馆与读者之间的桥梁。下面列举几项由读者协会组织开展的活动,供同学们了解。

一、阅读志愿者组织

为了增进图书馆和读者之间的交流,并为热心公益事业的同学提供一个服务校园、锻炼能力、获得志愿者服务经验的机会,图书馆每年面向全校学生招募图书馆服务志愿者,具体要求见图书馆志愿者招募通知。

二、知味读书会

图书馆定期组织开展"知味读书会"。"知味读书会"是一个分享好书、拓展阅读领域、分享阅读经验、培养阅读兴趣的平台,采取自愿报名加入的方式,每月举办一次活动,每次都有不同的主题形式。

三、读者活动

为了活跃校园文化、丰富读者业余文化生活,每学期图书馆都会举办各类读者活动,如学术讲座、座谈会、读书竞赛和各类培训等。通过这些活动,读者能够开阔视野、提高思考能力、提升阅读与写作水平。每年世界读书日(4月23日)前后,图书馆都会开展丰富有趣、寓教于乐的读者节活动,受到了广大读者的欢迎。

四、读书沙龙活动

图书馆为志同道合的读者提供各类沙龙活动的场地等,以期更进一步提升读者的能力、品位与修养。目前图书馆已有资源品鉴、美术欣赏、书法鉴赏、读书交流等活动。要了解更多精彩内容,可扫描下方"无锡职院图书馆"公众号二维码。

"无锡职院图书馆"微信公众号

第五章　厚积乐创

> 创新是社会进步的灵魂，创业是推动经济社会发展、改善民生的重要途径。创新创业教育是21世纪青年需要拥有的与学术教育、职业教育并列的"第三本护照"。时代新人，追梦时代，不创不青春。广大青年学生是创新创业的有生力量，是"大众创业、万众创新"的中流砥柱。"大鹏一日同风起，扶摇直上九万里。"让我们在无锡职业技术学院这片厚植双创人才成长的沃土上，守正创新，精业笃行，行稳致远，奋楫扬帆，以青春之我、奋斗之我，圆梦青春中国！

第一节　学校创新创业教育体系

学校把创新创业教育贯穿人才培养全过程，强化政策保障，完善体制机制，搭建双创平台，深化产创融合，激发大学生创新创业主动性、积极性和创造性，努力培养大批创新创业人才。

一、成立开源创新创业学院

学校大胆进行机构改革，成立实体双创专职业务部门——开源创新创业学院。作为双创教育工作领导小组常设的秘书机构，它负责领导小组的决策执行和部门间的沟通协调，同时承担全校创新创业通识课教育和各级各类创新创业大赛的组织实施，遴选并管理由具有强烈的创新创业意识和潜质、对创新创业实践有浓厚兴趣的学生组建的卓越创新班，以培养具有创新创业思维和技能的人才为目标，探索新时代高素质精英人才培养的改革路径。

二、"三链"贯通浇筑大学生创新创业发展路径坚实地基

1. 更新人才培养理念，打造"人才培养链"

学校打造双创教育"人才培养链"，构建分层双创课程体系，以《创新思维》《创业基础》两门通识课程和《创新（创业）教育心理学》《开发你的创新能力》《创业综合实训》等创新创业高阶专业课程群建设为载体，构建"必修＋选修＋专创融合"

课程体系，保障全体学生双创素质的分类培养。完善基于个性化教育的"学分银行"，扩大学分兑换范围，优化学分认定转换服务，破解学生多元成长阻碍，打通双创人才成长多维赛道。组建实体创新班，加大对"双创型""专业型"学生社团的建设投入，遴选双创拔尖人才，培养雏鹰"国家队"。

2. 分层培育创业项目，优化"实践孵化链"

学校构建省、校、院三级创新创业训练计划实施体系，加强"大创"项目全过程管理，突出项目"创意、创新、创业、创效"。打造"开源杯"校内双创竞赛，重点发挥竞赛在双创教育实践中的"镜像"功能和在资源整合上的枢纽作用，优化"大创"项目管理与双创竞赛的衔接转化机制，保障校级以上"大创"项目100%参与校内双创竞赛。完善创投政策制度支持，大力支持创新驱动型项目就地转化，充分重视就业带动型和文化创意型项目在经营实践、社会价值和品牌塑造等方面的巨大潜力。校内创业实践基地按照每年不低于50%的铺面比例支持以上三类项目落户。优化创新创业项目落地孵化机制，构建"实验（训）室—商业街—大创园"三阶段转场培育模式，助力初创项目生根发芽。

3. 发挥内外政策联动，激活"服务助推链"

学校全力打造双创实践"服务助推链"，助力学生成果凝练转化。以产教融合大平台智能制造工程中心2.0为牵引，为大学生创业项目提供技术服务；联合国家级创新创业孵化器希沃众创空间等第三方机构设立创业门诊，提供大学生创业项目运营诊断服务；设立"开源"创业种子基金，年投入300万元以上，为优秀大学生创业项目提供初创融资服务；依托学生工作处、开源创新创业学院、校友会、大学生创业园，持续开展毕业创业学生项目追踪服务，持续提供场地、政策和经费支持。

三、"四创"融合孵育大学生优秀创新创业项目成长金种子

1. 产创融合，校企协同炼真金

学校充分运用无锡职业技术学院校企合作的高质量平台资源，重点借力行业协会、产业学院、合作企业与学校共建的各级各类实习实践基地、协同创新中心、科研实验室中的优质项目育人功能，积极推动优秀教师、学生加入项目团队，从做中学，在学中创，助力企业技术改造和产业升级，更好地提升自身教、学、思、创能力。同时，将打磨出的产品和服务对接到各领域产业升级需求和社会治理能力的服务优化需求中，一方面催生大学生创业项目的市场需求，另一方面提升创业产品服务的内涵质量。

2. 科创融合，理实相长验真知

学校通过对科技协会的日常研发支持，对科研成果申请知识产权的政策推动，对

专利成果落地转化的资源嫁接，对项目团队的重组与优化，延展科研活动的价值链，补齐科技成果转化的市场短板，实现从科研之星到科创之星的转变。在科创融合的过程中，特别注重乡村振兴、社区治理、环境保护、农业农村等领域的项目孵化，发挥长尾效应，助力大学生创业项目提升科技含量，积累核心竞争力。

3. 专创融合，学优则创显真功

学校通过大力建设有双创意识的专业课师资队伍，培育"专创融合"的环境土壤，开发融汇双创要素的专业课程和教材，深化专创融合背景的校企合作，精心打造专创融合实验、实训、实践平台，同频培养学生基于专业基础的开放性提出问题能力和开拓性解决问题能力。邀请创业校友进校园，传播创新创业故事，优化创新创业生态，扩展专业知识的应用场景视野，激发专创融合的商业嗅觉，播撒创业火种。在对专创融合的创业者教育引领的过程中，以双创意识培养为先。培养当代大学生创新创业的开拓精神、创新创业的思维模式、创新创业报国的价值理念，把创新创业的青春热血洒在祖国的大地上，使个人发展和国家民族发展同向同行。

4. 思创融合，青春筑梦中国红

学校大力支持大学生公益创业，以"互联网+"大赛青年筑梦红色之旅赛道为抓手，积极引导学生深入田间地头、街头巷尾开展社会实践，瞄准国家战略、民众急需的领域开展市场调研，在精准扶贫、乡村振兴、社区治理、节能减排、弱势帮扶等社会痛点上动脑筋、做文章。学生通过公益创业的方式能够更好地将所学知识应用于实践中，提高自身勇于担当的社会责任意识，并在投身社会变革的实践中找到新的发展机会，在参与公益创业为社会做出贡献的同时，有效提高社会适应力和职业胜任力，推动物质财富和精神财富的双重提升，为自己的人生增添更多的价值。

四、"五大工程"强化大学生创新创业工作基础生态

1. 文化引领工程

学校打造创新创业"四季服务"，每年春季举办开源创新创业文化艺术节，夏季举办"互联网+"系列创新创业大赛，秋季开展创新创业主题实践活动，冬季引进创新创业系列校企合作项目。通过开展双创演讲大赛、双创沙龙、创业大讲堂、金点子创新创业大赛等，激发学生创新创业热情，深入推进创新创业实践教育，展示创新创业教育成果，增强创新创业意识，提升创新创业技能，营造全天候创新创业文化氛围。

2. 课程强基工程

学校构筑全过程、多平台、分阶段、递进式实践课程体系，协同推进创新创业质量提升，打造通识课程、隐性课程、专题教育、专业教学和技能训练"五位一体"的

课程教育体系，优化完善产创融合、专创融合、科创融合、思创融合、课程标准对接国际职业资格证书"四融合一对接"人才培养模式。

3. 数字孪生工程

学校依托新一代信息技术，通过云平台对全校双创项目进行动态管理，专创融合项目地图直观展示，创新人员档案系统自动化生成，创新创业项目指标监控数据分析贯通，实现学生创业项目集中管理、导师统一运营、学生参与管理，对创新创业项目的成长发展、创新成果、导师配置等进行全过程跟踪记录并形成可视化、全维度的创新创业大数据分析，为顶层设计相关政策、资源、资金、导师等服务配置提供科学依据。

4. "领头雁"师资建设工程

学校实施"领头雁"双创师资建设工程，建立双创师资数据库，制订从课程培训师到项目孵化师三级师资培养计划，重点实施"创业第一课"专家讲堂、双创教学师资研修计划、科创融合师资研修计划、专创融合师资研修计划、思创融合师资研修计划、项目孵化导师研修计划、校外专家导师发展计划，健全双创教师考核认证机制，为双创标志性成果的养成提供智库支撑。

5. 后市场服务工程

学校积极研究和推动落实有益于大学生创业"后市场"见实见效的协同机制、赋能机制、运行机制、保障机制，整合多方资源，探索一条培养得出创业者、孵化得出好项目、推广得了好模式的大学生创业新路径，助力青年大学生接续奋斗，不负韶华，在创新创业中成长成才。

协同发力，系统支持，落实大学生创业"后市场"的相关制度保障。学校主动对接地方创业园区、金融平台、人社机关、行业商圈，以资源换政策，最大限度地争取在有条件范围内进一步降低大学生创业门槛，提高大学生创业免息贷款额度和有息贷款贴息额度，细化落地大学生创业各项保障政策实施方案，多方探索共建大学生创业风险救助机制和生活基本保障机制，尤其针对创业失败的大学生第一时间提供特殊困难帮扶，帮助其实现平稳过渡，解除创业大学生的后顾之忧。

能力培养聚焦，资源供给精准，增强大学生创业"后市场"服务业务能力。一方面，学校通过与管理咨询公司、财务咨询公司、知识产权代理公司等商务机构合作，持续提升大学生创业企业开办之后的工商税务服务能力和技术服务能力。同时，学校对创业大学生开放实验资源共享平台，配备专业导师，强化对大学生创业项目的技术创新支持。另一方面，通过深入的调研和分析，鼓励社会企业和组织更精准地发布自身的需求清单，帮助学生找准创新创业的方向。

模式创新，兼容并包，优化大学生创业"后市场"支持环境。学校鼓励校内师生共创，切实落实休学创业等学籍政策，探索校外双创导师驻校指导机制。同时针对市场环境资源做到有效引导，群策群力，着重从社会效益维度引导社会资本支持大学生创业，积极借助政府部门的政策资源优势，采用税收减免、财政补贴、评优奖励、申报优先等正向引导，激励市场投融机构和社会资本参与大学生创业项目早期投资与投智，助力大学生创业项目高质量孵化和可持续发展。

五、创业典型

学校大力推进双创工作，近两年孵化大学生初创企业 20 家，直接提供就业岗位 100 个，获市级以上媒体报道五十余篇。

近年来，学校双创教育工作成果斐然，先后获评全国高职院校创新创业示范校 50 强、全国高职创新教育杰出贡献院校、全国高等职业院校创新发明教育基地、江苏省大学生创业示范园、江苏省大学生创新创业实践基地、江苏省大学生双创实践教育中心、江苏省职业院校创新创业大赛优秀组织奖、无锡市创新教育摇篮奖。

方骞同学创业项目获第八届中国国际"互联网+"大学生创新创业大赛金奖；杨佳莹同学创业项目获第七届中国国际"互联网+"大学生创新创业大赛银奖；张皓程同学创业项目获江苏省大学生"四星级金种子"优秀创业项目；曹高明同学创办的无锡易百客科技有限公司入选无锡高新技术企业入库培育名录和江苏省三星级上云企业；丁强同学获评全国大学生青年创业先进个人、江苏省大学生就业创业年度人物提名、无锡市青少年科技创新市长奖。

第二节　双创实践生态

学校积极搭建平台，开展双创教育实践。学校成立开源创新创业学院，探索跨院系、跨专业交叉培养创新创业人才的新机制，促进人才培养由学科专业单一型向多专业融合型转变。优化创新创业项目落地孵化机制，构建"实践教育中心—创业街—大创园"三阶段转场培育模式，助力课程项目实践转型；大力支持创新驱动型项目就地转化，充分重视就业带动型和文化创意型项目在经营实践、社会价值和品牌塑造等方面的巨大潜力。完善大学生创新创业平台，依托校内的江苏省大学生创业示范基地和无锡市大学生创业实验基地，为大学生提供"仿真+全真"的校内平台，作为学生创新创业实践活动的载体。

一、江苏省智造双创实践教育中心

学校基于资源共享、优势互补、共同发展的理念，创新机制方法，积极开展与地方政府、行业企业的深度合作，采取"校内中心+校外基地"的模式，以产教融合大平台智能制造工程中心 2.0 为载体，全方位整合"无锡市大学生创业园""江苏省大

学生创新创业示范基地"等校内品牌资源,利用建设江苏省大学生双创实践教育中心的契机,打造凸显我校办学特色的智能制造产学研教创大平台,融双创教学、实践实训、指导服务、成果展示、资源对接、孵化转移六位一体,助力构建课赛一体的创新创业教育体系,提高学生创新创业实践能力,培育智能制造卓越双创师资队伍,推动智能制造创新创业科技成果转化。

智造双创实践教育中心是江苏省大学生创新创业实践教育中心建设项目,是聚焦智能制造领域创新创业教育实践的服务平台。学校依托此平台,以开源创新创业学院为实施主体,以创新创业大赛为主要载体,以三级训练营为主要形式,基于校内外创新创业实训实践基地,围绕大赛组织要求、办赛思想,将大赛组织工作从参赛作品及团队培育,延伸到人才培养质量提升,助推赛事成果转化和产学研用紧密结合,以竞赛反哺教学,积极建设双创教育实践课程体系,形成以创新引领创业、以创业带动就业的新形势和以赛促创、以赛促教、以赛促学的良好局面。

二、大学生创业街

学校大学生创业街位于太湖校区商业街,是为在校大学生提供初创项目仿真经营的实践平台。创业街占地面积1 000平方米,拥有30余间实体店铺,每年10月面向在校大学生开放入驻申请,鼓励学生开设与本专业相关的创业项目。引进的项目以专业技术类(依托专业技术的项目)、网络科技类、电子商务类、生活服务类、文化创意类(设计类、手工制作类)等项目为主,以提高专业技能和创新实践能力。

学生入驻创业街应满足以下条件:应为我校全日制在校学生,本人有创业意愿和创业能力;学生入驻基地创业应组织创业团队,创业团队成员原则上不超过6人,不少于4人;团队成员结构应呈高年级与低年级结合的阶梯分布型;从中选出一名学生作为团队负责人;团队成员学习成绩良好,无不及格科目,无违纪记录;经家长、班主任及所在院系同意,并自行对接1名创业指导教师;有较强的市场开拓能力和较高的经营管理水平,有持续创新的意识,并拥有创业启动资金。

三、大学生创业园

学校大学生创业园是依法成立或经政府批准设立,具备独立法人资格,以创业孵化为主营业务的产业园区,2019年被评定为创业示范基地,是为大学生创业提供全方位支持的全真实践平台。

大学生创业园有专门的运营服务机构和经营管理服务团队,向服务对象提供多功能会议室、产品展示室、洽谈室和活动室等非营利性配套公共服务场所和必要的附属设施。大学生创业园的入驻实体要求产权清晰,自主合法经营,有较好的成长性,创业项目符合国家和省市产业政策、规划及发展方向,具备节能减排、安全、环保的特征，无违法记录。

大学生创业园有效落实各项创业扶持政策，为入孵实体提供房租补贴、经营场地补贴、水电费补贴等创业资助和补贴项目，积极帮助创业实体落实税费减免、一次性创业补贴、创业带动就业补贴、创业担保贷款、创业岗位开发补贴等优惠政策；协助入驻创业实体办理工商税务登记变更手续服务；提供人才招聘、人事代理、档案保管、社会保险办理和接续、职称评定、社保代理、权益保障等辅助服务；提供创业项目的开发、对接和风险评估服务；提供政策咨询、市场开拓、法律援助、技术支持等其他创业服务；提供公共实验室、仪器设备共享、质量检测、数据中心、创业能力测试等公共技术服务，帮助实体降低创业成本；帮助入驻实体拓宽融资渠道，开展融资服务，引进创业扶持基金或创业风投机构，解决创业实体发展所需资金；积极开展创业指导服务，引入创业指导服务专家，定期或不定期开展实体问诊等咨询活动，帮助解决实体生产经营过程中的难题。

第三节　开源创新创业学院 "创新班"

学校开源创新创业学院"创新班"选拔和组建工作于每年9月启动，面向当年入学新生开展宣传、选拔等工作。

一、选拔条件

"创新班"学生应具有创新意识、开拓精神、创业意向，并具有突出培养潜质。具体要求如下：热爱社会主义祖国，拥护党的领导，具有社会担当和为人民服务的精神；积极上进，品行端正，明礼诚信，遵守学校的各项规章制度，具有良好的道德品质和行为习惯；具有强烈的创新创业意识和创新创业潜质，对创新创业实践有浓厚的兴趣；品学兼优，具有较强的主动学习能力、较好的团队协作精神、较强的口头和书面表达能力，能坚持完成相关培养计划；具备良好的心理素质和健康体格。有创新创业实践经历者优先录取。

二、组建班级

开源创新创业学院联合各二级学院共同开展创新班选拔和组建工作。创新班共设8个建制班，其中：机械工程学院组建"顾秋亮创新班"，控制工程学院组建"汇川创新班"，物联网工程学院组建"姚建铨创新班"，管理学院组建"云商创新班"，财经学院组建"金达信创新班"，汽车与交通工程学院组建"卡尔·本茨创新班"，文旅学院组建"徐霞客创新班"，设计艺术学院组建"鲁班创新班"。每个创新班人数不超过30人。

如果你对参与创新班感兴趣，欢迎届时关注报名信息。

第六章　敬业乐业

> 梁启超曾在一所职业学校发表演讲《敬业与乐业》，阐述了人必须有正当职业、必须不断劳作及人们对职业应当采取的态度。
>
> 无论是求学、工作，还是从事科研，首要的一种态度就是敬。这里的敬可以理解为专一、心无旁骛、不夹杂其他念头。有了敬，还需要忠实。这里的忠实可以理解成一种对所做的事、所从事的工作的执着和信念，专注、忠诚并尽全力做好手头的工作，不与他人做无谓的攀比，即不羡慕别人。在敬和忠的基础上，还要有乐。对于绝大多数人而言，做一件事只有真正享受到其中之乐，才会坚持下去。

第一节　专业专精

学习是获得成长的必经之路，学习是主动成长的过程。大学学习具有明显的专业性特点。从报考大学的那一刻起，专业方向的选择就摆在了同学们面前，当被大学录取时，专业方向就已经基本确定了。大学期间学习的内容都是围绕着这一方向来安排的。学习的专业性要求学生对自己进行更全面的评估和了解，并对外部的职业环境做积极探索，从而为未来职业生涯做定向准备。那么如何学好专业知识呢？

一是要了解所学专业并保持热爱。了解专业，包括应该熟悉自己所学专业的具体内容和该专业对学生的具体要求。在了解这些具体要求时，不但要了解所学专业对能力的要求，还包括对需要投入的时间和经济上的要求，了解所在专业往届毕业生的就业去向，等等。对于所选专业，保持一颗热爱之心，想要学好、深入钻研的成就动机会助力专业成长。

二是要制订学习计划与目标。计划与目标是一个人进步的可靠凭证。要根据自己的实际情况，明确短期、中期、长期的目标，利于自己专业知识的扎实与进步及整体的人生发展规划。

三是要沿着目标坚定前行。合理安排大学学习，做到专业学习精进融通，积累专业资本来探索职业发展，做出可行的职业选择。其实，无论是职业选择还是专业选择，都是双向的。一旦做出了选择，就要在一段时间内坚持自己的决定，这是一种负责任的态度和成熟的表现。

第二节　能力融通

大学的学习只是人生学习生涯的一个关键环节，更重要的还有在工作实践中、在社会中的学习。在大学学习中，同学们不仅要学到与专业相关、社会需要的知识，更重要的是要培养自己的各种学习能力，优化能力结构。只有这样，大学生毕业后才能适应瞬息万变的未来世界。

一、学习能力

大学生的学习能力包含阅读理解能力、搜索能力、写作能力、总结能力、实践能力。作为学生，应具备独立的主体意识，有明确的学习目标和自觉的学习态度，对整个学习活动能够做到自我支配、调节和控制，挖掘自身潜力。在学习过程中，依据自身的条件选择学习，发现、发挥和发展自己的特长和个性，培养自己的终身学习能力，了解职业发展、拓宽视野，并坚持在热爱的领域内不断探索学习。

二、社会适应能力

当今时代，没有完全固定的思维模式和行为模式，终身职业、铁饭碗已不复存在，这就需要大学生有较强的适应能力，以立足社会。社会适应能力是指人为了在社会中更好地生存而进行的改变自己的思维模式、价值观念、行为方式、生活习惯及交往范围，与社会达到和谐状态的一种适应能力。社会适应能力是一个人综合素质能力的间接表现，是个体融入社会、接纳社会能力的表现。

三、组织管理能力

组织管理能力是在组织或生产中的计划、指挥、决策、控制、激励、协调等综合能力，包括协调关系的能力和善于用人的能力等，是一个人的知识、素质等基础条件的外在综合表现。培养组织管理能力是社会对大学生能力发展的新要求。毕业后，组织管理能力可以促进毕业生顺利进入社会并立足，有效地将自己所学的专业知识和技能应用到生产中。因此，大学生在大学阶段应多参加社团、学生会等组织，锻炼自己的组织管理能力。

四、沟通表达能力

沟通表达能力是指一个人善于把自己的思想、情感、想法和意图等，用语言、文字、图形、表情和动作等清晰明确地表达出来，并善于让他人理解、体会和掌握的能

力。沟通表达能力是人们在生活、学习和工作中，与他人沟通、联系、协调的必不可少的基本功。大学生要加强表达能力的培养，学会将自己的思想感情、想法思路用恰当的方式表达出来。在与人交流时，要多站在对方的角度来思考问题，要从对双方都有利的角度出发，去思考解决问题的方案，提升沟通能力。

五、观察问题、分析问题和解决问题的能力

观察问题、分析问题和解决问题的能力，是认识主体对客体的间接和概括的反应能力，是每个人生存发展、适应社会需要所必需的基本能力。观察是前提，分析是关键，解决是目的。大学生在学校的学习及今后的工作中，都要着重培养和提高自己观察问题、分析问题和解决问题的能力。

六、知行合一的能力

知行合一的能力是指将所学的知识和所获得的技能运用于实际工作和生产中的能力。职业技术学院的大学生必须要突出自己强于其他类型高校大学生的实际操作和动手能力这一特色，在校学习期间，要根据专业特点，加强理论知识的学习，强化专业技能的训练，培养知行合一的能力。

七、创新能力

创新能力是指不断提供具有经济价值、社会价值、生态价值的新思想、新理论、新方法和新发明的能力。大学生要有意识地培养自己的创新能力，以适应社会活动和个体生活的需要，并为社会做贡献。

第三节　动力内驱

人只有拥有梦想，才会有前行的动力。在大学阶段，这个动力会成为你学习专业知识和提升能力的关键驱动力。我们要关注哪些要素呢？

一、坚持目标导向

目标是成就感的来源，大学阶段的目标就是了解自我和职业世界后形成的个性化成长目标。如何制定目标呢？目标包含了三个维度。一是有方向，从全景生涯观的角度考虑四个要素：自己当前的生涯阶段定位、发展阶段的重心；愿景和梦想；自己的兴趣和爱好；现有的任务。二是有挑战，通过努力达成目标，这可带来巨大的成就感，促进自我成长。三是可实现，不要让目标变成空中楼阁。阶段性地给自己一些鼓励，比如我制定了坚持跑步的目标：一周要跑三次。当我完成了一周的阶段性目标，可以

给自己一些奖励：买一双跑鞋，请自己吃一顿大餐，等等。

可以采用 SMART 法则制定目标。SMART 是 specific（明确的）、measurable（可衡量的）、acceptable（可接受的）、realistic（实际的）、time（有时效的）五个英文单词第一个字母的缩写。比如，我设定了在大学通过大学英语四级的目标，那么我们如何来具体化这个目标呢？首先，通过大学英语四级这个目标不是很具体。通过大学英语四级要达到多少分呢？如何达到呢？为什么要通过大学英语四级呢？在大学阶段的什么时候通过大学英语四级呢？我们不妨把目标改写一下：在大二上学期，我设定了通过大学英语四级的目标，每周学习英语五次，每次三小时，大学英语四级考试分数超过 500 分，以此成绩帮助我在专转本升学考试中获得更大的优势。

二、挖掘个人优势

在学习过程中，我们可以通过成就事件来发现自己的优势所在，并努力创造，把优势转化，创造下一个成果。可以用 STAR 法来梳理你的成就事件，从中找到自身优势定位［S(situation)即情景，就是你所描述的事情当时所面临的情景；T(target)即目标，你做的事要达到什么目标；A(action)即行动，你为了达成目标做了些什么；R(result)即结果，事情的结果如何］。成就事件不一定非得是惊天动地的成功经历，甚至都不一定是工作或学业上的事，它们可以是课外活动、家庭生活等。成就可能就是成功地做了一顿饭，花一个下午学会了剪辑，在大庭广众之下完成了一次英语演讲……总而言之，只要做这件事时你喜欢这种感受，同时你为完成它而感到自豪愉悦，这件事就属于你的成就事件。

这里以花一下午学会了剪辑为例说明。学校要求社团拍摄微视频展示风采，社内成员没有学过视频剪辑，社长开始上网查找视频剪辑办法，电话请教会视频剪辑的同学剪辑技巧，再花了一下午的时间自己摸索，学会了剪辑，成功剪辑出社团风采展示视频，并在社团风采展上获奖。在这件成就事件里，S——学校要求社团拍摄风采展视频，但社内成员不会剪辑，T——社长自己动手剪辑视频，A——上网查资料，电话请教同学视频剪辑技巧，R——一下午做出视频并得到了学校的肯定。

从里面看到了该同学的哪些优势能力呢？我们可以借用能力三核的模型来整理、归纳、分析其知识、技能和才干三个层面的能力。知识方面，我们可以看到这位同学精通准确查询信息的方法；在技能层面，我们看到了他卓越的动手能力、快速学习的能力、善用人际资源和准确有效的沟通能力；在才干方面，这位同学敢于接受挑战、有耐心和责任心。

三、保持强烈的生涯好奇心

心理学认为，好奇心是个体遇到新奇事物或处在新的外界条件下所产生的注意、

操作、提问的心理倾向。好奇心是个体学习的内在动机之一，是创造性人才的重要特征。好奇心能帮助人们挖掘事物背后的新鲜感，激发人们探索的欲望。因此，在大学生活里，同学们不妨为你的兴趣爱好加个"保温杯"，让兴趣的温度持续滋养学业。进入大学之后，有部分学生表现出适应度较差的情况，为了抓紧学业，忽略了从小培养的兴趣爱好，长此以往，大学生活容易冷却成一杯索然无味的白开水。这时候，我们可以请兴趣来帮忙，丰富自己的学习动机，让兴趣的温度持续滋养学业，提升自己的专注度和意志力。

第四节 锡心逐梦

为了营造浓郁的就业教育氛围，学校充分结合学生发展实际需求，打造"锡心逐梦"就业教育品牌，期待同学们的热情参与。

一、职业生涯规划大赛

学校自2012年起举办大学生职业生涯规划大赛，至今已举办11届，已成为锡职学子心中的校园品牌赛事。比赛面向全校学生，旨在引导学生树立正确的成才观、择业观，科学定位发展方向，不断提高求职核心竞争力，探索出最佳的职业生涯发展道路，积极应对社会发展变化，从容面对日趋激烈的就业竞争和压力。获奖选手有机会代表学校参加省级职业生涯规划大赛。江苏省大学生职业生涯规划大赛是江苏省教育厅每年定期组织的赛事，旨在促进全省大学生职业发展，积极传播和普及职业生涯规划理念，引导大学生树立正确的就业观、成才观、价值观。学校每年组织学生参加江苏省职业生涯规划大赛，2020年至2022年获特等奖1项、一等奖4项、二等奖3项。

二、求职简历大赛

大赛以求职简历评比为主题，旨在培养学生的求职就业意识，有效引导学生做好求职准备，通过直播一对一指导学生制作求职简历，促进学生高质量、高满意度就业。若简历入围十强，该生将获得优秀证书及假期就业实习机会。

三、职场真人"图书馆"

学校不定期推出职场真人"图书馆"活动。职场真人"图书馆"采用线上形式，通过"观察+体验"的活动形式帮助学生更好地探索行业，邀请行业内的职场精英讲解行业发展趋势、岗位要求、职业发展路径及学生目前需要努力的方向，激发同学们学习专业知识、提升自身综合素质的动力。

四、模拟面试

学校不定期推出模拟面试活动，邀请专业人力资源人员开展模拟面试。人力资源人员从结构化模拟面试的实战讲起，通过全真化模拟真实面试场景，对同学进行提问与考查，向参与的同学提出专业的指导意见，主要包括面试礼仪、面试互动、问答技巧、如何提高逻辑性和条理性等。

五、求职训练营

为全面提升学生求职技巧，充分发挥校园就业指导主渠道作用，引导毕业生市场化、社会化就业，学校在每年春季开展为期21天的"锡心逐梦 职赢未来"大学生求职技巧提升训练营活动。求职训练营是集游戏化、趣味性、实战性于一身的线上学习课程，采用游戏化课程设计理念，采取关卡解锁、战队挑战（PK）、打卡、互动、积分、勋章及盲盒的方式来运营。通过互动式的学习打卡，帮助同学们了解当前求职市场行情动态，梳理求职思路，掌握从简历投递到面试考核各环节的应对思路和方法，进而帮助同学们更自信地应对各种类型的面试，切实提高求职竞争力，提升就业质量。

六、职业生涯嘉年华

职业生涯嘉年华活动充分挖掘和发挥学生主体性，整合校内外资源，学生组织、学生社团、广大师生共同参与，结合"大学生职业生涯规划与就创业指导"课程教育，灵活使用教材，将第一课堂与第二课堂深度融合，以期增强学生学业规划、职业规划的意识和能力。

七、校园招聘会

为促进毕业生高质量就业，学校每年春季（4月、5月）、秋季（10月、11月）举办应届毕业生招聘会，为学生与用人单位搭建沟通桥梁。招聘会现场，学生工作处、团委老师还为毕业生提供一对一咨询服务，帮助同学们提升简历制作和面试能力。此外，还有入伍咨询、资助咨询、生涯咨询等多项咨询服务，给予学生全方位的就业指导，满足学生多样化的就业需求。

八、校企合作订单班

校企合作是企业、学校、学生共赢的重要举措，订单班是校企合作的重要表现形式。目前学校和村田电子、海力士、同步电子、德龙镍业、吉利汽车等知名企业合作建立订单班，通过订单班，学生在校期间可以提前感受企业文化，了解企业要求，接受企业培训，毕业后就能迅速适应企业的生产和发展，实现学校与企业的无缝衔接。

九、就业创业类讲座

学校不定期举办就业创业类讲座，主要包含"母校有约"校友讲座、"企业人力资源带你去应聘"求职类讲座、"互联网＋"创新创业大赛指导类讲座。同学们可以关注口袋校园获取讲座信息。

更多就业咨询与就业服务可关注"锡职就业"微信公众号。

"锡职就业"微信公众号

第三篇 更好的你

诗人鲁米在《你很美》中写道:"你以为你是在门上的锁,可你却是打开门的钥匙。糟糕的是你想成为别人,你看不到自己的脸,自己的美容,但没有别人的容颜比你更美丽。"

人生是一段自我修炼的旅程,奋斗的青春成就更好的你,也会让你更美丽。

"锡心陪伴"微信公众号

第一章　信仰之光

"理想是石，敲出星星之火；理想是火，点燃熄灭的灯；理想是灯，照亮夜行的路；理想是路，引你走到黎明。"流沙河的诗歌《理想》向人们形象化地描摹了理想信念的重要作用。理想信念引领青年披荆斩棘、砥砺前行，在磨难挫折中成长，在攻坚克难中壮大，在时代使命中立业。广大青年大学生要深刻理解理想信念的核心内容、重大意义和实现路径，在全面建设社会主义现代化国家的新征程中发挥青春力量、书写时代华章。

第一节　理想信念统领价值体系

《论语·子罕》中写道："三军可夺帅也，匹夫不可夺志也。"这个"志"指的是志气和志向，也就是理想信念。理想信念与信仰的内涵略有差异，但又具有高度的一致性，在人们的价值体系中居于统领地位。确立崇高的理想信念，是青年树立精神支柱的基础所在。

一、理想

理想是人们在实践中形成的、有实现可能性的对未来自身和社会发展的向往与追求，是人们的世界观、人生观和价值观在奋斗目标上的集中体现。理想既是人类的一种想象，也是人的一种存在过程，这种过程就是想象和实现想象的过程。人类社会发展所有的成就都是人类在追求理想的过程中产生的，从摩天大厦到航空母舰，从宇宙飞船到信息高速公路，无一不是人类理想的杰作。理想是人类设计的奋斗目标，一个人有了理想，就有了明确的奋斗目标和前进方向，就会用理想去规划指引自己的生活，把自己的一切行为都纳入实现理想的轨道，进而使生活充满希望。一个人没有理想，就没有奋斗目标，就会像无帆的孤舟随波逐流，不知所往，因而就没有希望。青年是世界观、人生观、价值观塑造定型的关键阶段，更是建功立业、人生奋斗的启航阶段，理想的导航与驱动作用对青年大学生格外重要。

二、信念

信念同理想一样,也是人类特有的一种精神现象,是人们在一定的认识基础上确立的对某种思想或事物坚信不疑并身体力行的心理态度和精神状态。

信念能激发人们忘我献身,勇往直前。苏格拉底从容就死,谭嗣同为变法殉道,共产党人前仆后继、抛头颅、洒热血的英勇斗争,都是信念驱使的结果。我们之所以能够克服重重困难,坚持社会主义、共产主义道路,就是因为我们有坚定的共产主义信念。正如习近平总书记指出:"革命战争年代,共产党人随时面临生死考验,支撑他们视死如归、革命到底的是坚定理想信念。""和平年代,生死考验少了,但考验也无处不在,只有铸牢理想信念之魂,才能经受得住各种考验。"

信念能驱使人们排除万难,追求真理。一个人没有信念,其生活将呈混沌状态而无所事事。信念使人在社会生活中感到有所寄托,有所依归,有所期望,有所追求。有个故事《水壶里的秘密》,生动表明了信念给予人生的希望。一支探险队进入撒哈拉沙漠腹地,队员在茫茫的沙海里跋涉,口渴如炙,但大家的水都没了。这时,探险队长拿出一只水壶说:"只有穿越沙漠之后才能喝这壶水。"一壶宝贵的水,成了穿越沙漠的信念之源。当探险队顽强地走出沙漠、挣脱死神之手时,队员们想喝一口那支撑他们的精神之水,可看到的却是满满的一壶沙子。人生没有真正的绝境,无论遭受多少艰辛、经历多少苦难,只要心中怀着一粒信念的种子,人们必将走出困境,在生命中开出绚烂之花。

三、信仰

信仰是信念最集中、最高的表现形式,是人们关于最高价值的信念,是人们进行价值判断和行为选择的最根本的依据、标准和尺度。信仰源于人的社会实践,在认识上表现为对某一主张的渴求,在情感上表现为对某一事物的向往,在意志上表现为在这种精神力量的支配下希望征服自然、改造社会。无论人们以什么为信仰对象,信仰这种精神形式的特征都在于把某种价值信念置于思想和行动的统摄地位上,成为价值意识活动的调节中枢。

信仰分为科学信仰和非科学信仰。我们所倡导的科学信仰是对马克思主义的信仰,其确立根源来自马克思主义为人类谋幸福的理论宗旨。什么是马克思主义?《共产党宣言》说过:"过去的一切运动都是少数人的,或者为少数人谋利益的运动。无产阶级的运动是绝大多数人的,为绝大多数人谋利益的运动。"这段论述揭示了马克思主义为绝大多数人谋利益的理论基点。马克思主义就是关于人类解放的学说,就是为人类谋幸福的理论。1944年,在张思德追悼会上,毛泽东发表了《为人民服务》的著名演讲,指出:"我们这个队伍完全是为着解放人民的,是彻底地为人民的利益工作的。"

随后在 1945 年党的七大上，"全心全意为人民服务"被写进党章，成为中国共产党的根本宗旨。邓小平提出，判断整个实践活动的最根本标准是人民高兴不高兴、人民赞成不赞成、人民满意不满意、人民答应不答应。"三个代表"重要思想、以人为本的科学发展观、习近平新时代中国特色社会主义思想，讲的都是马克思主义为人民谋幸福的根本宗旨，强调的都是实现好、维护好、发展好最广大人民的根本利益。

第二节　理想信念筑牢精神之"钙"

正如习近平总书记所言，如果没有信仰、没有理想，或者信仰、理想不坚定，精神上就会"缺钙"，就会得"软骨病"，就必然导致政治上变质、精神上贪婪、道德上堕落、生活上腐化。理想信念作为精神之"钙"，具有多重意义和价值，大学生必须树立崇高的理想信念。

一、理想信念昭示奋斗目标

理想信念实际上是人生的目的和意义问题。人的生命是有限的，要使有限的生命有意义，就必须具有明确的奋斗目标。理想信念就是人们对于规律特别是社会发展规律的正确认识和自觉把握，并在此基础上确立终生奋斗目标和人生道路。

理想信念对人生历程起着导向作用，是人的思想和行为的定向器。理想信念一旦确立，就可以使人方向明确、精神振奋。列夫·托尔斯泰曾说，理想是指路明灯。没有理想，就没有坚定的方向；没有方向，就没有生活。正是理想信念为青年指明了社会主义和共产主义的崇高理想和奋斗目标，为青年指明了为人民服务、为中华之崛起而读书的基本立场和人生目的。毛泽东明确指出："我们共产党人从来不隐瞒自己的政治主张。我们的将来纲领或最高纲领，是要将中国推进到社会主义社会和共产主义社会去的，这是确定的和毫无疑义的。"

理想信念为在黑暗中探索的中国共产党人点燃了希望火炬。方志敏对共产主义的理想信念热情似火、坚贞不移，无论何时何地都毫不动摇。他毫不掩饰自己的政治信仰，坚定地宣布："我已认定苏维埃可以救中国，革命必能得最后的胜利。"这种信仰上的坚定，源于他对苏维埃的深刻了解。他发出誓言："我的一切，直至我的生命都交给党去了。"为了实现理想，方志敏拼命地工作，以至二十几岁就累得患了肺病，经常吐血，但他"仍然是干而复病，病好复干"。1935 年被俘后，面对国民党不择手段的威逼利诱，他坚决地回答："敌人只能砍下我们的头颅，决不能动摇我们的信仰！因为我们信仰的主义，乃是宇宙的真理！为着共产主义牺牲，为着苏维埃流血，那是我们十分情愿的啊！""为着阶级和民族的解放，为着党的事业的成功，我毫不稀罕那华丽的大厦，却宁愿居住在卑陋潮湿的茅棚；不稀罕美味的西餐大菜，宁愿吞嚼刺口的苞

栗和菜根；不稀罕舒服柔软的钢丝床，宁愿睡在猪栏狗窝似的住所。"在不到 7 个月的狱中时间，方志敏撰写了《我从事革命斗争的略述》《可爱的中国》等约 14 万字的狱中文稿，展示了他坚定不移的共产主义信仰和坚贞不屈的革命意志。同年 8 月，方志敏英勇就义，时年 36 岁，用生命谱写了一首感人肺腑的信仰赞歌。

方向决定道路，道路决定命运。习近平总书记强调："理想信念是事业和人生的灯塔。"当代青年要坚持用党的理想信念导航人生，点燃理想的灯，照亮前行的路。

二、理想信念催生前进动力

正确的理想信念能激发人们产生崇高的人生追求和强大的精神力量。理想不是可有可无的点缀品，而是一个人的生命动力，有了理想就等于有了灵魂。一个人理想信念越坚定，目标越远大，就越能战胜前进道路上的困难，对社会的贡献就越大。坚定正确的理想信念，既是推动党的事业进步的力量源泉，也是青年有所作为、实现人生价值的精神动力。

当前，青年群体中萌生了一些不良价值观，从"佛系"到"丧系"，从"内卷"到"躺平""摆烂"，部分青年被这种不正确的价值观所裹挟。"内卷"传递出青年对自身社会地位的焦虑，长期如此容易挫伤青年的自信心；"佛系"和"躺平"带有享乐主义的色彩，极易诱导青年沉醉其中，走向与社会脱嵌的边缘；"摆烂"则是青年对糟糕现状放任不管的消极选择，透露出自暴自弃的无奈感。要清醒认识到这些网络热词所反映的现象，归根结底都绕不开缺乏奋斗精神这个本质。"思想上松一寸，行动上就会差一尺。"不论是"佛系""躺平"还是"摆烂"，究其根本在于思想的松动、信念的动摇及精神之"钙"的缺失。在社会竞争如此激烈的时代大潮中，"躺平""摆烂"真的行得通吗？答案毫无疑问是否定的。一味地"躺平""摆烂"，只能换来自身的堕落与沉沦，从而被时代无情抛弃。

新时代的青年生在红旗下，长在春风里，没有经历过枪林弹雨、战火硝烟，更应该以党的思想理论武装自己、以党的历史经验指引自己，在思想淬炼和党史学习教育中树立对马克思主义的信仰、对中国特色社会主义的信念、对中华民族伟大复兴中国梦的信心，涵养一番干事创业的情怀，提振一股为民服务的精气神。当前，我们面临世界百年未有之大变局和中华民族伟大复兴的战略全局，踏上了全面建设社会主义现代化国家新征程。奋进新征程，更需要广大青年坚定理想信念，始终保持昂扬向上的精神状态，不断获得锐意进取的精神动力。

三、理想信念巩固精神支柱

人的生活包括物质生活和精神生活两个方面，精神生活的充实，主要表现在有崇高的理想信念，这是人生的精神支柱，是人们不可缺少的精神需求。人无精神不立，国无精神不强。理想信念之于个人,是精神支柱,是政治灵魂;之于一个政党,是干事创业的基石,是团结奋进的精神旗帜。

理想信念给人的精神穿上防护服和防弹衣,让人们在面对挫折时矢志不渝、面对成功时不忘初心,永葆赤子之心和蓬勃朝气。"杂交水稻之父"袁隆平幼年时参观园艺场,看到各式各样的水果鲜红可爱,表现出浓厚的兴趣,学农的种子开始在心中发芽。考大学时他不顾父母反对,坚持儿时梦想,报考了西南农学院农学系,从此与农业结下了一生的缘分。大学毕业后,他来到湘西的安江农校教书。三年困难时期,目睹了五个饿殍,他萌发了强烈的意愿:第一个梦是禾下乘凉梦,就是追求水稻的高产、更高产梦;第二个梦是杂交水稻覆盖全球梦。正是在这样的理想信念支撑下,他咬定青山不放松,度过了三年困难时期的食不果腹,在烈日与烂泥包围的水稻绿海中一穗一穗寻找雄性不育株,在呕心沥血培育的杂交水稻秧苗被损毁后从水井中捞起仅剩的五株,成为杂交水稻的"五祖",随后他一路攻坚克难,一生守望稻田,把稻香送给全世界。他以科学精神、科学态度和家国情怀,书写了一名科学家对理想信念的坚守,受到世界人民的敬仰和赞誉。

倘若理想信念这个"总开关"出了问题,就会失去战斗力和免疫力,就会失去政治本色和坚定气节。习近平总书记指出:"没有坚定的理想信念,就会在乱云飞渡的复杂环境中迷失方向、在泰山压顶的巨大压力下退缩逃避、在糖衣炮弹的轮番轰炸下缴械投降。"

四、理想信念提高精神境界

理想信念是衡量一个人精神境界高低的重要标尺,是人的精神世界的核心,一个人的理想信念越崇高、越坚定,精神境界和人格就会越高尚。有这样一个故事:三个工人在建筑工地上砌墙。有人问他们在做什么。第一个工人悻悻地说:"没看到吗?我在砌墙。"第二个人认真地回答:"我在建大楼。"第三个人快乐地回应:"我在建设一座美丽的城市。"十年以后,第一个工人还在砌墙,第二个工人成了建筑工地的管理者,第三个工人则成了这个城市的管理者。这个故事说明,人如果有远大的理想和奋斗目标,他的胸襟和眼界将会更加宽广,能够透过表面的困境看到事物的光明的未来,取得更大的成就。

尼采在《查拉图斯特拉如是说》一书中,用骆驼、狮子与孩子三种意象比喻精神境界的三个层次。骆驼比喻守旧负重、遵从规定的"你应当"阶段;狮子代表对传统价值与精神的挑战,也是向自己的挑战,遵从"我意愿"行事;孩子代表最自由、最真实、蕴藏着无限的可能性、心灵回归到初始的状态,预示了一个全新的开始,象征着对生命的充分肯定,所遵从的规定是"我是",标志着真正意义上的独立自我的生成。尼采的"精神三变",没有坚定的理想信念和强大的行动力是实现不了的。

当前，一些青年受到享乐主义浸染，在短视频、追剧、逛街、追星等各种消遣享乐中消磨掉理想的锐气和奋斗的激情。奥斯特洛夫斯基在名著《钢铁是怎样炼成的》中曾说："一个人的生命应当是这样度过的：当他回首往事时，不因虚度年华而悔恨，也不因碌碌无为而羞愧。这样，他在临死的时候就能够说：'我整个的生命和全部精力，都已经献给世界上最壮丽的事业——为人类的解放而作的斗争。'"理想信念让人们抵御虚度年华的享乐，创造有益于人类、推动社会进步的贡献，把人的精神境界从眼前的苟且提升到诗和远方，将青年人从"猪的哲学"泥潭中捞起，推到"撸起袖子加油干"的奋进队伍之中。

第三节　理想信念领航青春风帆

理想信念是一个思想认识问题，更是一个实践问题。俄国文学家克雷洛夫曾说："现实是此岸，理想是彼岸。中间隔着湍急的河流，行动则是架在川上的桥梁。"理想信念要通过青春奋斗才能变为现实，青春奋斗有了理想信念的引领才能具有正确的奋斗目标、强大的前进动力、稳固的精神支柱和崇高的精神境界。青年只有在青春奋斗的实践中，一步步将理想信念转化为现实，才能为国家和人民做出贡献，才能创造有价值的人生。

一、加强理论学习，筑牢理想信念之基

习近平总书记指出："理论上清醒，政治上才能坚定。坚定的理想信念，必须建立在对马克思主义的深刻理解之上，建立在对历史规律的深刻把握之上。"新时代青年加强理论学习，坚定理想信念，就要采取有力措施抓好习近平新时代中国特色社会主义思想主题教育，把理想信念建立在坚实的马克思主义理论基础之上。

一是牢固树立唯物史观，学会用历史唯物主义分析人类社会发展规律，认识到马克思、恩格斯关于资本主义社会基本矛盾的分析没有过时，关于资本主义必然消亡、社会主义必然胜利的观点也没有过时，做到对共产主义理想信念虔诚而执着、至信而深厚。

二是重点学好习近平新时代中国特色社会主义思想，通过思政课学习、阅读原典、理论研讨、学术讲座、理论社团等多种方式，在读原著、学原文、悟原理上下真功夫、苦功夫、硬功夫，推动学习践行习近平新时代中国特色社会主义思想入脑入心入行，用青春力量推动马克思主义中国化、时代化的深入发展。

三是从党史学习教育中确立理想信念的丰碑。百余年党史是理想信念教育最生动的教材。党在团结、带领中国人民为实现共产主义远大理想和中国特色社会主义共同理想而奋斗的过程中，把远大理想、共同理想同实现中华民族伟大复兴的中国梦结合

起来，接力完成了民族独立、人民解放、社会变革、改革开放、兴国强国等诸多历史重任，涌现了一批又一批用鲜血和生命践行党的理想信念的革命先烈和英雄人物。青年要从党史学习教育中认识到听党指挥跟党走必将创造更加美好的明天，也要以革命英烈为榜样，把共同理想和个人理想、中国梦和青春梦融合起来，在实现党的理想信念和国家富强、民族振兴、人民幸福的伟大梦想的奋斗之中，实现人生价值和美好梦想。

二、强化专业技能，锻造理想信念之力

理想信念的实现，需要专业技能的支撑。当今世界，科技发展日新月异，国际竞争日趋激烈，中华民族伟大复兴的实现，迫切需要以科技创新为核心的专业技术为其提供发展动能。过硬的专业技能，是民族腾飞的助推器，更是青年实现理想信念的硬实力。

一是青年大学生只有学好专业技能，才有了报效祖国、服务人民的能力和本领。中国著名核物理学家、"两弹一星"元勋邓稼先就是技能报国的典范。他的父亲曾告诉他，以后一定要学科学，科学对国家有用。他于1945年毕业于西南联合大学物理系，1948年赴美国普渡大学物理系深造，学习成绩非常突出，不足两年便修满学分，获得博士学位。此时他只有26岁，被人称为"娃娃博士"。年轻的邓稼先拿到博士学位的第9天就毅然回到祖国的怀抱。正是在以邓稼先为代表的一大批科学家技能报国、以身许国的奋斗下，1964年中国研制的第一颗原子弹腾起了蘑菇云，1967年中国第一颗氢弹响彻苍穹，"两弹一星"让中国人真正挺直了腰杆。

二是青年大学生必须确立正确的理想信念，才能学好、用好专业技能。专业技能是造福人类还是危害世界，学习态度是艰苦奋斗还是马虎敷衍，取决于人们是否具有正确的理想信念。当青年大学生自觉确立"为中华之崛起而读书"的学习目的，则会主动担当民族复兴大任的时代使命，用永恒不竭的奋斗迎来一个又一个的进步与成功。马克思一生都奉献给了全人类的解放事业，也验证了马克思主义的科学性、真理性和人民性。正是在毛泽东"核潜艇，一万年也要搞出来"的坚定号召下，黄旭华隐姓埋名30年潜心研究，1970年我国自主研制的首艘核潜艇成功下水试验，让中国成为世界上第5个拥有核潜艇的国家。

三、参与社会实践，创造理想信念之功

青年大学生要深刻认识知行合一、学以致用的重要作用，走实践育人之路，坚持教育同生产劳动和社会实践相结合，广泛开展各类社会实践，在亲身参与中认识国情、了解社会，受教育、长才干，在实践锻炼中磨炼意志、锤炼品质、坚定理想信念。

一是在社会实践中成长成才。用好"三下乡"社会实践活动平台，奔赴革命老

区、深入基层一线，开展社会调查、生产劳动、志愿服务，利用专业所学开展科技扶贫、医疗扶贫、教育扶贫，在实践中加深对党情国情社情的了解，增进同人民群众的感情，积极投身人民的伟大奋斗，让青春在祖国和人民最需要的地方绽放绚丽之花。

二是在时代重任中勇担使命。当前，我国踏上了全面建设社会主义现代化国家的新征程，迫切需要广大青年投身于伟大实践中攻坚克难、顽强斗争。大学生可参与各类志愿服务活动，通过参加"西部计划""苏北计划"及义务支教等多种方式，在服务社会、服务人民中茁壮成长，在艰苦奋斗中磨炼意志，在实践中增长工作本领，在亲身感受中坚定理想信念，在实现中华民族伟大复兴中国梦的新长征路上奋勇搏击。

实现党的理想信念需要一代又一代共产党人和进步青年的接续奋斗。在实现党的理想信念的伟大征程中，一代人有一代人的梦想，一代人有一代人的使命，一代人有一代人的责任。当代青年大学生只有把理想信念融入强国复兴、建功立业的伟大实践，坚持青年与事业共进步，青春与奋斗相辉映，才能够更好地团结、凝聚在党的周围，在为新时代新使命奋斗的过程中，促进自身成长，扬起青春风帆，放飞青春梦想，书写人生华章。

第二章　赢在规划

> 作为当代大学生，若是带着一脸茫然踏入职场，必将一筹莫展。所谓"不打无准备的仗，方能立于不败之地"。当今，大学生就业形势日趋严峻，我们一定要有忧患意识、规划意识，在做好自我全面定位的基础上，根据自身条件，如能力、性格、社会资源等，确定自己的事业目标，让自己真正成为主宰命运的主人。

第一节　锡心逐梦

梦想是自己对未来和生命的责任。个人对于梦想的规划要具体、清晰，并结合时代背景、国家发展潮流合理设定，个人的梦想正是在国家梦、民族梦的实现中不断得以实现的。让我们彼此相约，承载梦想，扬帆起航，一起在大学里放飞梦想、逐梦前行吧。

一、职业兴趣

兴趣的定义是"人们为从中获得乐趣而做的事"。心理学家霍兰德认为，兴趣在职业选择中发挥了极为重要的作用，就职业选择而言，兴趣是将人与职业进行匹配的依据。他认为：

（1）职业选择是人格的一种表现，某一类型的职业通常会吸引具有相同人格特质的人，这种人格特质反映在职业上就是职业兴趣。

（2）大多数人的职业兴趣可以归纳为六种类型，即现实型、研究型、艺术型、社会型、企业型和事务型（表3.1）。

表 3.1　六种兴趣类型特征

类型	人格特点	职业类型	主要职业
现实型 R（realistic）	喜欢有规则的具体劳动和需要基本操作技能的工作，缺乏社交能力，不适应社会性质的职业	各类工程技术工作、农业工作；通常需要一定体力，需要运用工具或操作机械	工程师、技术员；机械操作、维修安装工人、木工、电工、鞋匠等；司机；测绘员、描图员；农民、牧民、渔民等
研究型 I（investigative）	具有聪明、理性、好奇、精确、批评等人格特征，喜欢智力的、抽象的、分析的、独立的定向任务这类研究性质的职业，但缺乏领导才能	主要指科学研究和科学实验工作	自然科学和社会科学方面的研究人员、专家；化学、冶金、电子、无线电、电视、飞机等方面的工程师、技术人员；飞行驾驶员、计算机操作人员等
艺术型 A（artistic）	具有想象力、容易冲动、凭直觉、无秩序、情绪化、理想化、有创意、不重实际等人格特征，喜欢艺术性质的职业和环境，不善于事务工作	主要指各种艺术创造工作	音乐、舞蹈、戏剧等方面的演员、艺术家编导、教师；文学、艺术方面的评论员；广播节目的主持人、编辑、作者；绘图、书法、摄影家；艺术、家具、珠宝、房屋装饰等行业的设计师等
社会型 S（social）	具有合作、友善、助人、负责、圆滑、善社交、善言谈、洞察力强等人格特征，喜欢社会交往、关心社会问题、有教导别人的能力	各种直接为他人服务的工作，如医疗服务、教育服务、生活服务等	教师、保育员、行政人员；医护人员；衣食住行服务行业的经理、管理人员和服务人员；福利人员等
企业型 E（enterprising）	精力充沛、自信、善交际，具有领导才能；喜欢竞争，敢冒风险；喜欢权力、地位和物质财富；具有冒险、野心等人格特征	主要指那些组织与影响他人共同完成组织目标的工作	企业家、政府官员、商人、行政部门和单位的领导者、管理者等
事务型 C（conventional）	喜欢按计划办事，习惯接受他人的智慧和领导，自己不谋求领导职位；不喜欢冒险和竞争；工作踏实、忠诚可靠，遵守纪律；具有顺从、谨慎、保守、实际、稳重、有效率等人格特征	主要指各类文件档案、图书资料、统计报表之类相关的各类科室工作	会计、出纳、统计人员；打字员；办公室人员；秘书和文书；图书管理员；导游、外贸职员、保管员、邮递员；审计人员、人事职员等

二、职业目标

职业目标是人一生发展的方向和理想归宿，指的是个人未来在职业领域想要达到的具体高度，由职业自我、工作世界、个人努力三个方面合力形成。相信你在高中阶段，有过这样的一个目标——上大学；那么在大学阶段，相信同学们会为今后的职业发展做准备，而确定职业目标就显得非常重要了。职业目标能够为你的学习提供灯塔般的指引，引领未来职业发展。

如何来设定适合自己的职业目标呢？我们可以使用 SMART 法则来进行确定和修正。

同学们，在设定职业目标的时候要坚持把工作选择放在国家发展大局中进行思考和定位，将个人的"小我"与社会发展的"大我"紧密结合，实现个人价值与社会发展的同向同行。

第二节　规划成长

同学们，你想过几年后的你在哪里，做着什么样的工作，过什么样的生活吗？有没有考虑过用生涯规划的专业知识来规划自己呢？"生涯"一词在我国最早见于《庄子》："吾生也有涯，而知也无涯。"这句话中的"涯"含有边际的意思。从时间性的层面看，古代中国人把"生涯"看成是人生的极限。生涯是每个人的生命历程，而这个历程是有限的、方向性的。从空间性的层面看，"生涯"又被定义为"生活""生计"，指一个人的生活方式和谋生之计，如唐代诗人杜长卿的诗句"杜门成白首，湖上寄生涯"。

一、职业生涯规划

职业生涯规划又称职业生涯设计，即个人与组织相结合，在对职业生涯的主客观条件进行测定、分析、总结的基础上，对自己的兴趣、爱好、能力、特点进行综合分析与权衡，结合时代特点，根据自己的职业倾向，确定其最佳的职业奋斗目标，并为实现这一目标做出行之有效的安排。同学们在进入大学一段时间后会慢慢对自己的未来进行思考，根据学生的发展类型，大致可以分为以下三类：

1. **学术型**

学术型的同学对某个专业领域比较感兴趣，希望能更深入地进行研究，成为该领域的专家。这部分同学在大学期间需要重视学术研究方面能力的积累，进而读研读博继续深造。

2. **技术型**

技术型的同学希望将课堂上学到的理论知识应用于实践，毕业后能成为某个领域

的专业技术人才。这部分同学在大学期间需要重视提高解决实际问题的能力，将理论知识运用到实际中，同时也需要有意识地培养人际交往、组织协调等能力。

3. 综合型

综合型的同学在大学期间注重工作经验的积累，平时应加强沟通、表达、组织等通用技能的提升，毕业时更倾向于找那些专业限制不强的职位。

这三种类型的同学在大学期间都有各自的发展方向，除了课堂上学到的知识外，还需要在日常生活中通过社团、学科竞赛、社会实践、实习等各种方式发展自己的能力，当然也应平衡好专业学习与课余活动的关系。

二、平衡轮

如何确定自己的发展方向呢？这里教给大家一个实用的工具：平衡轮。简单来说，平衡轮就是将一个圆平均分成若干等份（一般分成八等份），然后将自己工作、生活或生命中一些并列的内容填写在图中，以帮助自己清晰地认识现状，觉察到平时忽略的部分，找出希望有所改变的内容，然后制订计划，采取行动。那么怎么构建平衡轮？下面介绍构建平衡轮关键的五步。

（1）确认理想目标状态，即对工作、生活或者某个自己关注的领域制定一个大的目标。

（2）确定要素，即总结归纳出实现目标的关键因素，挑选最关键的 8 条（或者其他的条数），将一个圆按照最关键的因素数量均分，然后将这些因素置于圆中不同的区域。

（3）分析现状，即对每个要素进行打分，满分为 10 分（理想状态），最低为 1 分。

（4）制定目标分值及具体指标，即针对已经打过分的要素，制定想要达到的分值及具体的目标。

（5）制订行动计划。

平衡轮的用途有很多，可以用于生活、工作、个人成长等，也可以用于作出决策、制订计划、制定职业生涯规划等。

图 3.1 是个人生活平衡轮示例；图 3.2 是以求职管理为例做的平衡轮，以应对求职面试中需要准备的内容。

另外，不少同学到了大二的时候，会纠结自己应该选择怎样的发展路径。看着图书馆坐满了"升学大军"，你也想随大流；看到室友积极投递简历找工作，你也想尝试；可是，没过多久，看着周围的同学陆续创业，你又开始动摇了。在这里建议大家运用生涯平衡轮对自己各阶段的大学生活进行分析，并在此基础上做好规划，最重要的是要积极行动起来，向着自己的目标奋进！

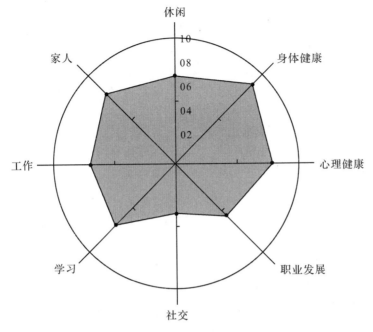

图 3.1　个人生活平衡轮示例

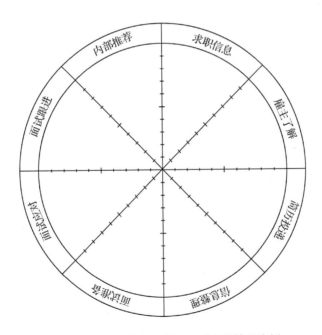

图 3.2　生涯平衡轮示例——以求职管理为例

第三章 时间管理

> 时间是一个人取得成功不可缺少且无法替代的资源,也是一个人最宝贵的资产,因为它无法储存,逝去亦不复返。做任何事都需要时间。一个人越能高效地利用时间,就越能取得更多的成就,获得更大的回报。
>
> 能够出色管理时间的人会收获巨大的回报。时间管理的能力也是辨别高绩效者与低绩效者最明显的标志。在现实生活中,几乎所有成功的人都能够非常合理地利用时间,而所有表现不佳的人几乎都做不到这一点。
>
> 成功最重要的原则就是"养成良好的习惯并用这些习惯约束自己的生活"。学习养成良好习惯的方法,以及学会运用这些良好习惯引导和约束自己的生活,可以让我们的大学生活更加充实而富有活力。

第一节 时间管理的原则

一、关于时间

时间是一个非常抽象的概念,是人们用以描述物质运动过程或事件发生过程的一个参数。通俗地讲,时间就是我们用来解释和定义这个世界的一把尺子。

不同的人对于时间的定义是不一样的。对于商人来说,时间就是金钱;对于医生而言,时间就是生命;而对于大学生而言,内涵就更加丰富了。如果把时间用来学习,时间就是知识;如果把时间用来打工实习,时间就是经验;如果把时间用来玩游戏,时间很可能会变成教训。所以,对于不同的人,时间赋予的意义是不一样的。

时间有哪些特性呢?第一,"无法开源"。因为时间的供给量是固定不变的,在任何情况下不会增加也不会减少,每天都是 24 小时,因此我们无法开源。第二,"无法节流"。时间不像人力、财力、物力和技术那样能够被堆积储蓄,不论是否愿意,我们都必须消费时间,因此我们无法节流。第三,"无法取代"。任何一项活动都有赖于时间的堆砌,这就是说,时间是任何活动都不可缺少的基本资源,因此时间是无法取代的。第四,"无力挽回"。时间无法像事物一样失而复得,它一旦丧失,则永远不能再找回来。花费了金钱尚可赚回,倘若挥霍了时间,任何人都无力挽回。如同陶渊明在

《杂诗》中所言，"盛年不重来，一日难再晨"。

二、时间管理的定义

时间管理学者杰克·弗纳对时间管理所下的定义是：有效利用时间这种资源，以便我们有效地达成个人的重要目标。简单地讲，时间管理就是如何以最少的时间投入来获取更多的成效，也就是说，在有限的时间内完成该做的事并能有出色的效率。

通俗地讲，这个定义包含两个非常重要的概念。第一，时间管理到底探索的是什么？其实就是"如何减少时间的浪费"。第二，时间具备"无法开源""无法节流""无力取代""无法挽回"4个独特性，决定了我们要做时间的管理者。时间管理本身永远不应该成为一个目标，它只是一种被我们使用并且逐步成为行为习惯的工具。

时间管理能够使人高效地利用时间、提升工作效率。一个人对自己的时间和生活的把控程度，是决定其内心是否平和，以及精神是否健康的主要因素。如果一个人感到无法把控自己的时间，就会产生压力并感到焦虑和沮丧。反之，如果一个人能够恰当地安排和把控生活中的关键事件，就能一直保持良好的心情、积蓄更多的能量、保证良好的睡眠、完成更多的工作。

三、时间管理的原则

时间管理要遵循哪些原则呢？简单地讲，时间管理遵循4D原则，分别是：

第一个D代表愿望（desire）。我们必须具有想要把控时间、取得最大效益的强烈愿望，这种强烈愿望是行动开始及持之以恒执行下去的不竭动力。

第二个D代表果断（decisiveness）。我们必须果断地做出决定，不断练习有效的时间管理方法，直到这些方法成为习惯。这种果断是时间管理得以开始的动力开关。

第三个D代表决心（determination）。我们必须能够抵抗所有不利因素的诱惑，坚持到底，直到能够有效地管理时间。我们的愿望会使决心更加坚定。

第四个D代表纪律（discipline），这也是成功最重要的因素。你必须约束自己，让时间管理成为自己终身的习惯。有效的纪律是不管你喜欢与否都愿意强迫自己付出代价，在应该做某事的时候做自己认为应该做的事。这对成功至关重要。

第二节　时间管理的方法

现在设想一下，如果有家银行，每天早晨向你的账号拨款 24 万元，你在这一天可以随心所欲，想用多少用多少，也没有任何规定，条件只有一个，用剩的钱不能留到第二天再用，也不能结余归自己。前一天的钱你用光也好，分文不花也罢，第二天又是 24 万元。

现在的问题是，你将如何用这笔巨款呢？你最想买什么？怎么买最划算？怎样恰好能把钱全部花完？这就聚焦到时间管理最重要的三个关键词：

"最想买什么？"指的是效能，也就是以最小的代价和花费获得最佳的结果。"怎么买最划算？"指的是效率，也就是以最小的代价或花费获得更多的结果。"怎样恰好能把钱全部花完？"指的是效果，也就是取得一个正确的结果。

围绕着时间管理的三个关键词，可以看出，时间管理不是单单只把时间占满，或者把所有事情做完，而是如何有效地利用时间达成个人的目标。换句话说，就是将时间投入与个人目标相关的工作。

如何有效地利用时间，是时间管理者需要解决的核心问题。为此，学者们从管理学、心理学等多学科进行了大量的探索和研究，形成了一系列行之有效的方法，我们选择其中较为经典的方法进行介绍，如时间管理矩阵法、帕累托法则、番茄工作法等。

一、时间管理矩阵法

时间管理矩阵法是美国管理学家史蒂芬·科维提出的时间管理理论。他把任务按照"重要"和"紧急"两个不同的程度进行了划分，基本上分为 4 个象限，横坐标代表"重要"，纵坐标代表"紧急"，如图 3.3 所示。

```
                          紧急
                           |
   第二象限：紧急但不重要   |   第一象限：重要且紧急
   处理方法：交给别人去做   |   处理方法：立即去做
   饱和后果：忙碌且盲目     |   饱和后果：压力无限大
   原则：适当授权          |   原则：越少越好
  ─────────────────────────┼─────────────────────────  重要
   第三象限：不重要也不紧急 |   第四象限：重要但不紧急
   处理方法：最后才做       |   处理方法：有计划去做
   饱和后果：浪费生命       |   饱和后果：忙碌但不盲目
   原则：可以当作休养生息   |   原则：集中注意力去处理
```

图 3.3　重要-紧急四象限图

就设置任务的优先级而言，重要-紧急四象限图实际就是区分"重要的少数"与"次要的多数"。你如果能够恰当地对这些任务进行分类，就可以极大地提高工作效率。根据任务的重要性与紧急性，可以将它们分为四类，其中，重要任务指的是会对自己的职业生涯产生长期影响的任务，紧急任务是无法延迟或推迟的任务。

1. 重要且紧急的任务

重要且紧急的任务是指那些由于外界的时间要求，为了保持工作状态，必须立刻开始和完成的任务，也就是"在你面前"的任务。比如说，再过4个小时要参加"十佳大学生"评选答辩会，明天要提交期末考试小论文，等等。大多数人会将时间花在重要且紧急的任务上。重要且紧急的任务就是你最重要、最优先要完成的任务。

2. 重要但不紧急的任务

重要但不紧急的任务是指那些关乎长远发展目标的事，但至少在短期内这些任务可以稍作延迟或拖延。例如，月底之前，你需要编写、核准、提交一份重要调研报告，这就是一个重要但不紧急的任务。再比如，期末论文也是这类任务，虽然它对于你学期末的成绩至关重要，但它可以推迟到几个星期或几个月后完成，实际上也经常会被推迟。甚至有些同学会在期末论文截止日期的前一天晚上完成。这样的话，一项重要但不紧急的任务就变成重要且紧急的任务。

我们在一生中，会面临各种重要但不紧急的任务。比如，阅读所在领域的重要书籍、参加其他课程、提高能力等对我们取得长期的成功都至关重要，但这些都不是紧急的任务。因此，面对这些任务，我们往往会一直拖延。但不幸的是，大多数失败或不太成功的人推迟了提升自己能力的时间，以至于他们被那些更有决心、更有进取心、希望获得更大回报和承担更多责任的人超越。

简单的运动同样不是紧急的任务，却对我们的健康很重要。很多人都将之推迟很长时间。而医生说，人们如果在成年后长期保持健康的饮食和运动，就可以避免以后生活中85%的有关健康方面的问题。

3. 紧急但不重要的任务

某些时候，有些人打电话、发消息或发电子邮件给我们，我们必须回复，这些任务虽然紧急，但并不重要、价值不大，可以委托别人完成。

4. 不重要也不紧急的任务

许多人把时间花在对自己没有任何价值的任务上，例如，无目标地刷短视频、朋友圈，长时间浏览购物网站，等等，这些都是既不紧急也不重要的任务。目前来看，部分大学生花费在这部分任务上的时间不容小觑。

5. 时间管理矩阵的运用

首先，要区分"重要"和"不重要"。衡量"重要"和"不重要"的标准，其实是因人而异的，因为这与个体的价值观及个体所处的人生阶段等紧密相连。我们可以在心里问自己：站在整个人生长度来看，我在生活中最看重的是什么？真正关心并支持的是什么？不支持的是什么？在当下这个人生阶段，又是如何呢？

明确人生目标与区分重要性事情相辅相成。当我们心中明确了自己认定的重要性事情之后，制定人生目标才更适合自身发展。同样，确立了人生目标，并确定长期目标和短期目标之后，我们才能对过程中的事情的重要性进行区分。拿破仑·希尔指出，只有我们明确了人生中最重要的目标，生活才开始变得伟大。

其次，要决定如何分配时间。哪个象限是我们应该花最多时间的呢？有的人可能认为是重要且紧急的象限，恰恰不是。我们会发现成功者花最多的时间，其实是在做重要但不紧急的事情上。

为什么我们要把精力花在重要但不紧急的象限上呢？因为这个象限的事情，往往是指向未来的，比如大学生获得学位、提升能力、保持身体健康等。这些事情都需要经过长期坚持不懈的努力，短期内是看不到显著效果的。另外，也许正是因为平时在重要但不紧急的象限上花费的精力不够多，才会导致重要且紧急的事件发生，所以我们要把更多的时间分配在重要但不紧急的象限上。

最后，要学会正确处理四象限的任务。对于重要且紧急的事情，需要避免扩大，最好能立即去做。对于重要但不紧急的事情，需要持续且大量的投资，要尽量提前且持续去做。对紧急但不重要的事情，则需要尽量减少它，可以授权其他人去做。对于不重要也不紧急的事情，我们应该在放松的时候去做或者尽量避免去做。

二、帕累托法则（二八定律）

1895年，意大利经济学家兼社会学家维尔弗雷多·帕累托总结出帕累托法则（又称"二八定律"），也叫作重要的少数与琐碎的多数原理，适用于人类活动的各个领域。

二八定律指出，只要能控制关键性的少数因素，即能控制全局。二八定律广泛运用于时间管理上，结合时间管理矩阵，就是把80%的精力放在重要但不紧急的任务上，把20%的精力放在其他三个象限上。

例如，在任务和责任方面，工作总价值的80%来自20%的工作。彼得·德鲁克则认为在任务和责任方面，适用"一九定律"，即工作总价值的90%来自10%的工作。

因此，当我们计划开启新的一天的学习和生活的时候，可以列好每日待办清单，并快速浏览任务清单，选择最有助于实现自己最重要目标的20%的任务，然后开始进入工作状态。假设我们在某天的任务清单上列出10项要完成的任务，那么就要从中选出2项任务，这2项任务的价值之和超过其他任务的价值总和。我们能否清楚地找出这2项任务，并首先完成，这在很大程度上决定了事业能否获得成功。

三、番茄工作法

番茄工作法，即列出每天的工作任务，并将之分解成为若干25分钟的任务，然后逐个执行完成，目前已成为多数人日常生活中最重要的时间管理工具之一。番茄工作法之所以备受关注，从微观层面来看，是因为其能够让我们更加高效地完成任务，减少拖延，更好地掌握时间；从宏观层面来看，当我们能够专注地完成任务，实际上就是在掌控我们的生活，进而能获得比别人更大的成功概率。

番茄工作法是如何执行的呢？具体分为前期准备、中期执行和后期回顾三个环节。

准备也就是做计划。用番茄工作法列计划的方式与传统的任务列表有两个差别。第一个差别，番茄工作法对任务进行了两类性质的划分。第一张纸的内容和传统的任务列表一样，列出所有想要完成的任务，而另一张纸专门写今天要完成的任务。通过两张纸，引导我们专注到当下最重要的事情，接下来所有的行动都是以今天要完成的任务为基础，活在当下。第二个差别，传统的列计划的方式，其推进进程是以完成每个任务为标准的，就是将划掉一个事情作为一个完成的节点。而番茄工作法不是这样，它是以完成的番茄钟为推进的标志。什么是番茄钟呢？就是以25分钟为计时单位，比如一份数学作业需要花25分钟，说明这个任务需要一个番茄钟，如果需要50分钟，就需要两个番茄钟。因此，番茄工作法中，衡量是否取得进展主要看番茄钟的完成情况。

执行是关键要素。它分为两部分的内容：一部分是专注工作，一部分是休息。先看专注工作，就是说你要在这25分钟的时间心无旁骛地专注工作。可事实上，说起来容易做起来难，往往会有各种因素打断你的工作。这些打断因素大致可以分成两类：一类是内部打断，就是因为自己内心产生的一些想法而使工作受到打断；另一类是外部打断，就是因为别人给我们安排事情而使工作受到打断。执行环节要注意两个事项：第一，专注25分钟的高效工作，进入全身心投入的状态，不要被内部和外部的因素打断干扰。第二，学会休息，形成工作、休息的节奏感。

回顾是为了优化提升。当我们一天下来完成了若干工作番茄钟以后，跟早晨预估的情况进行对比检查，看预估了多少个番茄钟，实际花了多少个番茄钟，为什么会发生这样的状况呢？我们对哪些工作判断得比较准确，对哪些工作判断得没那么准确？原因是什么呢？进行回顾总结，找出差距原因，然后把分析总结的经验应用到下一次的工作中，持续地改善我们的工作方法。

在这个阶段我们会发现，一个标准的番茄钟是非常重要的，因为我们在日常工作中没有精确的时间概念，常常不会考虑一项工作到底花了多长时间。而当我们有一个标准的工作番茄钟时，就可以比较过去完成一个任务花费了几个番茄钟，而现在完成一个类似的任务又花费了几个番茄钟，是进步了还是退步了？原因是什么？从而让我

们更好地改进工作方法,尽快完成任务。

番茄工作法简单有效的原因在于它的设计原理的科学性。主要体现在以下三个层面:

首先,从具体的技巧上看,它用倒计时的方法,巧妙地调动了人们的紧迫感,强化了提升专注力的动力。因每个番茄钟的时间都是统一的,对大脑适应这种方法并形成节律感很有帮助。所以,这个看起来不起眼的倒计时 + 标准时间的做法,其实很巧妙。

其次,从学习周期的角度来看,让一个倒计时番茄钟时间和一段休息相配合,正是大脑的专注思维和发散思维的交替使用。大脑的认知机制有两种,一种是专注模式,一种是发散模式,这两种模式的运作方式也不一样。把两种模式有意识、有规律地交替使用,就比我们蒙着头一直工作要科学得多。

最后,从更完整的学习视角看,番茄工作法的原理其实来自大名鼎鼎的美国质量管理专家戴明的理论——"戴明环"。所谓戴明环理论,是指要改进工作的质量,可以按照一个流程来执行,那就是 PDCA〔P(plan)即制订计划,D(do)即实施行动,C(check)即检查成果,A(adjust)即调整改进〕。也就是不断制订计划、实施计划、反馈检查、改进完善,再制订改进后的新计划,这是一个不断完善和自我进化的过程。番茄工作法也遵循了这个原理,从制订番茄钟计划,到实际实施,再到比较不同番茄钟的工作效率,寻找改进思路,然后再次制订计划,进入新的循环过程,从而实现了"日日新,又日新"的自我进化。

另外,番茄工作法有两个适用前提。首先,我们至少要有半小时的整块时间。如果我们的工作条件不允许有整块时间,随时要处理突发事件,这个方法就不适用。其次,在一个番茄钟时间里,要有一个明确需要解决的问题,而且不能是随便一个问题,而是需要集中注意力、深入思考才能解决的问题。比如构思一篇文章的大纲,或者分析阅读一本书。如果没什么需要深入思考的问题,番茄钟起到的效果就很有限。所以,如果你的任务是零碎、突发性强,又不怎么需要动脑的工作,那列任务清单其实就够了。

第三节 时间管理技巧

在日常生活中,大学生可以尝试运用一些时间管理技巧来提高时间利用效率。

第一,学会有计划地工作。建立起一套包括目标标准、最后期限、优先顺序的计划体系,把所有的事情按照紧迫性、重要性等进行划分,确定自己的工作优先次序。

首先,要制定任务清单。有研究表明,如果我们能够花 1 分钟做计划,那么可以节省 10 分钟的工作时间。在开始工作之前,花时间以书面形式列出需要完成哪些任务，能够为我们节省10倍的个人精力。在制定任务清单时，要明确目标、确定最后期限等。

其次，要设置优先级。根据二八定律，任务清单中20%的任务可能会占所有任务80%的价值和重要性。因此，我们需要通过设置任务的优先级，让自己专注于关键任务和活动，避免分散注意力。正如歌德所说，最重要的事情不能受最不重要的事情左右。

第二，学会遵循生物钟规律。根据人体生物钟规律，把重要的任务安排在你效率高、受到的干扰少的时段。

有人把人体内的生物节律形象地比喻为"隐性时钟"，即人体生物钟。科学家研究证实，每个人自诞生之日直至生命终结，体内都存在着多种自然节律。比如，体力盛衰的周期为23天，情绪波动的周期为28天，智力波动的周期为33天，等等。

昼夜节律是指生命活动以24小时左右为周期的变动，又称节律。比如，有研究显示：一般上午九点和晚上六点是我们精力相对旺盛的时候；中午十二点到下午两点，精力状态会有短暂回落；下午两点左右到晚上六点左右，精力呈现回升状态；晚上六点之后，又会出现回落，直至夜晚降到最低。当然，会存在一定的个体差异性。我们应根据自己的昼夜节律在不同的时间段安排不同的任务，进而达到劳逸结合、事半功倍的效果。

第三，学会化整为零。可以把较大的任务分解成易于控制的小块任务。针对较大且具有一定挑战性的任务，我们可以将其分解成足够小的若干部分，并按照从第一项小任务到最后一项小任务的顺序进行排列。

约束自己从清单上的第一项小任务开始做。有时，如果下定决心完成了大任务的第一步后，第二步、第三步和第四步等似乎就顺理成章了，同时，也会让自己拥有足够的动力和精力去完成整个大任务。

将任务分解成若干容易完成的小任务，可以克服拖延症。不要尝试在一个时间段内一下子完成一项大任务，而是要像把香肠切成片一样，每次"切下"小部分，分解任务。每当我们想要开始执行主要任务，特别是要被其他紧迫的事情压垮的时候，就可以下定决心一次完成一项小任务。

第四，学会"现在就做"。这也许是对于提高工作效率最有效的词语了，每当发现自己在拖延时，我们可以充满活力和热情地不断对自己说："现在就做！现在就做！现在就做！"

当你重复这句话10遍、20遍甚至100遍之后，就会对自己形成积极的心理暗示，令人惊奇的事情就有可能发生。你会发现，自己已经无意识地强迫自己坚持完成了最重要的任务，然后再执行其他任务。只要开始行动，就已经开始朝向目标迈进了。

第五，学会聚沙成塔。除了长时间的学习和工作，我们还有很多碎片化时间可以

充分利用。

首先，要有效利用间隙时间。对于短暂的间隙，也许有的人不太重视。对此，有的学者坦言，"嘲笑15分钟的人，也许会陷入为15分钟而哭的境地"。我们可以利用乘地铁的时间，一个人运动的时间，走向教学楼的时间，甚至是排队打饭的时间，用手机播放软件学习英语或者其他课程音频。也可以事先在大脑里设定好需要思考的问题和相关信息，这样就可以随时随地思考。

其次，把一天变成24小时以上。人们可以使用一些技巧，提升时间的使用效率。一种是"买时间"，比如外出的时候，可以选择相对舒适快捷的交通工具，然后利用路上时间做些事情，即便什么也做不了，仅仅消除疲劳，到达目的地后也能有效利用接下来的时间，不用再花时间缓解疲劳。如果时间价值比较高，就值得为此花费金钱。另外，也可以"分享"他人的时间，最有效的方法就是请教他人。

最后，"拙速"原则。做事情的时候，很多人都想先一心一意地完成最重要的事。而这个原则指出，对于有些任务，可以先不追求质量地快速完成，有时间的话，再来进一步完善。这就像考试中，要先完成所有题目，有剩余时间再去反复验算。

第六，学会说不。意外和计划外的干扰是工作中最浪费时间的因素。这些干扰的形式可能是电子邮件、电话铃声、短信、微信，也可能是不得不去回应来找我们闲聊的人。当遇到无休止的电话、闲聊和不速之客来访时，我们要学会婉转拒绝，回到自己最重要的事情上去。

我们要遵循"学习（工作）时间一直学习（工作）"的原则。当进入学习状态以后，我们就立即开始学习，不要浏览不相干的内容，更不要与他人闲聊。尤其是针对前一天晚上已经制订的当天的学习计划，要立即开始执行最重要的任务，逐项完成所有计划。

第七，学会请人帮忙。遇到问题或棘手的事情，请人帮忙可以大大缩短完成的时间。有些事情如果确实超出了我们的能力范围，就需要考虑请他人来帮忙，而不是"死磕到底"。对于较大的任务，如果受到时间的限制，在一个人无法完成的情况下，可以将任务分解成若干模块。如果对于有些模块，其他人能做得和你一样好，甚至比你更好，那么就可以授权其他人完成或者共同完成。

第八，学会保持整洁。定期整理自己的用品，保持整洁、规范、有序，需要时随手可得，可以大大节省时间。现代社会中，人们对学生的要求更多集中在学习成绩上，而对学生其他方向的培养关注较少。例如，部分大学生对日常生活用品和学习用品缺少归纳意识，经常在找东西，浪费时间。

第九，一次只做一件事。这一时间管理技巧要求你不能一遍又一遍地开始又停下同样的任务，转而去做另一项任务，然后再回来继续做这项任务；而是一旦着手做就要约束自己在完成这一项任务之后，再开始下一项任务。

这个原则是由时间管理专家阿兰·拉金提出的。该研究表明，当未完成某一项任务就转向其他任务时，你会失去工作的动力和节奏，也不知道自己在做这项任务时做了些什么。当又回头做这项任务时，你别无选择，只能先回顾以前的工作，找回中断时的进度，然后重新开始，这就很浪费时间。你如果已经开始了这项任务，就要坚持到全部完成为止。简单地说，"一次只做一件事"可以帮助你少花80%的时间完成一项重要任务，并能显著提高已完成工作的质量。

　　时间管理的小技巧还有很多，比如学会利用工具，借助现代信息技术，如网上购物、网上银行、网上学习、搜索等，可以节约大量的时间；学会远离诱惑，远离没有任何意义的电视剧、小说、花边新闻、网络游戏及一些不必要的聚会闲聊；等等。

　　只要在生活和工作中养成时间管理的意识，培养出时间管理的能力，就可能成为时间管理的高手，提高生活质量，获得幸福人生。

第四章 人际交往

> 人际交往，也称社会交往，是指人与人之间在心理上和行为上相互联系和相互影响的过程，或者说，是在社会生活中，人们相互沟通信息、交流思想、表达感情和协调行为的互动过程。从心理学角度看，良好的人际交往可以满足人们的安全感、归属感，提高自尊心，增强力量感，获取友谊和帮助，有利于人的身心健康；反之，人际关系失调，会严重影响身心健康，产生不良的情绪反应，如焦虑、不安、恐惧、孤独、敌对等。
>
> 刚刚告别中学时代、跨入大学，新生进入了一个全新的生活天地，你是否依然保持着高中时代的生活状态，而没能逐渐适应大学生活？人与人之间的交往能力如何？在遇到事情的时候能否与他人进行更好的沟通与交流？面对瞬息万变的社会、日趋激烈的竞争及来自学习、专业、就业、经济和情感等诸多方面的问题，是否会感觉力不从心、不知所措？下面就让我们一起来学习如何更好地促进人际交往。

第一节 校园适应与人际关系

从中学到大学是人生一个重要的转折点。当大学神秘的面纱被揭开后，同学们可能发现大学生活与自己的想象并不一样。许多同学第一次离开家门在外独立生活，第一次要自己独立规划学习与生活……面对许多的第一次，很多同学可能产生迷茫、焦虑等情绪。但是，经过一段时间，同学们会感受到大学的魅力。大学给人提供的天空是如此广阔，大多时间由自己支配，可以选择学什么、怎么学，可以选择做什么、怎么做，也有各种各样的锻炼自己、发展自我的活动与机会。同学们在这个过程中会经历"大学适应期"，心理上会经历从不适应到逐步适应的转变。

一、校园适应

心理学家沃尔曼将适应定义为：一种与环境融洽和谐的关系，包括满足一个人的绝大多数需要，并且拥有符合要求所必需的行为变化，以便一个人能与环境建立起一种融洽和谐的关系。适应反映了心理健康的功能状态，其根本目的是要取得内部心理世界的平衡，实现良好的自我适应。对于大学生来说，不仅要适应新的学习环境、生活环境、校园文化环境，还要适应新的人际关系。

大学提供了更多的人际交往机会，大学生人际交往的范围不仅包括师生互动、同学互动，还包括与校外人员的互动等。在师生互动中，大多是学生主动，且互动内容不仅限于课堂内容，话题范围较广。由于兼职、实习等原因，大学生还要学会如何以社会人的角色与校外人士沟通、交流。除此以外，大学生可能更多地面临与同学的交往互动。大学是以集体生活为特征的，来自全国各地、兴趣爱好各异、生活习惯不同的同学共同生活，难免产生矛盾，尤其对中学时代缺乏住宿经验的学生而言，这是不小的挑战。大学生交往不再受父母、老师的限制，交往范围扩大，但是心理的闭锁性使得大学生相互之间的交往不如中学融洽，处理人际关系相对困难。同时，大学生还会面临恋爱问题，这使人际关系变得更加复杂。这些环境的变化可能使得大学生无法使用以往的应对方式来处理人际关系，需要发展新的处理策略来逐渐适应大学生活。

人际交往是大学生活中的重要部分，和谐的人际关系是心理健康的调节器，同时良好的人际关系可以帮助大学新生快速适应新环境。大学新生需要适应人际交往方面的变化，重新构建自己的人际圈。

二、人际适应不良

大学新生生理和心理都处于迅速发展的重要时期，同时这也是他们逐渐走向成熟的过渡时期，在心理、情绪、个性等方面会不可避免地存在一些不足之处，可能出现人际交往方面的困扰，影响正常的学习和生活。这样的人际适应不良在大学新生群体中并不少见。大学生们处于青年初、中期，正是人生发展的特殊阶段，同时也是心理发展矛盾最为激烈的阶段。研究者认为，青年期过强的自我意识及他们所特有的自我封闭与渴求交往的矛盾心理影响了人际交往的顺利进行，导致良好的人际关系难以形成。同时，从社会学角度来看，当前社会上一些不恰当的价值取向，以往学校、家庭人际交往教育的缺失等都可能影响大学生良好人际交往能力的培养。这些客观因素导致大多数大学新生都无法避免经历人际适应期的考验。

此外，大学新生刚踏入校园，面临着新老师和新同学，需要构建自己新的人际关系，但是因为周围人大多来自五湖四海，彼此的家庭背景、兴趣爱好、个人习惯、目标追求等差异较大，这些差异增加了人际交往的难度和压力。部分新生因为缺乏人际交往技巧，自我封闭，不愿意向他人敞开心扉，或者因为自卑而不敢与他人交流，难以与他人建立健康、良好的人际关系，常常感到烦恼和孤独。大学生课余时间比较充沛，校园活动丰富多彩，这也增大了人际关系在日常生活中的重要性和影响力度。部分学生由于未建立良好的人际关系，经常感受到强烈的孤独感，甚至被排斥感，进而会影响其在校的生活和学习。大学老师在课余时间对学生的生活干预较少，部分新生也会感觉大学师生关系远不如中学那样亲密，难以适应。

三、人际适应策略

适应环境是大学生发展成熟的标志,对大学生未来的发展有重要意义。大学新生应当在这些挑战和挫折面前,提升自我适应能力,锻炼人际交往能力,为将来适应更复杂的社会环境做好准备。

1. 培养独立自主的意识

每个人首先是独立的个体,然后才是社会的一分子。因此,要培养人际交往能力,先要培养独立自主的意识。首先,面对陌生的校园,大学新生需要尽快熟悉校园的内部环境和周边环境,了解当地的自然气候、风俗习惯、人文景观等,善于发现环境中的美,学会享受新环境带给自身的新奇感。其次,远离家人,没有了父母的照顾,大学新生需要养成良好的生活习惯和生活管理能力。同时,提高自主学习能力和时间管理能力,积极参加学校举办的各种活动,参与学生管理工作,平衡好学习、工作与生活的关系。最后,学会主动积极地拓展资源,善用外界资源。在陌生环境之中,及时向他人寻求帮助和支持可以缩短个人的环境适应期,比如多向同学、学长、老师等请教经验。但是,在向他人寻求支持、解决问题的同时,还要注重提高自己独立自主的能力。

2. 调整个人认知

个人对自己和外界的认知是影响个人生活质量的重要因素,大多数心理困扰均来自个人对自身及外部环境的认知偏差。同样地,大学新生适应不良,很多都来自大学生对学校、对自己、对他人等的认知不全面,用自己以往的或者固有的思维习惯来看待新的环境。同学们要学会调整个人认知,学会用新的眼光看待现在的自己和他人,可以从以下几方面着手:

一是应建立良好的自我认知。进入大学之后,大学新生面临着自我形象的重新定位与评价。确定自己的角色并适应角色要求,对于大学新生而言非常重要,它不仅会影响大学新生的自信心与自我接纳水平,同时也会影响他人对自己的看法和接纳程度。要学会正确地认识自我,合理看待自己的长相、身高、家庭背景、经济水平、性格等,克服自卑、自负等心理,学会悦纳自我与他人。

二是应对大学生活有较为客观的认知,避免理想与现实的落差,提前了解大学及专业,对未来的变化提前做好心理准备。

三是要学会调控情绪。大学新生每天都会面临来自学习、人际关系、生活等多方面的挑战,随之而来的是各种积极或者消极的情绪,切不可因一时的冲动、愤怒而作出伤害自己或他人的行为,也不能因为一时的开心、幸福而忘乎所以。大学新生应该理性认识自己的情绪,并用恰当的方式来处理自己的情绪。

3. 锻炼人际交往能力

一是需要树立正确的人际交往观念。在人际交往过程中，不因他人的评价或他人的优秀而对自己产生过分的怀疑和自卑，应该及时从挫败感中走出来，积极主动地弥补自己的不足。不因他人的优秀而一味地嫉妒他人，应该将每一段人际关系看作认识自我并发展自我的一个机会，学会从他人身上取长补短、完善自我。学会加强与他人的沟通，避免个人主观猜想。人际交往中难免会存在分歧和摩擦，切勿因一时的愤怒情绪对他人进行打击报复，应学会克制、忍耐和宽容，冷静分析事情缘由，寻找其他理性方法处理人际关系中的各类冲突。

二是要提高个人的人际交往技巧。比如克服羞怯心理，敞开心扉，勇于表达自己；提高个人语言表达能力，言简意赅地表达个人想法；学会聆听他人，尊重对方，不打断他人讲话；提高个人换位思考的能力，不以己度人，学会接纳和包容对方；学会互相帮助和感恩，对他人的帮助、热情进行积极的回馈，但是切忌以索取回报作为帮助他人的前提条件；用积极的眼光看待他人，善于发现他人的优点，并真诚地赞美他人；等等。

第二节 大学生人际交往技巧

一、增强人际吸引力

1. 优化形象，完善第一印象

良好的第一印象是人们相互间进一步交往的基础。正如古希腊哲学家亚里士多德所言："美丽是比任何介绍信更为巨大的推荐书。"因此，同学们应当适度地重视自己的外表，给人良好的第一印象。此外，微笑是一种最简单、最有效的使人漂亮动人的方法，它能够传达友善、暗示自信、代表乐观。所以，保持阳光般的微笑，可以大大提升你的人际吸引力。

2. 主动交往，提高熟悉程度

一般而言，人们倾向于喜欢或亲近熟悉的人。所以，要想增强人际吸引力，就要主动提高对方对你的熟悉程度。提高熟悉程度的主要方法是互动接触，互动接触的次数越多，彼此的熟悉程度越高，人际关系越容易密切，正如常言所说"亲戚越走越亲，朋友越走越近"。因此，大学生要善于做人际交往的始动者，掌握人际交往的主动权，提高与交往者的熟悉程度。具体而言，应做到以下几方面：一是生人相遇，主动介绍自己；二是他人尴尬，主动调侃解围；三是同学欠安，主动探望慰问；四是朋友见面，主动寒暄攀谈；五是长辈有难，主动提供帮助。如此，便容易成为对方最熟悉的、最

值得亲近的朋友。

3. 寻找共性，赢得人际共鸣

寻求友谊的过程在某种程度上是寻找相似点的过程。人们在年龄、经历、学历、籍贯、社会地位、经济收入、兴趣爱好、价值观等方面的相似点越多，越容易进行沟通、加深理解、达成共识，彼此获得支持，使关系密切。因此，用你的慧眼去"求同"，在交往对象身上发现相似点，并用心珍惜相似点，便容易赢得人际共鸣。

4. 关心需要，走进对方心灵

人际交往的过程实质上是交往双方寻求需要和满足的过程。在交往中，如果能够适度满足对方的物质或精神需要，那么我们对对方来说就会有较强的吸引力。与朋友相处，我们只有恪守"己欲立而立人，己欲达而达人""己所不欲，勿施于人"的原则，设身处地去体悟对方之所欲、所不欲，才能成为一个善解人意的人、一个走进对方心灵的人。

5. 由衷赞美，拨动情感之弦

威廉·詹姆斯说："人生中最深切的禀质，是被人赏识的渴望。"用心发现他人细微的长处，并真诚地赞美，就能增添对方的幸福感、自我价值感和自信心。赞美最终换来的往往是对方对你的喜欢、感激和回报。在人际交往中，普通的几句"你真会关心人""你太有责任心了""你很亲和""你好勤奋"等，一定会让对方听后心情舒畅、快乐自信。

6. 善于倾听，关注对方所思

人们往往更喜欢尊重自己、关注自己或对自己感兴趣的人。善于倾听就是尊重他人人格、重视他人观点的重要表现，是赢得友谊的诀窍之一。善于倾听有两个基本要求：注意力集中和主动反馈。听别人谈话时精力集中，富有耐心，容易赢得对方的好感。倾听的同时应主动反馈，用微笑、点头等方式向对方暗示自己能理解他的感受或见解，这样可以鼓励对方更加自由、流畅地谈论。

7. 涵养个性，拥有持久磁力

外貌、仪表是人的外在素质，它通常能在人际交往的初期产生明显的作用。个性品质、能力是人的内在素质，它们对人际交往的影响持久、稳定、深刻。尤其是个性品质，往往是人们选择朋友的首要因素。同学们要在生活中培养真诚、宽容、自信、幽默等积极的人格品质。

二、合理处理人际冲突

同学们在学校里共同生活、学习和工作，相互之间难免发生矛盾。当矛盾激化到一定程度时，便有可能互不相容、相互排斥。这些冲突可能与双方信息不对等、价值观不一致、认知方式不相同等有关。发生人际冲突并不可怕，如果处理得当，人际冲突也可以成为双方增进了解的切入点。处理人际冲突时，可以参考以下方法：

1. **正确认识冲突的来源，对事不对人**

人际冲突的起因大部分是一些生活琐事，如果将冲突的起因归于某人，双方只会相互攻击，从而激化冲突。所以，在发生冲突或争执时，应客观分析和了解冲突的来源，将焦点置于事情本身。这是合理处理冲突的基础。

2. **控制好自己的情绪，合理做出让步**

在发生人际冲突时，双方都处于一种应激状态，在这种情绪状态下，很容易说出彼此中伤的话而造成无法挽回的局面。此时，要调节好自己的心态，控制好自己的情绪，适度的让步不失为一种明智的选择。让步并不代表忍气吞声，把握好度也是一种智慧。

3. **采取直接的沟通，适当运用幽默**

直接沟通能避免误会。在直接沟通中，双方可以充分表达自己的需求和愿望，通过协商，寻求能让双方平等解决的策略。有时候"一场争论可能是两个心思之间的捷径"。善意且能够使对方接受的幽默也常常有助于冲突的化解，一般用在冲突不涉及原则性、解决与否不涉及双方实质性的利益关系上，如认知上的偏差、情感中的小摩擦、行为中的无意识冲撞等。但是，当冲突涉及原则的利益、立场等，幽默反而会给人一种不负责任、轻浮、滑稽的感觉。因此，要区分不同场合，灵活运用。

4. **当时当地解决冲突**

发生人际冲突时，直面问题，坦诚以待，立即处理，而不要暗自较劲，更没有必要记仇。如果双方直面冲突，彼此说出内心的真实感受，一般都可顺利地解决冲突。但事实上，很多人当时都会选择逃避，几次逃避之后，小问题会积攒成大问题，到那时发生人际冲突就是"算总账"了，此时再处理则难上加难。

5. **善用冲突处理策略**

冲突并非只有负面影响，处理得当便能化阻力为动力。善用冲突处理策略，可以巧妙地化解冲突。合理、折中、回避、迁就、抗争都是可以采取的处理策略。同学们要善于根据不同情况灵活选用不同的冲突处理策略，审时度势，促使冲突得到建设性解决。

三、构建和谐的宿舍人际关系

大学生与中学生相比，最大的不同之处便是：大学生来自五湖四海，家庭背景、

生活习惯等差异明显。大学宿舍从某种程度上说是大学生们为了学习临时组建的"家"。宿舍关系是否和谐对整个大学生活是否愉快有着重要影响。下面就让我们以案例分析的形式，一起来解读和谐宿舍人际关系的构建。

【案例】 102宿舍的郭某、刘某、陈某、何某四位女生集体到学工办要求更换宿舍。经过简单的询问，刘某表示，102宿舍的八个成员属于两个不同的专业，生活作息有差别，因为这件事情，宿舍的气氛比较僵硬，再加上一些日常生活习惯及卫生打扫的问题，矛盾不断地累积，逐渐形成了两个"阵营"。而之所以四个女生这次到办公室来要求调换宿舍，是因为自从本学期另四个女生被分到其他学院后，两批人在生活作息上的矛盾更加深了。因为本学期增加了实训课程，一批室友经过了一天的学习和操作，往往已经疲惫不堪，渴望回到宿舍好好休息。但是另一批室友因为课程较少，晚上经常熬夜，其中一个女生沉迷于网络游戏，经常玩到通宵，玩到兴奋处还会发出声音，多次提醒都没有效果，反而引起过多次的争吵和龃龉，宿舍矛盾已经白热化。最近，又因为晚上就寝的问题发生了争吵，四个女生于是选择来找老师解决协调，希望能调换宿舍。

【案例解读】 像上述案例一样的宿舍矛盾在大学生活中并不少见。生活作息之间的差异往往是直接原因。由于专业不同、对学习的认知不同，不同同学的学习压力、学习方式等都可能存在差异，加之以往生活习惯的不一致，可能引发同学们在宿舍内的行为习惯、作息时间的矛盾。此外，宿舍矛盾往往还有同学们自身思维方式、沟通技巧等方面的原因。比如有些同学可能以自我为中心，很少换位思考。

宿舍人际关系是大学生人际关系中最重要的组成部分，也是大学中最复杂的人际关系。大学生三分之一以上的时间都生活在宿舍，与室友朝夕相处，如果处理不好宿舍人际关系，将会严重影响大学生的学习、生活。那么，同学们该如何维护和谐的宿舍人际关系呢？

1. 养成良好的行为习惯

在生活上，科学饮食，讲究卫生，锻炼身体，学会对时间进行管理。在学习上，制定职业生涯规划，坚持自主自律。在人际交往上，以诚相待，换位思考，知道边界与底线。做事前考虑对他人的影响和他人的感受，玩游戏、听音乐时戴耳机，不乱动宿舍同学的物品，不试图占他人便宜。同时，还应注重塑造自身良好的个性品质，宽容的个性不仅对现在有利，对个人将来的发展更会起到意想不到的效果。

2. 主动关心、帮助同学

俞敏洪曾多次在演讲中谈起他在大学四年里与室友相处的故事。他很重视与室友之间的交往，大学四年，他默默地为所有室友打开水，从不计较鸡毛蒜皮的小事，相互之间能帮则帮。而等到俞敏洪创办新东方需要人才时，远在美国的几位大学室友毅然决定回国帮助他，原因是俞敏洪当年为他们打了四年开水。宿舍是一个小家庭，良好的宿舍关系是人生中一笔无价的财富。良好的人际关系是从互相帮助开始的，任何人都不可能单独凭借自己的力量而生活。当别人需要关心和帮助的时候，主动送上温暖；当室友情绪低落时，主动关切安慰，耐心做他的倾诉对象；当室友遇到困难时，主动伸出援手。可以在起床时互相叫醒，可以帮室友倒一杯水，可以在他生日时送一份祝福，可以在他生病时给他一份温暖。随时给室友热心的帮助，是对自己的肯定，也是对他们的尊敬。

3. 学会换位思考

在与同学相处的过程中，要设身处地为别人着想，学会站在别人的立场上看待问题。特别是当室友意见与你不同时，千万不要过分争论。我们首先要感到庆幸，因为还有其他人跟你在同一件事情上有着共同的兴趣，尽管看法是不同的，但这并不妨碍大家去欣赏同一件事情。当遇到误解的时候，我们要学会主动反思自己，从自身找原因，如果确实是自己有做得不妥当的地方，就要适当调整自己的生活习惯，改变自己的说话方式，用他人能够理解和接受的方式去做事。换位思考，不仅可以拉近自己与室友的关系，还更容易化解许多矛盾和冲突。

4. 积极主动沟通

俗话说，"交流让冰冷的心墙破碎"。交流是人与人之间基本的相处方式，能让双方真诚地、由心而生地相互理解。大学生处于心理趋于成熟的时期，特别需要别人的理解来缓解心理压力。调查发现，很多室友之间出现的误解或矛盾，大多是由碍于面子、不愿意沟通等因素造成的。其实，只要有一个人能够主动沟通，局面就会出现很大的不同。另外，部分矛盾是不善于沟通造成的。因此，在沟通的时候要注意措辞和语音语调，绝不可以用过激的言语，不要因为意见不合而发生过度争执。要把握沟通的技巧，注意语言的技巧及分寸，不要因为大家有些误解就避免交流和沟通，一旦产生矛盾，大家都要坦诚，互相体谅，不要心存芥蒂。

5. 学会理解与宽容

"金无足赤，人无完人。"每个人都有自己的优点和不足，理解与宽容是维护宿舍和谐最重要的因素。大学生宿舍都是统一安排的，同一宿舍的室友来自不同地方。由于生活环境、家庭背景等方面的不同，室友之间产生分歧、摩擦是不可避免的。这就要求每个同学端正自己的世界观、人生观、价值观，学会理解室友不同的行为方式、生活方式。首先，要正视这一问题，就要多找自己身上存在的问题及对宿舍人际关系造成的影响。对生活中出现的鸡毛蒜皮的纠纷，不要耿耿于怀，该原谅的原谅，该和解的和解。其次，要学会尊重差异，容纳个性，容纳对方的缺点，谅解对方的一般过

错。对室友的不同的观点和不当言行,要学会包容。但也不能一味地、无原则地忍让,必要的时候也要学会适当地予以反驳。遇到实在解决不了的问题,可以选择向辅导员老师求助等更加理性的解决方式。

6. 保持适当的交往距离

研究表明,在长期的亲密相处中,人与人之间更容易产生分歧和矛盾。保持适当的距离,人与人之间的关系才能更长久,俗话说,"距离产生美"。这里的距离不仅仅是空间上的距离,更是心灵上的距离。因此,在与同学交往中要保持适当的距离,就是要在日常交往中把握一个"度"。不论两人之间多么亲密,都应该彼此保留一块心理空间。首先,要学会尊重同学的隐私,不随便打听、追问同学的内心秘密,更不能随便将自己知道的室友的秘密告诉他人;其次,要保护自己的隐私,不随意向他人透露自己的隐私。这样才既能感受到对方的温暖,又免于相互之间的伤害,从而维系长久的和谐的人际关系。

第三节 大学生恋爱心理调适

爱情令人迷醉,爱情是人类永恒的图腾,也是人类精神世界不竭的动力之一。爱与美、爱与人生、爱与永恒紧密相关。对正值花样年华的大学生而言,爱情如同夏日里的太阳雨,美丽却又有些伤感。爱的琼浆需要理性与智慧,需要等待与心智,由恋爱的双方共同酿造。因此,要确立健康的爱情观,这是大学生未来幸福生活的金钥匙。

一、爱情的真谛

爱情是一对男女基于一定的社会关系和共同的生活理想,在各自内心形成的对对方的仰慕,并渴望成为对方终身伴侣的强烈的、稳定的、专一的感情。本质上,爱情是心理成熟到一定程度的人对异性产生的具有认知成分和性需要的高级情感。

1. 成熟的爱

弗洛姆的《爱的艺术》一书中有一句经典名言:"我需要你,因为我爱你;我被人爱,因为我爱人。"这句话告诉我们,爱是前提,因为我爱你,所以我愿意给予你,我愿意关心你,我愿意尊重你,我愿意更多地了解你,我愿意为爱付出。弗洛姆认为成熟的爱是主动关心。爱情是对生命及我们所爱之人或物的积极关心,缺乏这种关心的爱只是一种情绪,而不是爱情。成熟的爱源自内心,是从内心自觉生长的,而不是被俘虏的情绪。成熟的爱情首先是给予,而不是索取。相反,不成熟的爱是"我爱你,因为我被人爱。我爱你,因为我需要你"。这种爱以自我为前提,更多地强调自身的获取与所得。

因此，成熟的爱包含给予、关心、责任心、尊重与了解；而不成熟的爱是索取、对恋人漠不关心、不承担责任、对自己爱的对象不了解。在日常生活中，不成熟的爱并不罕见，如"犯公主病"的女性及"巨婴"男性都会在恋爱时有不成熟的表现。同学们要有给予的精神，要培养善于处理矛盾的能力，有效地化解与消除爱情中的矛盾、纠纷，为恋人负责，才能收获美满幸福的爱情。

2. 爱情的特点

爱情的本质和成分决定了它具有区别于其他感情的固有特点，包括排他性、冲动性和直觉性。排他性是爱情的最大特点。在其他感情当中，排他性都是不存在的。父女、母子、同事、朋友之间的爱不会因为各自还有其他的人际关系而互相疏远。但在爱情中，情况就不一样了，一旦二人成为恋人，双方就反对对方与其他异性发生恋情。冲动性在其他感情中一般不存在或不那么强烈，大都能控制在适当水平，较少出现难以自控的情况。爱情则不同，当爱情受到外来阻力的干扰时，对爱的强烈激情能使恋爱双方做出勇敢、果断的抉择。然而，冲动性也可能使当事人受感情的支配，做出丧失理智的行为。直觉性使爱情从一开始就具有给人快乐的特殊性能，直觉的相悦甚至可以主宰爱情的步伐。但直觉性毕竟是肤浅的和外在的，因此，由直觉主导的爱情具有一定的盲目性和片面性。

3. 爱情的发展阶段

随着时间的推移，爱情会发生变化，经历以下四个阶段。

第一阶段：依赖。这个阶段的情侣处于爱情的甜蜜期，他们希望时时刻刻跟恋人粘在一起。这样的爱情虽然甜美，但是长久下去容易影响正常的生活。

第二阶段：反依赖。这个阶段的情侣感情不再那么热烈，有时候会产生"不是非他不可"的想法。这不是不相爱了，而是选择了另外一种更适合的相处方式，彼此渐渐地不再依赖对方，双方都能腾出时间去做自己喜欢的事情。这对双方都是有益的。这个阶段的情侣要注意调整自己的心态，适应这种转变，否则会让生活硝烟弥漫。

第三阶段：独立。这个阶段的情侣开始摆脱爱情的束缚，可以踏踏实实地做自己的事情，他们有时候会认为"爱情只是生活的一种调味料，并不是必需的"。但其实双方都在心里挂念着对方，会想起以前的甜蜜岁月。需要注意的是，这种相处方式比较理性，缺少激情，所以双方可能会出现一些猜忌。这个阶段的情侣要给对方空间，同时加强沟通与交流。

第四阶段：共生。这个阶段的情侣经历了长时间的磨合，他们的生活状态进入了和谐、健康、积极的阶段。情侣双方都能拥有自己的个人空间，同时身边又多了一位懂得照顾自己、包容自己的伴侣，他们的幸福平淡而真实。

二、正确处理恋爱中的几对关系

1. 爱情与友谊的关系

日本心理学家通过研究提出了区别爱情与友谊的五条标准。一是支柱不同，友谊的支柱是理解，爱情的支柱是感情；二是地位不同，友谊的地位是平等，爱情的地位是一体化；三是体系不同，友谊是开放的，爱情是关闭的；四是基础不同，友谊的基础是信赖，爱情则纠缠着不安；五是心境不同，友谊充满充足感，爱情则充满欠缺感。

异性友谊的发展有两种可能：一种是经过努力发展为爱情，属于你的爱情就要努力争取一把，勇敢地去把友情变成爱情；另一种是长期保持朋友关系，不是爱情的感情要懂得退让与拒绝，将其转化为友情。

2. 爱情与学业的关系

在现实生活中，恋爱对大学生学习和事业的作用具有两种可能性：一是恋爱关系处理得当，它可以成为学习和事业的催化剂，使人努力学习、成绩上升、工作顺利；二是恋爱关系处理不当，可能使人分散精力、浪费时间、情绪发生波动、学业事业受到干扰。同学们在处理爱情与学业的关系时，要争取从学业的成功中获得爱情，让爱情成为学业、事业的催化剂。只有正确处理好恋爱与学习的关系，情侣双方互相帮助、共同成长，才能使爱情的力量成为促进学习的动力，而学习的成功又会使爱情得到巩固和升华。

3. 爱情与婚姻的关系

爱情是伴随着人类的出现而萌芽并绵延至今的一种社会现象。它不仅是情欲的表达，更是一种责任，是感情与责任的统一；它不仅立足于现实，更着眼于未来，是现实与未来的统一。感情与责任、现实与未来的统一是恋爱成功步入幸福婚姻的前提和基础。恋爱是走在婚姻的路上，婚姻是恋爱的最好归宿，不是每一对恋人都能走进婚姻的殿堂，也不是每一对夫妻都能白头偕老。同学们应在恋爱时培养自己的责任感，为日后持久的婚姻打下基础。

4. 爱情与道德的关系

爱情是与道德、责任结合在一起的，只有以高尚的道德作为基础，才能获得真正的爱情。恋爱的前提是双方平等、相互尊重，尊重对方的感情，尊重对方的人格。选择恋爱对象时不仅应注重对方的外貌体态，更应注重道德品质，注重心灵的纯洁和善良、思想的进步和情感的忠贞，不要以貌取人、以钱取人、以权力地位取人。恋爱过程中应互敬互助、真诚相待、纯洁专一，不朝秦暮楚、喜新厌旧。恋爱行为要含蓄文明、自尊自重、自制自爱，不做违反道德规范的事。

三、培养恋爱的能力

爱是一种能力,而这种能力并不是与生俱来的,它与一个人的成长环境、家庭背景、生存状态等后天因素有关。有智慧地应对和解决爱情中出现的问题,是奠定爱情长久幸福的基础。如何才能有智慧地应对和解决爱情中的问题呢?那就需要同学们不断培养恋爱的能力。

1. 表达爱的能力

当爱意在内心萌发的时候,是人性最美好的时刻。如何在合适的时间、地点,以对方比较容易接受的方式去表达和传递这样一份美好的感情,是我们每个人都要具备的一种能力。表达爱需要勇气、需要信心。表达爱也是幸福的,即使得不到回报,你让对方知道被一个人爱着,也是一种美好的体验。在表达时要用对方能感受到的方式去爱他,而不是用自己认为的爱的方式去爱他。要避免把注意力放在自己身上而忽略对方,甚至通过证明"我好你不好",以换回自尊感。

2. 接受爱的能力

当别人主动表达爱意时,我们需要有能力体会自己内心的真实感受,并评估自己是否已经准备好去接受这份爱。接受意味着承诺,以及花心力来共同经营。同学们应懂得爱是什么,要有健康的恋爱价值观,知道自己喜欢什么,需要什么,适合什么。当别人向你表达爱时,能及时准确地对爱的信息作出判断,理智地作出选择。

3. 维持爱的能力

要保持爱情的常新,需要智慧、耐力、持之以恒的付出;善于交流,欣赏对方,是爱的重要源泉;爱要保持自己的独特性,也尊重对方的独特性;爱要宽容,爱要学习处理恋爱与学业、与其他人际交往的关系,等等。要将爱情作为发展的动力。

4. 拒绝爱的能力

每个人都有爱和被爱的权利,也有接受爱和拒绝爱的权利。拒绝不适合的爱恰恰是对自己和他人情感的尊重。因此,每个人都需要学会拒绝。拒绝爱要注意两个方面:第一,在并不希望爱情到来时,要果断、勇敢地说"不";第二,要掌握恰当的拒绝方式。虽然每个人都有拒绝爱的权利,但是珍重一份感情是对他人的尊重,也是一种自重,同时,更是对一个人道德情操的检验。

5. 解决爱的冲突的能力

相爱的两个人总是会产生冲突,爱的冲突一方面来自日常生活中的不一致或不协调,另一方面可能来自性格的差异。但是冲突并不会必然影响感情的走向,冲突预示着亲密关系中出现了一些不和谐的因素,关键是如何去化解冲突。爱需要包容、理解、

体谅，需要用建设性的方式去化解冲突，有时成功地化解冲突不但不会导致关系的决裂，反而会促进彼此进一步的了解和关系的健康发展。伤害性的争吵或者冷战都不利于问题的解决。

6. 坦然面对失恋的能力

失恋是人生可能遭遇的一种挫折。恋爱者对恋爱成功的期望越大，情感投入越多，失恋后的心理创伤就越重，心理反应就越强烈。有的人会产生抑郁心理，感到忧伤和痛苦，严重的还会丧失生活的信心，对前途悲观失望；有的人会自我封闭，沉默寡言，不喜欢与人交往，甚至对恋爱心有余悸，不敢轻易打开自己爱的心扉。所以，正为失恋而痛苦缠身的同学要学会自我调整，可以尝试以下方法：

一是倾诉。可以主动找朋友倾诉，释放心理负荷。可以用口头语言把自己的烦恼和苦闷向知心朋友毫无保留地倾诉出来，并听听他们的劝慰和评说，这样心理会平静一些。也可以用书面文字，如写日记或书信把自己的苦闷记录下来，或给自己看，或寄给朋友看，这样便能释放自己的苦恼，并寻得心理安慰和寄托。也可以寻求专业心理咨询的帮助。

二是移情。及时适当地把情感转移到失恋对象以外的人、事、物上。发展密切的朋友关系，交流思想，倾吐苦闷，陶冶性情；投身到大自然的博大胸怀中，从而得到抚慰；专注于学业与自身发展，化悲伤为动力，提升自身能力。

三是疏通。借助理智来获得解脱，由理智的"我"来提醒、暗示和战胜感情的"我"。爱情是以互爱为前提的，不可因一厢情愿而强求，应该尊重对方选择爱人的权利。也可以进行反向思维，多想对方的不足点，分析自己的优势，鼓足勇气，迎接新的生活。还可以这样设想，失恋固然是失去了一次机会，然而却让你进入了另一个充满机会的世界。正如海伦·凯勒所言，一扇幸福之门对你关闭的同时，另一扇幸福之门却在你面前洞开了。

四是立志。失恋者积极的态度会使自我得到更新和升华，全身心地投入学习与工作中去，许多失恋者因此而创造出了辉煌的成就。像歌德、贝多芬、罗曼·罗兰、诺贝尔、居里夫人、牛顿等历史名人都曾饱受失恋的痛苦，他们是用奋斗的办法更新自我、积极转移失恋痛苦的楷模。

第五章　积极情绪

> 人生就像半杯水，很难有完满的时候。同样的半杯水，有的人看到的是缺少的那一半，有的人看到的是拥有的那一半。如果只看到缺少的那一半，就是在扼杀快乐，就是在自我折磨。幸福与快乐的秘诀在于：要看到拥有的那一半，并享受已有的那一半。

第一节　塑造积极自我

古希腊有一句名言："人啊，认识你自己！"认识了自我也就认识了世界。我们站立在外部世界的状态，行走在外部世界的姿态，都是由我们怎么看待自己而决定的。正如一位心理学家说过，"外面没有别人，只有你自己"。

一、自卑感与自卑情结

个体心理学家阿德勒认为，自卑感人人都有。自卑感本身并不是坏事，自卑感也可以成为促成努力和进步的契机。例如，虽然有些人对学历抱有自卑感，但正因为如此，才下定"我学历低，故要付出加倍的努力"之类的决心，反而成了好事。

自卑情结是指把自己的自卑感当作某种借口使用的状态。具体就像"我因为学历低所以无法成功"或者"我因为长得不漂亮所以找不到对象"之类的想法。自卑情结其实是害怕向前迈进或根本不想真正地努力，不愿意为了改变自我而牺牲目前所享受的乐趣，拿不出改变生活的勇气，即使有些不满，但更愿意维持现状。

二、自我肯定与自我接纳

自我肯定是明明做不到但还是暗示自己"我能行"或者"我很强"，是一种积极的态度和行为。但是，过度的自我肯定会产生超乎事实的优越感，演变成对自己撒谎的生活方式。

自我接纳是指假如做不到，就诚实地接受这个做不到的自己，然后尽量朝着能够做到的方向去努力，不对自己撒谎。

一个人如果不接纳自己，连自己的问题都不敢正视，那他怎么能引导自己向上？更何况，在生活中，不接纳自己的人常会把很多能量用在自我否认和排斥上，带着那么多对自己的不满、失望，甚至否认和拒绝，又怎么可能成长？有自我接纳，有不断自我完善的动机和行为，总有一天会具备能力，并最终具备自信心。

例如，一个学生考试成绩为60分，他对自己说，"这次只是运气不好，真正的自己能得100分"，这就是自我肯定；与此相对，在诚实地接受60分的基础上努力思考"如何才能接近100分"，这就是自我接纳。

三、期待获得别人的认可

期待获得别人的认可，其实是把自己的自我价值感交到别人的手上。这种做法无疑是危险的、忐忑惶恐的，不管怎么谨慎小心，还是一定会受到伤害。这种感觉就像浮萍，自我存在感是没有根的、动荡不安的。出现这种情况的原因就是内在缺乏客观稳定的自我价值感，需要我们对自己进行了解和分析，从而建立起稳定客观的自我价值感，在此之后对别人的评价我们只需要拿来借鉴、参考，不会令我们的人生价值大厦坍塌。

四、自我接纳的练习方法

自我接纳是指个体对自身及自身所具特征所持的一种积极的态度，即能欣然接受自己现实中的状况，不因自身的优点而骄傲，也不因自己的缺点而自卑。

练习方法是对自己的优缺点进行全面分析。对自己的优点要充分肯定，确定自己的优势和核心竞争力的发展区域。有位激励大师说过，一个人将自己的某一方面优势发挥到极致那就是极大的成功。比如有一位老师回忆他的学生们，他说曾经有个学生考试经常不及格，调皮捣蛋，但有一个优点——歌唱得好，后来这位学生成了当红歌星。所以有缺点没关系，只要你坦然接纳这些缺点，重要的是找到你的长处，将之发扬光大。

对于自己的缺点，需仔细区分哪些缺点是不可改变的，哪些缺点是可以改变的。例如，面貌、个头、肤色、父母、家庭经济状况、特长等，都是不可改变的或短时间内难以改变的；懒惰、阅读量少等是可以改变的。然后我们需要按照"改变可以改变的，接受不可改变的"的原则坚决执行。对于不可改变或改变起来比较困难的部分需要完全接纳，下定决心坦然面对和接受它们，从此再不会因这些方面而自卑，它们是自己的一部分特征，带着它们生活，不影响自己成长成才；而对于可改变的，需要尽最大努力去改变。比如，某位大学生因家境贫寒而自卑退缩，他需要认识到父母和家境是不可改变的，需要正面对待，做到完全接纳，从此再不必因为家境贫寒而产生任何的情绪困扰。之前压抑、纠结、郁闷的情绪得以缓释，同时释放出心理能量，用于改变可以改变的，尽全力去提升自己，他的前途照样光明，而不是之前的因"家境贫困"造成情绪困扰和能量郁结，耽误自己的成长和发展。

做到自我接纳，这件事并不难，只要我们意识到真的要去改变，并且动手去做，坚决执行下去。如果仅停留在懂得道理，而不去执行，则是无济于事的。在人际关系中也需要做到接纳，要注意：一是认识到每个人都有自己的优点和缺点，完美无缺的人是不存在的。二是允许自己有一些缺点存在。如果现在还做不到克服这些缺点，那就坦然接纳它们，放下苛刻的自责和无谓的幻想。我可以有我的优点，即使暂时没有优点，我也可以从现在开始学习，让自己某方面技能得到发展，所以有缺点存在不影响我的价值和自信，经过努力终有一天我可以成才。三是允许别人有缺点，不会因为别人身上存在非原则性的缺点而拒绝与之交往。因此，在人际交往中，须做到不卑不亢，尊重他们，平等交往。

第二节　用乐观态度面对失败

人生之路，一帆风顺者少，曲折坎坷者多。成功是由无数次失败构成的，正如美国通用电气公司创始人沃特所说："通向成功的路即把你失败的次数增加一倍。"但失败对人毕竟是一种"负性刺激"，总会使人产生不愉快、沮丧、自卑等情绪。那么，如何面对失败、如何自我解脱呢？

一、提高挫折耐受力

世界既充满了成功的机遇，又充满了失败的可能。作为一个现代人，应具有迎接失败的心理准备。挫折耐受力是指一个人遇到挫折时，能够摆脱其困扰而维持对环境的正常适应，保持自己心理健康的能力。恰到好处的挫折对个体提高挫折耐受力具有重要的作用。从这点来看，挫折是有它的积极作用的。在今天这个多变转型的社会中，一个人要想成功，必须具备顽强的意志。只有超群的智力而没有顽强意志力的人是很难适应社会进步的。若每次失败之后都能有所领悟，把每一次失败当作成功的经验积累，那么就能化消极为积极，变自卑为自信。

二、促成成长型思维

如果你知道明天的你会比今天更优秀，你还会对今天的失望表现如此耿耿于怀吗？成长是终身的事情，固定型思维的人认为人的才能是一成不变的，成长型思维的人则认为人的能力可以通过努力培养。例如，在某演讲比赛中表现不佳，未取得优秀成绩，对自己的表现非常不满，觉得很丢人。此种想法就属于固定型思维，认为成败决定自我价值。而成长型思维的人就会觉得自己的演讲能力还有待进步，虽然此次表现不佳，

但是参加比赛就是为了锻炼自己的勇气，参与本身即是对自己的一大突破，这就是挑战，就是进步。至于名次，相信可以通过多次的努力尝试，不断提高自己的综合实力，名次只是副产品。因此，成长型思维的人更乐于挑战，相信努力的作用，相信每次失败都是一堂课，珍视反馈，主动学习。相较于固定型思维的人，成长型思维的人更平和地看待挫折，也更乐于挑战，更容易获得成长和成功。

三、发展多方面支柱

从人生态度的层面看，热爱生活反映了人生的一种基本信念，提示了人对自己、对社会及生活的一种积极倾向，这种倾向内在地奠定了人们正视产生任何挫折可能性的心理基础。从受挫的影响层面看，如果个体热爱生活，即可能培养多方面的兴趣和发展，其中某一方面的挫折不至于导致全面的击溃和坍塌。如事业发展遇挫，但家庭和朋友关系良好，或另有特长爱好，个体仍可以良好地适应社会，实现自我发展。

四、收获积极情绪

情绪是生物进化出来的自动化反应机制，被人为地分为积极情绪和消极情绪。人们都喜欢积极情绪，但是消极情绪在进化上也具有非常正面的意义，它提供了快速预警和保护机制，使个体快速决定是战斗还是逃跑，从而保护个体生存。此外，每一种情绪都来自内心深处的语言，都是带着信息来与我们沟通的。消极情绪是极其宝贵的送信人，信里包含着我们内心深处的重要信息，如未被满足的心理需要、灵魂的呐喊等，是了解内心世界的窗口，可以帮助我们认识自我、获得成长。因此，情绪本身是没有好坏之分的。

但维持心理健康的状态需要积极情绪总体上多于负面情绪，具体应多多少，这就有必要了解情绪的积极率。

1. 了解积极情绪

（1）情绪的积极率至关重要。

积极率是指在一段时间内，用你的积极情绪出现的频率除以相同时间段内消极情绪出现的频率。它可以预示你的生活轨迹是把你带向衰落失败还是带向欣欣向荣。心理学上有个概念叫"负面偏好"，是指我们通常对坏事情关注更多、印象更深。一句坏话需要几句好话才能抵消。我们的积极情绪和消极情绪的比率至少要为3∶1，我们才会感觉正常。这些都证明了负面偏好。为什么会这样呢？因为对于祖先来说，环境更恶劣，而消极情绪可以促使人产生对抗、躲避、逃跑等行为，有利于求生，所以其得到了更多的重视。

将至少是3∶1的积极率作为目标，3∶1是积极率的临界值。低于这个临界值，积极情绪的积极力量将会被消极情绪抵消，这时感觉积极情绪并没有给我们的生活带来什么好的影响。只有积极率高于这个临界值时，积极情绪才会把我们带入欣欣向荣的发展趋势。但积极率太高也会产生问题。积极率有一个上限：11∶1。消极情绪也是一个必要的组成部分，如果没有消极情绪，你就成了盲目乐观的人，与现实失去了联系。适当的消极情绪能让你脚踏实地。

积极情绪可帮助人去扩展、构建，使人不断探索、发展。但是对于原始人来说，保命比探索、发展更紧迫，所以原始人对坏事更警觉、更关注。而现在环境变了，虽然也还有坏事，但毕竟不是那么恶劣了，所以我们的心理也要跟上时代的变化，要有意地多发展积极情绪。

当你感到莫名的恐惧、惆怅、空虚、失落和不安时，或许可以多把注意力转向好事情上来。相信对积极情绪有了这些基本的了解以后，大家会对它有所关注，也希望积极情绪可以给大家带来更多正向的力量。

（2）积极的心理扩大了"我"的范围。

心理学家发现，积极的心理可以让人更多地看到"我"和"他人"之间的联系和共同点，从而更多地以"我们"的眼光去看待事情；而消极的心理会让人把"我"和"他人"对立起来，两者是孤立隔绝的。

这种扩大了的"我们"的眼光被称为"自我延伸"，这不仅能帮助你提高人际交往的质量，而且能让你善于整合他人的资源，为己所用。当然，或许更大的好处是，你会因此而感觉更愉悦。

再进一步讲，积极的心理会让人不仅跟他人产生更多认同感，甚至跟环境、跟大自然也产生认同感，你会偶尔感觉到自己是一个庞大整体的一小部分。你是不是有这样的体会呢？当你心情好时，你更觉得自己跟周围融为一体？积极的态度会让你更敢开心灵，用开放、接纳的姿态面对世界。西方心理学家的这些体悟，跟我们传统文化里的天人合一等想法不谋而合。我们常常看到发生在网络上的争吵现象，这其实是消极情绪在背后起作用——这些网友自己有消极情绪，处于戒备战斗状态，"自我"的范围很狭小，争吵自然一触即发。当我们看到网友的中性的评论，如果能先假定对方是我们的朋友，付诸信任和友好，即使有什么不友好的感觉，也姑且认为那只是交流方式所限造成的。这样去想，不存戒心和敌意，双方就能友好地互动。

2. 合理释放消极情绪

我们都知道，经常发脾气会伤害身边人，经常出现嫉妒、焦虑、抑郁等情绪又会伤害自己。消极情绪的产生是不可避免的，要想减轻它们带来的伤害，就需要学会宣泄和调节负面情绪的方法，这部分内容详见《大学生心理健康教育》教材。

（1）学会及时、合理地宣泄负面情绪。

情绪是需要感受和表达的。要想让情绪保持积极状态，可以主动及时地宣泄掉负面情绪。宣泄负面情绪的方法有很多，如痛哭、诉说、逛街、听音乐、睡觉、散步、运动、打游戏、看电影、阅读等，每个人都会有自己习惯有效的宣泄方式。当然，如果有信任的人来陪伴你，会使心理治愈来得更容易。

（2）寻求专业人士的帮助。

一个好汉三个帮，人人都有需要别人帮助的时候，学会求助也是一种智慧。因此，当你自己无法承担时，不妨向朋友或家人倾诉，有时别人的一句话就解决了你的难题。在你通过自己和身边的资源都无法解决困难的时候，可以寻求专业的心理咨询或专科医院，这跟身体生病了去医院是一样的道理。希望所有同学都能消除对心理疾病的病耻感，合理看待。要知道解决问题才是硬道理。

3. 培养积极情绪

（1）培养积极的心态。

通常我们认为，因为有好事，所以我才会高兴。这样想，则严重忽视了积极心理的巨大作用。根据心理学家们的研究，积极的心态有着能彻底改变生活的强大力量。

首先，积极的心态可以让你的思维更开阔、记忆力更好、语言表达更流畅、更善于接受、更富创造性、有更好的解决问题的能力。其次，积极的心态能给你更多的资源。比如，你有更多的办法、有更好的人际关系、有更多的心理资源（你更乐观、更不容易放弃）。最后，积极心理的作用是非线性的，类似蝴蝶效应。就是说，如果你能随时把握零散的、微小的积极的心态，那么这些点滴的积极情绪累积起来，就会让你的生活有巨大的改变。所以，很重要的一点是，改变"等……了，我就可以好好享受生活"的想法，变成"随时保持积极的心态，这样我就可以更健康、更成功、更幸福"。更多地把积极的心理当作动因，用它去塑造自己的生活。

（2）积极地自我暗示。

我们的情绪跟自我暗示有非常大的关系，许多烦恼都源于用悲观的眼光看待自己。当你用积极的"应对者"思维来看待自己和世界时，就会打开美丽世界的大门，你能够想到的方法远比困难多。因此，我们需要变"危险的自我谈话"为"积极的自我谈话"，如表 3.2 所示。

表 3.2 "危险的自我谈话"与"积极的自我谈话"

危险的自我谈话	积极的自我谈话
我必须……	我愿意
这太不公平	事情本来就这样
没有人喜欢我	我可以喜欢自己
生活是乱七八糟的	生活就是我造就的
我真没用	我这件事情出错了
我做不到	我可以尝试挑战和提高自己
我真愚蠢	谁这样说？证据在哪里？
我应该……	我能够
我长得太丑	我长得正常，我接纳自己是平凡人
真是太可怕了	真的很遗憾
是的……但……	也许我能
我不够好	我能做好自己能做的
我一向都不走运	我能掌握自己的命运

（3）懂得宽容和感恩。

同样面对半杯水，积极者会说："太好了，还有半杯水可以滋润我的喉咙。"消极者会说："我总是运气不好，怎么只剩下这么一点水。"同样多的水，带给他们的是不同的情绪状态。因此，大学生要学会调整自己的认知角度，挖掘事件的积极因素，懂得宽容和感恩，帮助自己保持良好的心态。

（4）享受生活，充分感受积极情绪。

当下，社会竞争日趋激烈，我们身在其中，无法自拔。但是，狂风之中我们也可以找到平静的风眼。秘诀就是活在当下，享受当下的每个时刻。

享受学习，享受恋爱，享受挑战提升自己，享受美食，享受音乐，享受大自然的美，享受我们热爱的事情。用更多愉悦的事情去填充我们的心灵，我们的情绪自然就会更加积极。

4. 积极心理学给我们的启发

一是发挥性格优势。2000 年，积极心理学家克里斯托弗·彼得森和马丁·塞利格曼组织了一个由社会学家组成的小组，制定了"24 种人格力量测试"，旨在为发展青年的积极性格提供有效途径。这里将 24 种性格力量按 6 种核心美德罗列如下，供大家参考。

第一类：智慧和知识的力量——创造性、好奇心、热爱学习、思想开放、具有洞察力。

第二类：勇气——正直、勇敢、持久、有活力。

第三类：人道主义——善良、有爱心、具有社会智慧。

第四类：公正——公正、具有领导力和团队合作精神。

第五类：节制——宽恕和仁慈、谦卑/虚心、理性、自律。

第六类：卓越——对美和优点的欣赏、感激、希望、幽默、具有崇高的精神信仰。

研究表明，那些关乎心灵的力量，如热情、感激、希望和爱，比那些关乎头脑的力量，如热爱学习等，跟生活满意度之间的关系更为强烈和稳定。这也说明，不论是对孩子还是对成人，心灵的成长比知识的收获更能带来幸福。

我们每个人都会在这些性格中有所偏重，找到自己标志性的性格特征，找到自己的优势并着重发挥，我们就可以感觉更积极、更充实快乐。

二是做真实的自己——释放天性。马丁·塞利格曼对真实的自我有很多看法。做真实的自己，是指了解你在何时会有最佳状态并为此感到幸福，活出生命的本真。快乐时你会找到真实的自己，当你完全做自己时你就是幸福的人。

三是获得心流。你做什么事情时可以忘记时间的存在？什么活动会让你漠视身边的事？你何时真正沉浸其中并感到兴奋？

积极心理学讨论"心流"。心流是一种体验——全情投入眼下的事以致意识不到还有其他事，甚至忘记时间。生活中的心流是获得即时快乐和身心健康的很好来源。

如果出现下列状态，表示你正处于心流中：你正在发挥主要优势，克服挑战；目标明确；全神贯注；有掌控意识；忘了时间；单纯为了某事而做某事。

四是修炼正念。正念是精神缺失的对立面，是个体打开自我及他人意识的方法。正念有许多积极影响，如增强记忆力、缓解压力、提升能力、促进健康、增强创造力等。

正念的特质有：不做主观评判，只是观察；完全活在当下，接受事物本来的样子；关注过程而非结果，不直奔目标；保持耐心和尊重，明白顺其自然的道理；相信自己的能力；拥有开放的心态，善于发现新事物及其不确定性；周全地考虑周围的一切；关注情境、想法和情感，但也能适时地放弃；能改变和适应环境和状况；关爱与仁慈，同情与宽容；共情，意识到他人的需求及不同的观点；对现有的一切表示欣赏与感谢；即便没有互惠，也能保持慷慨。

与之相对的，精神缺失的特质有：具有固定的思维模式；不经思考地接受事物；习以为常；顺从环境，单向思考；心不在焉；武断、盲目地看问题；死板；更关注结果。

当你留心当下时，你会真正对一切保持清醒状态，活在眼下的丰富世界和各种不同的可能性观念中，对周围世界不做分析和评判，只是对你所充分意识到的新鲜事物保持清醒、开放的心态。有趣的是，我们注意到正念包含的许多要素被视为影响幸福感的关键因素。让我们通过练习不断提升正念吧。

本章内容帮助我们了解积极情绪，跟情绪建立起健康的关系。当我们可以去聆听我们的情绪，不再否认和掩饰，让情绪透过我们的身体呈现出来，它们就可以在我们体内自然地流动。同时，我们还要学会保持积极情绪，从而远离生理和心理的疾病，找到幸福的密码。

测 试

情绪稳定测量

有的人情绪稳定，从不大喜大悲；有的人喜怒无常，情绪时好时坏，这样的人往往更容易失去健康。可见，情绪的稳定性对健康的影响是十分重大的。那么，你的情绪是否稳定呢？

下面这份自我测验能帮你弄清答案，请如实作答。

1. 看到自己最近拍摄的照片时，你有何想法？（   ）
   A. 觉得不称心   B. 觉得很好   C. 觉得可以

2. 你是否想到若干年后会有什么使自己极为不安的事儿？（   ）
   A. 经常想到   B. 从来没想过   C. 偶尔想过

3. 你是否被朋友、同事、同学起过绰号、挖苦过？（   ）
   A. 常有的事   B. 从来没有   C. 偶尔如此

4. 你上床以后，是否经常再起来一次，看看门窗是否关好、炉灶是否关好？（   ）
   A. 经常如此   B. 从不如此   C. 偶尔如此

5. 你对与你关系最密切的人是否满意？（   ）
   A. 不满意   B. 非常满意   C. 基本满意

6. 你在半夜的时候，是否经常觉得有什么害怕的事儿？（   ）
   A. 经常   B. 没有   C. 极少

7. 你是否经常因梦见什么可怕的事儿而惊醒？（   ）
   A. 经常   B. 没有   C. 极少

8. 你是否曾经有多次做同一个梦的体验？（   ）
   A. 有   B. 没有   C. 记不清

9. 有没有一种食物使你吃后呕吐？（   ）
   A. 有   B. 没有   C. 记不清

10. 除去看见的世界外，你心里还有另外一种世界吗？（   ）
    A. 有   B. 没有   C. 不清楚

11. 你心里是否时常觉得你不是现在的父母所生？（　　）
 A. 时常　　　　　　　B. 没有　　　　　　　C. 偶尔如此
12. 你是否曾经觉得有一个人正在爱你或尊重你？（　　）
 A. 是　　　　　　　　B. 否　　　　　　　　C. 说不清
13. 你是否常常觉得你的家人对你不好，但是你又确知他们的确对你好？（　　）
 A. 是　　　　　　　　B. 否　　　　　　　　C. 说不清
14. 你是否觉得没有人十分了解你？（　　）
 A. 是　　　　　　　　B. 否　　　　　　　　C. 偶尔
15. 你在早晨起床的时候最经常出现的感觉是什么？（　　）
 A. 忧郁　　　　　　　B. 快乐　　　　　　　C. 讲不清楚
16. 每到秋天，你经常的感觉是什么？（　　）
 A. 秋雨霏霏或枯叶遍地　B. 秋高气爽或艳阳天　C. 说不清
17. 你在高处的时候，是否感觉站得不稳？（　　）
 A. 是　　　　　　　　B. 否　　　　　　　　C. 有时如此
18. 你平时是否觉得自己很健康？（　　）
 A. 是　　　　　　　　B. 否　　　　　　　　C. 说不清
19. 你回到家后是否立刻把房门关上？（　　）
 A. 是　　　　　　　　B. 否　　　　　　　　C. 偶尔
20. 你坐在小房间把门关上后是否觉得心里不安？（　　）
 A. 是　　　　　　　　B. 否　　　　　　　　C. 说不清
21. 当一件事情需要你做决定时，你是否觉得很难？（　　）
 A. 是　　　　　　　　B. 否　　　　　　　　C. 偶尔
22. 你是否常常用抛硬币、玩纸牌、抽签之类的小游戏卜测凶吉？（　　）
 A. 是　　　　　　　　B. 否　　　　　　　　C. 偶尔
23. 你是否常常因为碰到东西而摔倒？（　　）
 A. 是　　　　　　　　B. 否　　　　　　　　C. 偶尔
24. 你是否需用一个多小时才能入睡，或醒得早？（　　）
 A. 经常如此　　　　　B. 从不如此　　　　　C. 偶尔如此
25. 你是否曾看到、听到或感到别人察觉不到的东西？（　　）
 A. 经常如此　　　　　B. 从不如此　　　　　C. 偶尔如此
26. 你是否觉得自己有超出常人的能力？（　　）
 A. 是　　　　　　　　B. 否　　　　　　　　C. 不清楚
27. 你是否曾经觉得有人跟踪你而心里不安？（　　）
 A. 是　　　　　　　　B. 否　　　　　　　　C. 不清楚

28. 你是否觉得有人在注意你的言行?(　　)

A. 是　　　　　　　　B. 否　　　　　　　　C. 不清楚

29. 当你一个人走夜路时,是否觉得前面潜藏着危险?(　　)

A. 是　　　　　　　　B. 否　　　　　　　　C. 偶尔

30. 你对别人自杀有何想法?(　　)

A. 可以理解　　　　　B. 不可思议　　　　　C. 不清楚

【评分标准】

以上各题答案,选A得2分,选B得0分,选C得1分,然后相加算出总分。

【测试报告】

你得分越少,说明你情绪越佳;反之越差。

(1) 总分0~20分:说明你情绪稳定,自信心强,具有较强的美感和道德感。你有一定的社会交往能力,能理解周围人的心情,顾全大局。你是个性情爽朗、受人欢迎的人。

(2) 总分21~40分:说明你情绪基本稳定,但不深沉,对事物的考虑过于冷静,处事淡漠消极,不善于发挥自己的个性。你的自我受到压抑,办事热情忽高忽低,瞻前顾后,踌躇不前。

(3) 总分41~49分:说明你情绪很不稳定,日常烦恼太多,时常使自己的心情处于紧张和矛盾之中。

(4) 总分在50分以上:这是一种危险信号,你应该去看看心理医生了。

第六章　学生奖助

2017年12月，教育部下发了《高校思想政治工作质量提升工程实施纲要》（教党〔2017〕62号），将资助育人质量提升体系确定为高校思想政治工作质量提升的十大育人体系之一，强调要"建立国家资助、学校奖助、社会捐助、学生自助'四位一体'的发展型资助体系，构建物质帮助、道德浸润、能力拓展、精神激励有效融合的资助育人长效机制"，这是新时代高校思想政治工作创新发展的重大战略举措，也为高校大学生资助工作赋予了更为宽阔的视野与更为深邃的育人价值。高度重视和充分发挥高校大学生资助工作的育人功能，着力推进高校资助育人工作，是新时代高校思想政治工作创新发展的重要内容。厘清高校资助育人的重要意义、科学内涵、突出问题和实践策略等理论命题与现实问题，对推动新时代高校资助育人实践展开、提升高校思想政治工作质量体系、落实高校立德树人根本任务，具有基础性和前提性作用。

一、奖：激励青年学生矢志奋斗

1. 奖学金政策概述

"奖"主要指奖学金政策，是一项奖优性学生资助政策，其目的在于激励广大学生积极进取、勤奋学习、提高本领，在德智体美劳等方面实现全面发展。目前，高等教育阶段国家层面的奖学金政策主要包括在本专科生阶段设立的国家奖学金和国家励志奖学金，以及研究生阶段设立的国家奖学金和学业奖学金。现行的奖学金政策主要根据《学生资助资金管理办法》中的《本专科生国家奖学金实施细则》《本专科生国家励志奖学金实施细则》《研究生国家奖学金实施细则》《研究生学业奖学金实施细则》等制定。奖学金制度充分显示了公开、公正、择优的评选原则，彰显了奖励优秀、表彰先进的精神，极大地激发了广大高校大学生勤奋学习、专心科研的热情。

2. 奖学金政策的重要意义

奖学金政策作为一项典型的奖优性政策，不仅能够为学生的学习、生活提供一定的物质支持，更重要的是它能够有效激励学生勤奋学习、努力进取、追求全面发展，并为高校人才培养工作树立正确的价值导向。

（1）奖学金政策的实施为学生成长提供物质支持。设立奖学金政策的重要目标之一就是通过发放奖学金，为学生的学习、生活提供一定的物质支持。随着社会的进步和时代的变迁，奖学金政策的功能得到了进一步的丰富和发展，但物质激励功能仍是其基础性功能。由于奖学金数额相对较高，它在一定程度上有助于缓解学生，特别是贫困家庭学生的经济负担，为其开展学习、实践活动提供资金支持，从而更好地助力其成长发展。

（2）奖学金政策的实施对学生成才形成有效激励。奖学金政策是一种差异性的资助政策，能够通过外部因素充分调动学生成长成才的积极性、主动性和创造性，具有明显的精神激励作用。高校在奖学金评定中始终坚持择优原则，要求学生必须在学业、科研、创业、实践、公益活动及道德表现等方面具有突出成绩。这些评奖要求和条件间接地影响到高校的人才培养工作，为高校人才培养工作提供了正确的价值导向，即高校必须严格落实立德树人根本任务，以促进学生成长成才为出发点和落脚点，不断革新教育理念、优化教育内容、创新教育方式，着力培养德智体美劳全面发展的高素质人才。

目前，我校奖学金项目主要有国家奖学金、国家励志奖学金、学习优秀奖学金、单项奖学金、企业奖学金等，具体申报条件与评选流程等详见相应通知及《学生手册》。

二、贷：助力贫寒学子圆梦大学

1. 国家助学贷款政策与学费补偿政策概述

"贷"主要指国家助学贷款政策，是中共中央、国务院在社会主义市场经济条件下，利用金融手段完善我国高校大学生资助政策，加大对高校贫困家庭学生资助力度所采取的一项重大措施，也是保障高等教育经费的重要举措之一。

生源地信用助学贷款是指国家开发银行等金融机构向符合条件的、家庭经济困难的、接受高等教育的学生发放的，学生和家长（或其他法定监护人）向学生入学前户籍所在县（市、区）的学生资助管理中心或金融机构申请办理的，帮助家庭经济困难学生支付在校期间所需的学费、住宿费的助学贷款。

生源地信用助学贷款由学生及共同借款人向县级学生资助管理机构提出申请并提供相关材料，县级学生资助管理机构对学生进行贷款资格审查及材料纠正，审核无误后签署借款合同，并向借款学生开具受理证明或贷款回执等证明材料；学生凭这些证明材料于入学（开学）后到高校相关机构办理信息反馈，经高校相关机构确认后，贷款合同正式生效，经办银行即可划拨借款学生当学年的贷款全额至高校指定账户或学

生（共同借款人）个人账户。

学生申请生源地助学贷款可登录 https://sls.cdb.com.cn/#/，即国家开发银行生源地助学贷款学生在线系统进行线上操作，或与所在生源地资助中心（办理贷款合同的部门）联系，到现场办理贷款。

2. 国家助学贷款政策与学费补偿政策的重要意义

国家助学贷款是党中央、国务院在社会主义市场经济条件下，利用金融手段完善我国普通高校资助体系，加大对普通高校家庭经济困难学生资助力度所采取的一项重大措施，对于加快推进科教兴国战略，维护公民教育公平，深化高等教育体制改革，促进我国教育事业发展具有重大而深远的意义。

更多相关国家助学贷款政策可登录全国学生资助管理中心官网（https://www.xszz.edu.cn）查询。

三、助：促进高等教育公平优质

1. 国家助学金政策概述

"助"主要指助学金政策。助学金政策是高校大学生资助政策体系的主体部分，在高校大学生资助政策体系之中历史最为悠久。中华人民共和国成立初期，为缓解人才匮乏问题，国家提出"人民助学金"政策。随后数十年间，我国的高校大学生助学金制度不断丰富和完善，为高校大学生资助工作的开展提供了坚实保障。

现阶段我国实行的国家助学金政策主要是为了资助纳入全国招生计划内的高校全日制本专科（含预科、高职、第二学士学位）在校生中的贫困家庭学生顺利完成学业，补助普通高校纳入全国研究生招生计划的所有全日制研究生（有固定工资收入的除外）的基本生活支出而设立的本专科生国家助学金政策和研究生国家助学金政策。

2. 国家助学金政策的重要意义

国家助学金政策是政府切实履行公共财政职能的重要体现，为贫困家庭学生顺利完成学业创造了积极条件，同时也对办好公平而有质量的教育产生了深远的影响，有力地促进了教育公平和社会公平。

（1）国家助学金政策是确保每一位学生顺利完成学业的客观需要。国家助学金政策的实施，能够有效帮助贫困家庭学生减轻家庭经济压力，解决上学难的问题，使其能够潜心学习、埋头苦读、专心科研，在顺利完成学业的同时实现个人能力和素质的全面提升。

（2）国家助学金政策是政府切实履行公共财政职能的重要体现。政府充分履行公共财政职能，通过国家助学金政策加大对高等教育的财政投入，切实保证了"不让一个学生因家庭经济困难而失学"。

（3）国家助学金政策是办好公平而有质量的教育的重要举措，是对国家资助政策体系的丰富和发展，有利于推动我国教育事业改革发展朝着公平而有质量的方向坚定迈进，进而确保贫困家庭学生的教育机会和质量公平。

目前，我校助学金项目主要有国家助学金、企业助学金等，具体申报条件与评选流程等详见相应通知及《学生手册》。

四、补：保障学生正常学习生活

1. 困难补助政策概述

"补"主要指困难补助政策，是针对因突发状况而导致临时生活困难的学生设立的补充性资助政策。困难补助政策具有较强的灵活性、应急性、针对性，在不同历史阶段实现了多样化的发展，各地方政府、各级各类学校在具体执行中也呈现出差异化特征。困难补助是指普通高校利用学校自有提取资金，对在校家庭经济困难学生遇到一些特殊性、突发性困难时给予的临时性、一次性资助，以确保这部分学生在校正常的学习和生活。其作为一项辅助性措施，因评定方式的灵活性、针对性和学校发放的应急性、自主性而具有更高的时效性。在申请方式上，多数学校都采取学生个人申报与学校直接补助两种方式，确保临时困难补助的覆盖性。

2. 困难补助政策的重要意义

困难补助作为一种辅助性的资助政策，不仅能够帮助在校学生解决学习、生活中遇到的突发性、临时性、特殊性的经济困难，减轻其经济负担，帮助其顺利完成学业，还有助于完善高校大学生资助政策体系，补齐学生资助工作中的短板，提升资助工作综合效益。

目前，我校临时困难补助项目主要有困难补助、寒衣补助、特困生路途补助等，具体申报条件与评选流程等详见相应通知及《学生手册》。

五、勤：培育学生自立自强品格

1. 勤工助学政策概述

"勤"主要指勤工助学政策，其目的在于引导贫困家庭学生通过参加有偿劳动缓解自身经济压力，并在潜移默化中培养艰苦奋斗、自立自强的优良品质，提高自身的综合素质能力。现阶段我国实行的勤工助学政策主要是为了帮助高校本专科生和研究生顺利完成学业，同时发挥育人功能，深化教育综合改革，提高学生培养质量，引导学生自立自强、创新创业，增强其社会实践能力而设立的；主要方式是学校在不影响正常教学秩序和学生正常学习的前提下，组织学生利用课余时间通过劳动取得合法报酬。

2. 勤工助学政策的重要意义

勤工助学作为高校实践育人活动的重要载体和资助政策体系的重要内容，在引导学生树立正确的价值取向、形成坚韧的意志品质、促进身心健康发展、提升综合能力等方面发挥了重要作用。

（1）勤工助学是学生开展社会实践的方式之一。学生通过勤工助学有效参与到各类社会实践活动中，在学校的保护和鼓励下认识社会、了解现实、转变身份，更好地了解国情、社情、民情，在实践中发掘和发现自己，实现社会性转化，充分发挥其自身在思想政治教育实践中的主体性、积极性作用，实现资助育人与实践育人的融合。

（2）勤工助学彰显了学生奋发向上的精神风貌。通过勤工助学活动，学生能够养成艰苦朴素、勤俭节约、吃苦耐劳的良好品格，培育自立自强精神。付出劳动才能获得报酬，有利于引导学生珍惜劳动成果，增强节约意识，减少对家庭的依赖，树立自立自强的精神，帮助学生成为有担当、能吃苦、肯奋斗的时代新青年。

目前，我校勤工助学岗位分为固定岗位、临时岗位，岗位主要分布在图书馆、学生公寓、学生事务中心及各职能部门，所有岗位面向全体在校学生公开招聘，各位同学可至大学生事务服务中心填写报名表申请岗位。

六、减：解决不平衡、不充分问题

1. 学费减免政策概述

"减"主要指学费减免政策，是通过减免学费解决特殊学生群体"上学难"问题、确保教育公平的一项针对性资助政策，于20世纪90年代中期开始正式施行，充分体现了党和国家对特殊和特困学生群体的重视与关怀，在保障教育公平、促进社会公平正义等方面产生了广泛而深远的影响。学费减免实施办法由各高校根据本地区省级教育行政部门的有关规定及本校的实际情况制定和调整，具体减免学费额度根据省教育、物价、财政部门制定的有关减免政策制定。

2. 学费减免政策的重要意义

学费减免政策不仅保障了特殊和特困学生群体的正常学习与生活，也在一定程度上通过政策性引导对国家其他相关事业的发展给予了支持，主要体现在以下两个方面：

（1）学费减免政策是促进各地区协调均衡发展的重要举措。学费减免政策充分体现了国家照顾特殊和特困家庭子女的切身关切，是促进地区平衡发展的有效手段。城乡、区域发展不平衡是中国的基本国情，许多教育不公平的现象是各地区发展不平衡的基本国情在教育领域的具体体现。学费减免政策帮助了中西部地区、不发达或欠发达地区贫困家庭学生顺利完成学业，鼓励他们毕业后扎根家乡、建设家乡，促进我国各区域的协调发展，也是稳定边疆、促进民族团结的有力抓手。

（2）学费减免政策是全面建成小康社会的必然选择。学费减免政策直接针对上述贫困家庭及其子女，帮助补齐特殊和特困家庭学生在高等教育方面的短板，能阻断贫困代际传递，帮助这些特殊和特困家庭从根本上脱贫，从而跟上时代发展的大潮，实现共同富裕，共享改革发展成果。

学校每年根据相关文件精神，针对建档立卡家庭经济困难学生、残疾学生实施学费减免政策。

江苏省高校本专科
学生资助政策简介

无锡职业技术学院本专科
学生奖励政策简介

第七章 防诈反诈

> 新学年想申请助学金缓解经济压力,却被所谓"老师"忽悠交了不少"报名费";想在茫茫人海中寻觅爱情,最后的结果却是转账不停;想不劳而获赚点零花钱,却被兼职刷单高额返现的诱饵蒙蔽了心智,被骗子掏空自己的钱包……一茬一茬的大学生在骗子的花言巧语之下,深陷诈骗泥潭,无法自拔。
>
> 大学生远离父母,独立生活能力缺乏,社会经验不足,往往成为不法分子实施诈骗的对象。同学们,你们对诈骗了解多少呢?怎样防范诈骗呢?让我们一起来学习吧!

第一节 诈骗知多少

一、诈骗的内涵

诈骗,是指以非法占有为目的,用虚构事实或者隐瞒真相的方法,骗取款额较大的公私财物的行为。由于这种行为完全不使用暴力,而是在一派平静甚至"愉快"的气氛下进行的,加之受害人一般防范意识较差,较易上当受骗。

电信诈骗是诈骗罪最常见的一种手段。电信诈骗是指通过电话、网络和短信方式,编造虚假信息,设置骗局,对受害人实施远程、非接触式诈骗,诱使受害人打款或转账的犯罪行为,通常以冒充他人及仿冒、伪造各种合法外衣和形式的方式达到欺骗的目的,如冒充公检法、商家公司厂家、国家机关工作人员、银行工作人员等各类机构工作人员,伪造和冒充招工、刷单、贷款、手机定位和招嫖等形式进行诈骗。

二、常见电信诈骗手段

1. 高薪网络刷单诈骗

高薪网络刷单诈骗是犯罪分子利用大学生希望通过兼职赚钱的心理,通过网络发布许多"高薪"的刷单兼职工作,让大学生去网店刷单,先给予小额返利,再提高刷单金额,等被害人投入更多本金后,就会直接被拉黑。

【作案手法】 第一步：骗子通过网页、招聘平台、QQ、微信等发布兼职信息，招募人员进行网络兼职刷单，承诺在交易后立即返还购物费用并额外提成，并以"零投入""无风险""日清日结"等方式诱骗你。第二步：刷第一单时，骗子会小额返款让你尝到甜头，当你刷单交易额变大后，骗子就会以各种理由拒不返款，并将你拉黑。

【典型案例】 2022年11月，许同学在网上发现一条兼职信息，通过QQ与对方联系做兼职，对方让许同学在抖音上刷单做任务返现，许同学随后按照对方要求操作，操作完后发现自己邮政储蓄银行卡内11 199.86元被转至对方建设银行卡。

防网络刷单诈骗

【核心要点】 犯罪分子往往以兼职刷单名义，先以小额返利为诱饵，诱骗你投入大量资金后，再把你拉黑。

【时刻谨记】 所有刷单都是诈骗，千万不要被蝇头小利迷惑，千万不要交纳任何保证金和押金！

2. 冒充网络购物客服诈骗

冒充网络购物客服诈骗是犯罪分子通过网络窃取购物信息，冒充客服人员实施精准诈骗，他们能准确报出受害人的姓名、手机号、已购物品等信息，获取受害人的信任，随后谎称订单有问题，诱骗受害人登录钓鱼网站，套取受害人的银行卡信息，直到受害人掏空所有可用资金为止。

【作案手法】 第一步：骗子冒充购物网站客服工作人员给你打电话，说出通过非法渠道获取的你的购物信息和个人信息，谎称你购买的产品质量有问题，需要给你进行退款赔偿。第二步：诱导你在虚假的退款理赔网页填入自己的银行卡号、手机号、验证码等信息，从而将你银行卡内的钱款转走，或者利用你对支付宝、微信等支付工具中借款功能的不熟悉，诱导你从中借款，然后转给骗子。

【典型案例】 2023年1月，王同学接到自称是某购物平台的"客服人员"的电话，对方准确地说出了王同学的手机号码、收货地址。随后，平台"客服人员"称，因商品原因，要为王同学退赔，但需要登记银行卡卡号、手机验证码。王同学没有多想，在对方指引下，把手机收到的短信验证码告诉了对方，几分钟后，发现银行卡被转账6.5万元。

防冒充网络平台"客服"诈骗

【核心要点】 当有网络卖家或者客服主动联系为你办理退货退款时，一定要小心！

【时刻谨记】 正规网络商家退货退款无须事前支付费用，请登录官方购物网站办理退货退款，切勿轻信他人提供的网址、链接！

3. 发放助学补助诈骗

发放助学补助诈骗是犯罪分子冒充相关政府工作人员，以给予学生生活补助、营养补助等理由，诱惑学生本人提供银行卡卡号和身份证号码，同时将收到的验证码发给对方，从而套取受害人银行卡内的资金。

【作案手法】 第一步：骗子通过非法渠道获取受害人的手机通讯录和相关信息，冒充"相关政府工作人员"通过微信、QQ 添加受害人或者其亲人为好友。第二步："暖心关怀"骗取信任。骗子以给予生活补助、学习补助等为借口，降低受害人的戒备之心，诱导受害人或家长提供银行卡卡号和身份证号码，同时要求受害人将收到的验证码发给对方，从而套取受害人银行卡内的资金。

【典型案例】 2019 年 4 月，张同学接到一个自称是教育局工作人员的陌生电话，对方谎称有一笔学校的补助费要打到其银行账户，需要其到银行办理领取手续，并给了张同学一个"财政局工作人员"的电话号码用于咨询办理领取手续。张同学信以为真，带上银行卡到银行后，拨通了"财政局工作人员"的电话，按照其要求在农业银行 ATM 机上将 11 000 元通过无卡存款的方式存到对方指定账户内，后对方要求继续存款到指定账户，张同学意识到被骗。

【核心要点】 如遇到自称"相关政府工作人员"的人，通过微信、QQ 等添加好友或者电话联系你，并要求你提供银行卡卡号、身份证号码、手机验证码时，一定要提高警惕。

【时刻谨记】 凡接到"相关政府工作人员"来电或者添加好友时，务必登录相关政府官网获取电话联系确认或去相关政府部门进行现场确认。

4. 网络游戏产品虚假交易诈骗

网络游戏产品虚假交易诈骗是指骗子在社交平台发布高价收购游戏账号、买卖游戏装备、免费领取游戏皮肤等消息，诱导受害人在虚假游戏交易平台、微信群或 QQ 群内进行交易，或以领取高额游戏福利为由，通过钓鱼网站窃取受害人的游戏账号及密码，让受害人以"注册费""押金""解冻费"等名义支付各种费用。待收到钱后，骗子就将受害人的联系方式拉黑或者失联。

【作案手法】 第一步：骗子在社交平台发布买卖游戏装备、游戏账号的广告信息。第二步：诱导你在虚假游戏交易平台进行交易，让你以"注册费""押金""解冻费"等名义支付各种费用。第三步：当你支付大额费用后，再联系对方时，才发现自己已被对方拉黑。

【典型案例】 2020 年 7 月，骆同学在玩游戏期间，一游戏玩家自称要购买其游戏账户并互加 QQ 好友，之后对方要求骆同学通过百度搜索"易青购"并在该平台发布信息进行交易。在该平台显示交易成功后，骆同学遂对钱款进行提现。因骆同学账户输入错误，被平台"客服"告知账户已被冻结，须充值才能解冻。随即骆同学通过银行向"客服"提供的账户进行多次充值，共被骗 5 500.1 元。

防网络游戏诈骗

【核心要点】 当在网络游戏交易平台充值、买卖账号时，一定要小心！诈骗分子会以低价充值、高价回收为由，引诱你在对方提供的虚假链接内进行交易。

【时刻谨记】 买卖游戏币、游戏点卡，请通过正规网站操作，一切私下交易均存在被骗风险！

5. 冒充熟人诈骗

冒充熟人诈骗是指骗子在窃取了你熟人的信息后，以你朋友或亲人的身份，通过 QQ、微信等网络沟通平台对你实施诈骗，抑或窃取了我们的信息，以我们的身份诈骗家人或者朋友。

【作案手法】 第一步："熟人"主动添加好友。骗子通过非法渠道获取你同学、老师、家人、朋友的相关信息，冒充相关"熟人"通过微信或 QQ 添加你为好友。第二步：寻找各种理由要求转账。以暂时遇到各种"困难"为由，向你提出转账汇款的要求，待你转账汇款后，立即将你删除或者拉黑。

【典型案例】 2021 年 2 月，小李收到"同学刘某"的 QQ 消息，对方称其姐姐生病急需用钱，自己又不方便直接转账给姐姐，想让小李帮忙周转一下，随后还发来了自己转账给小李的汇款记录。小李信以为真，对方随后将其拉入了一个名为"相亲相爱一家人"的群内。在未经电话核实的情况下，小李就在该群内多次发送红包，累计被骗 6 000 元。

【核心要点】 如遇到自称同学、亲人、老师等的人，通过微信、QQ 等添加好友，并要求转账汇款时，一定要提高警惕。

【时刻谨记】 "熟人"提出转账汇款或借钱要求时，务必通过电话或当面核实确认后再进行操作！

6. 裸聊诈骗

裸聊诈骗是指诈骗分子通过在 QQ、交友软件、直播平台大肆发布露骨广告，以临时会话、主动添加附近的人等方式针对性实施推广，吸引受害人下载安装"直播软件"。随后以美女裸聊为诱饵，引诱受害人脱衣聊天，聊到一半，对方关闭聊天软件，紧接着以受害人的通讯录和裸聊视频为要挟，实施诈骗。

【作案手法】　第一步：诈骗分子通过各种软件或直播平台大肆发布露骨广告，吸引受害人下载安装"直播软件"。第二步：以美女裸聊为诱饵，引诱受害人脱衣聊天，随之甩出受害人的通讯录和裸聊视频，威胁受害人打款。

【典型案例】　2022年11月，陈同学在玩游戏时发现一条露骨广告，随后陈同学根据广告提示下载了某App裸聊，对方称裸聊是免费的，后对方以裸聊视频相要挟，陈同学因内心恐惧，按照对方提示多次转账，共计被骗22 798元。

【核心要点】　网络交友套路深，小心谨慎才是真！黄色网站不浏览，洁身自好最重要。

【时刻谨记】　陌生好友添加要谨慎，个人信息要保护，色字头上一把刀，绿色上网很重要。

三、被诈骗主要原因

当今大学校园中，大学生上当受骗的事时有发生，究其原因，主要有以下几个方面：

1. 思想单纯，分辨能力差

很多同学从小学、中学到大学与社会接触较少，思想单纯，对一些人或者事缺乏应有的分辨能力，更缺乏刨根问底的习惯，使诈骗分子有可乘之机。

2. 感情用事，疏于防范

帮助有困难的人，这是我国的优良传统，是值得我们继承和发扬的。但如果不假思索地"帮"一个不相识或相识不久的人，这是很危险的。

令人遗憾的是，不少大学生不加分析地同情、怜悯自称走投无路急需帮助的"落难者"，被骗子的花言巧语所蒙蔽，继而"慷慨解囊"，自以为做了一件好事，殊不知已落入骗子设下的圈套。

3. 有求于人，粗心大意

每个人都免不了求他人相助，但关键是要了解对方的人品和身份。有些同学在有求于人而有人愿意"帮助"时，往往急不可待，完全放松了警惕，对于对方提出的要求唯命是从，"积极自觉"地满足对方的要求。

4. 贪小便宜，急于求成

贪心是受害者最大的心理缺点。很多诈骗分子之所以屡骗屡成，很大程度上也正是利用人们的这种不良心态。

5. "维护"脸面，自欺欺人

大学生受骗之后羞于启齿，认为报案追回经济损失成功率低，选择隐忍不报。

防范电信、网络诈骗宣传手册

第二节 提升预防诈骗能力

据统计，2022全年全国共发生电信、网络诈骗案件几十万余起，涉案金额高达几十亿元，危害十分严重。电信网络诈骗的形式不断翻新，技术手段和隐蔽性不断提高，使得防范和打击电信诈骗的难度越来越大。在此形势下，我们必须要牢固树立防诈反诈意识，不断提升自我防诈骗能力。下面给大家几条建议，望时刻谨记。

一、意外之财从天降，勿信"天上掉馅饼"

不要听信陌生人的花言巧语，贪图优惠和方便，如需办理各类业务要到正规的门店。同学们切勿贪小便宜，遇到上门推销不要轻易购买。对化妆品、洗发水、运动鞋或笔记本电脑等物品，骗子极有可能采用伪劣产品或以数量短缺等方式进行诈骗。防止银行卡诈骗、网上诈骗、电话诈骗，不要相信未经核实的退学费、中奖、捐助等信息、电话，不要贪图小利，以免上当受骗。

二、个人信息遭暴露，千万小心多注意

不要随意告知陌生人自己的个人情况、手机号码及家中的电话号码等，手机中父母、亲戚的电话最好用真名显示，不要出现容易透露出双方关系的字眼。不要把自己的个人信息和家庭联系方式轻易示人，不要将自己的手机、身份证、学生证、校园卡、银行卡等重要物品借给他人使用或交予他人保管。不要填写各种来历不明的表格，不要随意扫描陌生的二维码，以防信息泄露，给不法分子实施诈骗等违法犯罪活动以可乘之机。

三、线上爱情虚缥缈，当心线下索钞票

一些犯罪分子会通过交友、相亲软件等网络工具，以虚构离奇的经历、非凡的家族史、挑逗性的话语、富有戏剧性的故事情节，编造网络世界中的"高富帅""白富美"，同时制作发布招嫖和裸聊等违法广告，制造"仙人跳""拍下裸照"的诈骗圈套。所以同学们一定不要轻信虚拟世界中的美好爱情，辨别真伪，洁身自好，让骗子无从下套。

四、急需之时来人帮，三思而行不轻信

参加社会实践、勤工俭学、实习、求职等活动，保持通信畅通，牢记紧急求助电话。与家长约定好汇款条件、方式，让家长不要草率寄钱。凡是涉及钱财往来，或要求在规定时间到指定地点汇款的行为，必须三思而后行，至少应该先向家长或辅导员老师打个电话，确认后再决定是否行动。

五、家校衔接时时通，勿让联络有盲区

经常把自己在学校的情况告诉家长，使家长一旦遇到情况能够迅速辨别真伪。不要单独与陌生人外出，即使是与同学、朋友、老乡有事外出，也一定要向老师、家长或同班、同寝室同学告知去向。

大学生远离诈骗，要遵循"不要相信馅饼，不要害怕恐吓"两大原则，分开保管身份证和银行卡，切忌泄露网银账户等，时刻牢记防人之心不可无，保持理性，不轻信别人，不图虚荣。同学之间要加强沟通，相互帮助，不仅能增进同学们的友谊，营造良好的同学关系，还能从同学处得到参考意见，避免出现当局者迷的情况。一定要服从学校管理，自觉遵守校规校纪，减少受骗的可能。

尽管骗子的花样繁多，但只要掌握"三不一多"原则（图3.4），预防诈骗并不是不可能的。同学们也可添加图3-5中的无锡市公安局滨湖分局公安民警的微信，当遇到诈骗等时在线咨询。

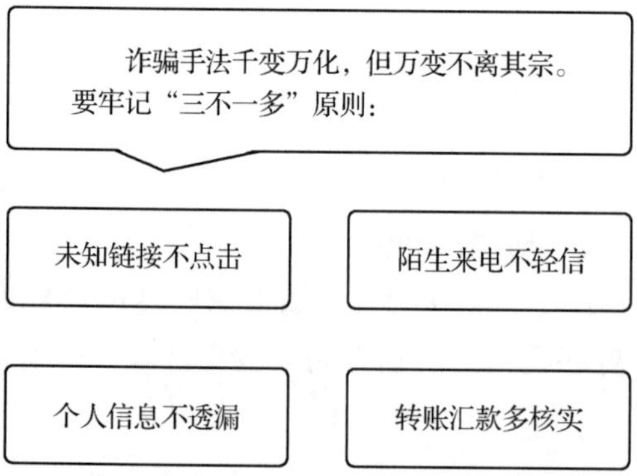

图3.4 "三不一多"原则

图3.5 反诈报案、咨询方式

第四篇 锡职"团团"

青春的活力，总是令人向往；青春的美丽，总是那样转瞬即逝。步入大学校园，"正青春"是你我共同的名字，也是你我专属的语言。来吧！亲爱的新同学，让我们在这里共同描绘别样的青春！

"无锡职业技术学院团委"微信公众号

第一章　花团锦簇

> 中国共产主义青年团是中国共产党领导的先进青年的群团组织，是广大青年在实践中学习中国特色社会主义和共产主义的学校，是中国共产党的助手和后备军。中国共产主义青年团在中国共产党领导下发展壮大，始终站在革命斗争的前列，有着光荣的历史。下面就让我们走近学校的团组织。

第一节　"团团"在身边

共青团无锡职业技术学院委员会（以下简称"团团"）是在学院党委和上级团组织的领导下，围绕学校党团中心工作，结合团员青年特点，肩负团结青年、引领青年、服务青年职责的先进青年组织，同时也是学校学生组织的核心。

共青团无锡职业技术学院委员会成立于1999年，其前身为共青团无锡机械制造学校委员会。自成立以来，学校团委秉承"严谨治学，崇尚实践"的校训和"团结、奉献、进取"的工作理念，以"围绕中心，服务大局"为工作主线，着力建设"青年身边的共青团"。

近年来，学校团委以习近平新时代中国特色社会主义思想为指导，在学校党委和上级团组织的领导下，取得了一系列显著的组织建设和实践育人成效。学校先后获得了"全国五四红旗团总支""江苏省五四红旗团委""江苏省共青团工作先进单位""江苏省青年志愿服务事业贡献奖""江苏省暖冬行动先进单位"等荣誉。

学校团委下设三个部门：组织部、宣传部和社团管理部，各部门工作职能如下：

一、组织部

组织部负责指导团组织落实"三会两制一课"制度，对全校团的组织生活提出计划和安排，并做好检查和指导；负责指导基层团组织的班子建设，开展"青马工程"等团学骨干培训活动；负责开展团员教育评议工作，指导基层支部开展双述双评工作；负责发展新团员，并做好共青团的"推优"工作和团内各项评优、表彰工作；负责团员证的颁发、注册，团组织关系的转接，团员档案的整理和保管工作，做好"智慧团

建"系统的管理和运行工作；负责全校团费的收缴、管理；负责团的纪律检查工作，对违反纪律的团员进行调查了解，提出处理意见；协助团委领导班子做好学校党政、上级团组织交予的相关任务。

二、宣传部

宣传部负责并组织实施团员青年的思想理论教育、宣传文化活动，负责组织开展宣传党的路线方针政策活动，开展共青团工作、青年工作的理论学习和研究；负责调研并反映团员青年思想状况，定期召开学生座谈会，定期召开团学工作舆情研判会议；负责全校共青团系统和团委机关的信息报送工作，定期向学校党委和上级团组织报送青年学生舆情信息、共青团工作和校园文化活动信息；负责全校共青团系统和团委机关各项工作和重大活动的校内外宣传报道和媒体联络，开展橱窗、电子屏、网络宣传等工作；负责全校共青团系统、团委机关各项工作和重大活动的图片，以及视频资料的制作、整理和保存；承办上级团组织、学校党政指派的各种教育培训、学术讲座、文体竞赛等活动；负责校团委网站的管理和维护，指导校学生会等团学组织的网站建设及宣传工作，做好新媒体平台的安全维护和运行；协助团委领导班子做好学校党政、上级团组织交予的相关任务。

三、社团管理部

社团管理部负责全校社团的思想政治引领和规章规程教育培训工作，协同组织部推进团组织进社团工作；负责各级社团的成立审批、年审和社团评优工作，监督各级社团落实学校社团建设管理的相关规章制度、社团自身章程及管理规定；负责督导社团换届工作，做好对社团负责人及候选人任职资格的审查，对社团干部的任免进行监督管理；在社团建设管理评议委员会指导下做好社团指导教师的聘任、管理和考核工作；统筹协调学校社团活动，开展年度重点社团项目的评审、立项和资助工作；协同宣传部做好社团工作宣传，指导社团新媒体平台的运营；负责监督检查社团财务，监管社团资产；负责开展社团实践育人的研究和推广工作，提升社团建设的效益；负责青年志愿者协会、红十字会的指导和管理工作；协助团委领导班子做好学校党政、上级团组织交予的相关任务。

校团委下辖机械工程学院、控制工程学院、物联网工程学院、管理学院、财经学院、汽车与交通工程学院、文旅学院、设计艺术学院、爱尔兰学院和开源创新创业学院10个团总支；设有校学生会团工委、社团工作部团工委、青年志愿者协会直属团支部、红十字会直属团支部、大学生艺术团直属团支部5个直属团支部（图4.1）。

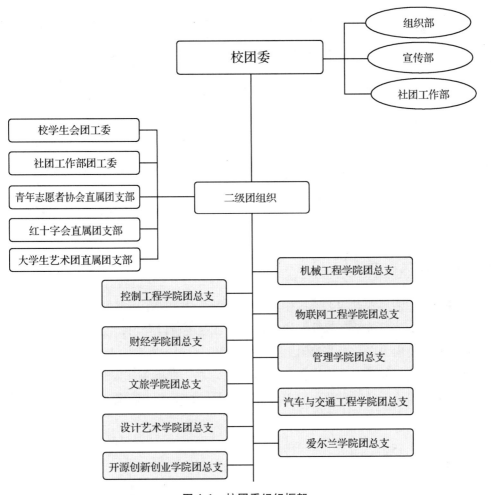

图 4.1 校团委组织框架

第二节 "团团"阵地群

无论是晨昏还是寒暑,"团团"始终陪伴在大家身边(表 4.1)。清晨,国旗护卫队在南门口升起鲜艳的五星红旗,那是"团团"在向你问候早安;傍晚的草地上一场美妙的音乐会正在上演,那是青春在歌唱;酷暑里,万千学子响应"三下乡""返家乡"的号召,奔赴祖国各地开展社会实践;寒冬里,我们以"暖冬行动"温暖需要帮助的人。

表 4.1　学生文化类课外活动主要场地

序号	场地名称	校内位置	可容纳人数	主要用途
1	青春剧场	大学生活动中心三楼	200	主题讲座、小型晚会、演出等
2	器乐室	大学生活动中心三楼	50	音乐实践课教学和节目排练
3	排练室	大学生活动中心三楼	50	音乐实践课教学和节目排练
4	直播间	大学生活动中心三楼	15	音视频录制和剪辑
5	练功房	明德楼 C 三楼	100	舞蹈实践课教学和节目排练
6	社团文化长廊	菊园公寓北侧一楼	200	社团日常办公、歌舞排练、会议研讨等
7	青智库	学生事务中心一楼	100	小型讲座、主题教育、会议研讨等

第三节　打开青春之门

青春，有如清晨六点的太阳，朝气蓬勃；青春，又如在迷雾中行驶的航船，急需清晰的目标。美国经济学家戴维·坎贝尔说，目标之所以有用，仅仅是因为它能帮助我们从现在起走向未来。而共青团组织便会为每一个渴求进步的青年敞开青春之门。

在大学期间，如果你产生了加入共青团的意愿，那就意味着你正在向先进靠拢，你即将迎来一段不断发展自我、完善自我的旅程。接下来，请跟随以下问题，一起打开青春之门。

一、为什么要入团

习近平总书记在中国人民大学考察工作时强调，立足新时代新征程，中国青年的奋斗目标和前行方向归结到一点，就是坚定不移听党话、跟党走，努力成长为堪当民族复兴重任的时代新人。希望广大青年用脚步丈量祖国大地，用眼睛发现中国精神，用耳朵倾听人民呼声，用内心感应时代脉搏，把对祖国血浓于水、与人民同呼吸共命运的情感贯穿学业全过程、融汇在事业追求中。

1919 年爆发的五四爱国运动标志着中国青年群体首次登上社会历史舞台。今天，时代的接力棒来到了我们这一代人的手里，在此引用李大钊的散文《青春》中的一段话，与每一位在追梦路上奋力奔跑的青年朋友共勉：吾愿吾亲爱之青年，生于青春死于青春，生于少年死于少年也……进前而勿顾后，背黑暗而向光明，为世界进文明，为人类造幸福，以青春之我，创建青春之家庭，青春之国家，青春之民族，青春之人类，青春之地球，青春之宇宙，资以乐其无涯之生。

二、入团需要什么条件

加入团组织就像找到了打开青春之门的钥匙。但这把钥匙不是什么人都可以找到的，只有具备了一定条件的人才有资格拿到。因为中国共产主义青年团是中国共产党领导的先进青年的群团组织，它的先进性要求加入这个组织必须具备一定的条件，《中国共产主义青年团章程》（以下简称《团章》）对青年入团的基本条件作了明确的规定。

1. 入团的年龄要求

《团章》规定，青年申请入团的年龄必须是14周岁到28周岁之间，年满28周岁的团员如果没有担任团内职务，应该办理离团手续。共青团是一个青年组织，所以对团员有年龄上的规定。在我国，14周岁到28周岁的青年正处于长身体、长知识，世界观、人生观逐步形成的时期，情感、意志、兴趣、能力、性格都处于发展和形成中，社会活动范围日益扩大，认识能力逐步提高，并能够承担一定的社会责任。而14周岁以下则属于少年儿童，他们可以加入中国少年先锋队。超过28周岁的人，他们可以申请加入中国共产党。

2. 承认《团章》

《团章》是指导团内生活和开展团的工作的根本法则，承认《团章》是指：一是承认中国共产党是中国共产主义青年团的领导者，忠实地执行党的路线、方针和政策；二是承认马克思列宁主义、毛泽东思想、邓小平理论、"三个代表"重要思想、科学发展观、习近平新时代中国特色社会主义思想是中国共产主义青年团的指导思想和行动指南；三是承认民主集中制是团的组织原则，自觉按照民主集中制的基本原则参加团内生活和活动；四是承认《团章》在团的工作和团内生活中的根本性地位，愿意按照《团章》规定，履行团员义务，行使团员权利；五是承认团的性质，即中国共产主义共青团是中国共产党领导的先进青年的群团组织，是广大青年在实践中学习共产主义的学校，是党的助手和后备军。

3. 必须自愿参加团的一个组织并在其中积极工作

共青团有着严密的组织系统、严格的组织纪律和严肃的组织生活，为了使团员能够与团组织在思想上、行动上保持一致，团员必须参加到团的一个组织中去，过组织生活，参加组织活动，完成组织交给的任务。这是共青团员不同于一般青年的主要区别。具体地说，就是团员要被编到所在地或所在单位（如一个班级）的团支部里去，完成组织交给的任务，接受组织的领导、教育和监督。编入一个团支部后，应该保持相对的稳定，一般不能随意变动。

4. 必须执行团的决议

团的决议是根据党的方针和政策，按照民主集中制原则，在充分发扬民主的基础上，对团的一些重要问题作出的决定。决议是经由团员支部大会和代表大会讨论并通过的，体现了大多数团员的意愿。青年一旦加入团组织，就必须严格执行团的决议，只有这样，才能保持团组织在思想上和行动上的一致性，形成较强的战斗力。

5. 必须按期交纳团费

交纳团费是团员对自己的组织应尽的义务。第一，按期交纳团费是团员和团组织保持经常联系的一种形式；第二，交纳团费有助于增强团员的组织观念和团员意识，督促团员自觉地参加团组织的活动和团内生活；第三，交纳团费是团员在经济上支持团的工作的一种表现。团员交纳的团费的数额虽小，但集中起来，却可以成为团组织开展活动的经费来源之一。

三、入团需要什么流程

那么申请入团需要什么流程？让我们一起了解一下。

（1）递交入团申请书。

（2）团支部委员会讨论确定某人为积极分子，并为积极分子确定1~2名团员作为培养联系人并进行培养考察（考察期为3~6个月），在培养考察的过程中如实填写《团员发展过程纪实簿》。

（3）研究确定考察期满、培养成熟且具备入团条件的积极分子为发展对象。

（4）分院团总支对发展对象的培养考察情况进行审核，并在团总支范围内予以公示。

（5）公示无异议后报校团委审核。

（6）审核无误发放《入团志愿书》及发展团员编号。

（7）召开支部大会，讨论发展接收新团员。

（8）填写《团员发展过程纪实簿》《入团志愿书》相关内容。

（9）报校团委审核盖章（审核《团员发展过程纪实簿》《入团志愿书》全部内容）。

（10）新接收发展团员经校团委审批后，要在团总支范围内予以公示，公示无异议后成为正式团员并填写《团员发展过程纪实簿》相关内容。

（11）将《入团志愿书》扫描成PDF文件，再将相关信息录入智慧团建系统，并对团支部相关信息进行更新。

四、团员有哪些权利和义务

义务和权利从来都是对等的关系，没有义务的权利是没有约束的权利，没有权利的义务是忽视人本身价值的义务。青年加入共青团以后，团组织要从思想、政治、组织上对其言行提出具体的准则，同时要保证其在团内的正当权益。团员的义务是统一团员意志和行动的规范，是共青团员应该履行的职责。团员的权利是指团员在团内的地位。团员是团组织的主体，也是团组织的主人，他们在团内生活中具有当家作主的政治权利。团员的义务是光荣的，团员的权利是神圣的。《团章》对团员必须履行的义务和享有的权利作了明确规定，具体内容可参阅《团章》。

有一种情结叫"我和共青团"，有一种骄傲叫"我是共青团员"。学校每年五月都会举办庄严的新发展团员入团仪式（图4.2），希望新发展团员坚定理想信念，提高责任意识，勇担青春使命。牢记共青团员的身份，处处用团员标准严格要求自己，将自己的入团誓言内化于心、外化于行，充分发挥团员的模范带头作用，吃苦在前，享受在后，不辜负祖国和人民的期盼，让青春在为祖国、为人民不懈奋斗的火热实践中绽放绚丽之花。

图4.2　新发展团员入团宣誓仪式

第二章　社团风采

> 大学不仅有学习知识的主线任务，还有交流思想、切磋技艺、互相启迪、增进友谊的副线任务等你探索。学生社团便是一个重要的阵地。学生社团是干什么的呢？社团是指具有相同兴趣、爱好、特征的人自发聚集，并且开展相关活动的群众性组织。高校学生社团是指由具有相同兴趣、爱好、追求、特征的在校大学生自发聚集并组建的群众性组织。社团的注册、日常管理、活动开展等均受校团委、校党委学生工作部的管理与指导。

第一节　认识社团

高校学生社团往往以学生的个人兴趣和爱好为基础，在遵守且符合相关部门关于学生社团的管理规定的基础上，由学生群体自发、自愿地组成。在社团活动中学生能够充分发挥个人的主观能动性，通过组织管理、开展活动等，实现自我管理、自我服务、自我教育的功能。高校学生社团在校园思想政治教育、氛围营造、文化建设等方面能够发挥积极的价值导向作用，具有鲜明的凝聚激励和隐性教育的功能。

一、学生社团是促进自我多维度成长的平台

通过加入社团，你将结识与你兴趣相投的小伙伴，你将收获成长和温暖。在社团活动中，你将增长见闻，学会新的技能：了解开展一项活动是怎样的流程；学习怎样撰写活动策划、新闻稿；懂得怎样设计条幅和海报；学会跟不同的人沟通和交流；以不同的方式组织协调。参与社团活动时，你会潜移默化地接受各方面的教育，完善自身知识结构，丰富理论知识储备，培养实践能力，提升口头表达和组织能力，等等。在这个平台，你能学到许多书本上学不到的知识，收获多维度成长的快乐。

在社团活动中，你将与好奇懵懂的同伴、志同道合的学长和学姐及社团指导教师同行。他们与你共同进步，互相支持。你可以跟社团的其他同学一起探访有趣的小店，向学长和学姐讨教专业课程学习的窍门，也可以与指导教师聊聊自己的苦恼和困惑。

二、学生社团需要每个团员的努力付出

在学生社团,要想有所收获,自然要付出努力。那么参与社团活动,你需要付出什么呢?

一是要付出时间和精力。社团活动不可避免地要占用个人休息、玩乐甚至学习的时间。这就要求你做好学习、生活与社团活动之间的平衡,分清主次,量力而为,做好规划。二是要付出智力和体力。社团活动的成功举办和有效开展需要调动社团成员的综合能力,如专业知识、创新思维、动手实践能力、语言表达能力等。从搬搬抬抬到组织策划,从体力劳动到脑力思考,每一个环节都需要大家的共同努力。

三、明智的选择促使你找到适合你的社团

学校每年都会组织开展社团招新活动,面对那么多种选择,你可能会不知道如何做决定。下面就来了解一下如何选择社团。

一是要做好功课,提前了解信息。学生社团多种多样,从社团定位到特色活动都有较大差异,并非所有的社团都适合自己。在选择社团前应首先思考一下自己擅长什么、对什么比较感兴趣或者希望通过社团活动提升哪些能力。二是提前了解一下各个社团的情况,掌握社团招新的时间、对成员的能力要求、社团的重点活动等信息。三是结合自己的实际情况,选定几个心仪的学生社团,再经过一轮比较后作出选择。

在这里也要提醒大家,选择社团时千万不要贪多,不可过于功利。参加社团活动固然有益,但毕竟要占用个人的时间和精力,在不与正常学习相冲突的前提下,建议大家慎重地选择,参加一至两个学生社团即可,不要贪多。如果同时加入多个社团,往往会顾此失彼,甚至还会影响学业,那就得不偿失了。另外,抱着功利性的想法参加社团也是非常不可取的。

第二节 锡职社团

我校现有59个社团(包含39个校级社团与20个二级学院级社团),其中有以习近平新时代中国特色社会主义思想青年学社为代表的思想政治类社团4个,以青年志愿者协会为代表的志愿公益类社团5个,以蠡溪画社、蠡溪书法协会等为代表的文化体育类社团40个,还有创新创业、学术科技、自律互助类社团10个。

每位同学都有自愿加入社团的机会,每年秋季学期新生入学之初,学校就会启动"招新"活动,我们称之为"百团大战"。需要注意的是,为了大家学业与课余时间的平衡,建议每位同学最多选择2个社团加入。下面是社团名录(表4.2、表4.3),同学们可以先挑选起来。

表 4.2 校级社团

序号	社团名称	社团类别	社团宗旨
1	习近平新时代中国特色社会主义思想青年学社	思想政治类	深入同学,关心理论,注重实践
2	青年志愿者协会	志愿公益类	奉献、友爱、互助、进步
3	国旗护卫队	思想政治类	宣传爱国主义,弘扬奉献精神,展示大学生风采
4	无锡职业技术学院舞蹈团	文化艺术类	丰富课余生活,陶冶学生情操
5	大学生艺术团博雅合唱团	文化艺术类	增进艺术交流,丰富课余生活
6	大学生艺术团小荷声乐团	文化艺术类	领悟音乐,品味生活
7	蠡溪画社	文化艺术类	弘扬传统文化艺术,全方位开展艺术活动,提高社员艺术素养
8	蠡溪书法协会	文化艺术类	团结进取,求实认真
9	FS青春舞社	文化艺术类	用舞蹈创造属于你的快乐
10	木樨辩论社	文化艺术类	思以致远,辩以求真
11	六弦吉他社	文化艺术类	以乐促学,以乐会友
12	民族器乐协会	文化艺术类	弘扬民族乐器文化,提升自身艺术修养
13	冰雨艺社	文化艺术类	凝聚传承,提升自身素质,丰富校园文化
14	博物社	文化艺术类	博物致远,观察知行,实践治心
15	美丽日记彩妆社	其他类	焕然一新,打造自己
16	四季邮局	文化艺术类	开展书信活动,丰富校园生活
17	足球协会	体育健身类	强身健体,传播足球文化
18	跆拳道协会	体育健身类	礼义廉耻,忍耐克己,百折不屈
19	篮球协会	体育健身类	开展篮球运动,放飞青春,张扬个性,共建阳光和谐校园
20	轮滑协会	体育健身类	强身健体,交流轮滑技术
21	武术协会	体育健身类	尚武育德,以德服人
22	L.S原点健身社	体育健身类	强身健体,健康生活
23	飞弧乒乓球协会	体育健身类	强身健体,传播乒乓球文化
24	大学生科技协会	学术科技类	弘扬科学文化,营造科创氛围
25	金话筒主持人协会	文化艺术类	提升艺术水平,用声音点缀生活
26	数学建模协会	学术科技类	交流思想,提高能力,团队协作,开拓创新
27	新闻中心大学生记者团	文化艺术类	追踪时事热点,传递校内新闻,访谈师生风采

续表

序号	社团名称	社团类别	社团宗旨
28	心理协会	自律互助类	普及心理健康知识,提升心理健康素养
29	毅行社	体育健身类	坚毅行走,快乐行动,热忱服务
30	读者协会	文化艺术类	贴近读者,服务读者
31	计算机协会	学术科技类	服务校园师生,提高信息素养
32	人工智能协会	学术科技类	培养探索精神,提升创新能力
33	绿流文学社	文化艺术类	交流文学,提高能力,团队协作,以文会友
34	网球协会	体育健身类	展现自我,宣扬网球魅力
35	羽毛球协会	体育健身类	坚持梦想,"羽"我同在
36	校史文化宣讲团	文化艺术类	严谨创新,精益求精
37	核心就业能力促进会	自律互助类	提高学生的核心就业能力
38	大学生礼仪协会	文化艺术类	弘扬传统文化,振兴礼仪之邦
39	锡心向阳社团	志愿公益类	传播"奉献、友爱、互助、进步"的志愿服务精神

表4.3 二级学院级社团

序号	社团名称	社团类别	社团宗旨	所在学院
1	蒹葭国学社	文化艺术类	为天地立心,为生民立命,为往圣继绝学,为万世开太平	机械工程学院
2	致青春电影社	文化艺术类	看电影,懂电影,爱电影	机械工程学院
3	追梦滑板社	体育健身类	促进学生体育锻炼,丰富校园文体娱乐活动	机械工程学院
4	回音单车俱乐部	体育健身类	生命不息,运动不止	机械工程学院
5	幻指极限魔方社	体育健身类	弘扬魔方文化,开发思考能力	控制工程学院
6	橄榄绿军事爱好者协会	思想政治类	普及国防知识,传递拥军精神	控制工程学院
7	科技创新协会	学术科技类	鼓励和激发我校学生的创新创造精神	控制工程学院
8	星火社	思想政治类	提高同学政治思想觉悟	控制工程学院
9	机器人协会	学术科技类	增强实践动手能力,培养创新意识	控制工程学院
10	向日葵义工站	志愿公益类	保障学生后勤,志愿服务同学	管理学院
11	棋弈社	体育健身类	开发学生智力潜能,以棋助教	管理学院

续表

序号	社团名称	社团类别	社团宗旨	所在学院
12	砺香义工站	志愿公益类	倡导义务精神，立足校园，面向社会	财经学院
13	二月财经社	志愿公益类	营造大学生参与竞赛和创新创业氛围，培养大学生创新思维	财经学院
14	SEA英语协会	文化艺术类	帮助别人，提高自己，超越自我	文旅学院
15	原素动漫社	文化艺术类	推广、宣传动漫文化，让更多的同学了解、喜爱动漫文化	设计艺术学院
16	三笑堂相声社	文化艺术类	弘扬传统相声文化，丰富校园文化生活	设计艺术学院
17	生活物语创艺工坊	文化艺术类	充分挖掘地方特色文化资源	设计艺术学院
18	稀琛非遗传习社	文化艺术类	传承、传播非遗文化	设计艺术学院
19	人工智能协会	学术科技类	培养探索精神，提升创新能力	物联网工程学院
20	VEX智能创客社	创新创业类	智能创新，团结进步	物联网工程学院

第三节 感受社团

近年来，在学校党委和上级团组织的领导下，学校团委对学生社团建设与改革进行了有益探索与实践。2019年，学校启动社团年度活动重点资助项目工作机制，对社团组织健全、活动丰富有益的社团加大扶持力度；2021年起，组织"菁星杯"学生社团特色微课业务竞赛，启动校级第二课堂认证培育课程认证机制。

在各级领导的关心和支持下，在各社团成员、社团指导老师的大力支持下，学校社团建设取得了一定成绩。2021年，习近平新时代中国特色社会主义思想青年学社和蠡溪画社分别获得市级"十佳学生社团"和"优秀社团"荣誉称号；2022年，国旗护卫队获得市级"十佳学生社团"荣誉称号。

学校社团活动主要分为校级精品社团活动、会员活动、一般活动三类。学校对校级精品社团活动进行立项培育，打造品牌化的活动。明确活动主管业务部门、单位，严格活动审批的同时，提升社团活动的审批效率，发挥育人实效。引导社团开展主题鲜明、涵育人心的活动，加强活动质量监管，确保活动的思想性、艺术性、教育性，把社团活动切实打造成群众性校园文化活动主阵地，助力学校人才培养。学校的社团活动多姿多彩，等你来探秘！

一、品牌项目

品牌项目是高质量第二课堂的标杆,是经学校批准的,由学校团学组织、二级学院等面向广大学生开展的具有较高知晓度、参与度和认同度的课外实践育人活动。品牌项目按照大学生思想素质养成、政治觉悟提升、文艺体育项目、志愿公益服务、创新创业创造和职业素养发展六大主题进行分类建设,每个类别由 3~5 个品牌项目组成项目集群,发挥育人合力。品牌项目的认定应在校团委的指导下,在明确项目质量供给标准的基础上开展正式遴选,重点考察项目的师生参与情况、组织宣传成效和师生活动反馈。品牌项目建设和遴选要优先向国家层面重点实施和已经形成品牌效应的第二课堂育人项目倾斜,强化校级层面配套延伸开展;要注重校本传统实践活动资源的挖掘与梳理,强化学校高质量特色育人项目的打造与凝成。品牌项目每年开展遴选认定一次,每次认定有效期为三年,认定有效期内项目实施方要根据项目供给标准严格执行项目供给。

二、微课精品

为进一步提升学校第二课堂实践育人质量,充分发挥学生社团组织育人功能和水平,构建内容丰富、形式多样和学生喜爱的社团特色业务活动体系,自 2021 年起,学校团委开展了学校"菁星杯"学生社团特色业务微课竞赛,培育认证课程 12 门。认证课程是团学组织和学生社团以服务人才培养中心工作为导向,按照一定标准自主进行课程资源开发,并经学校团委认证同意后以多种形式面向广大学生开展的具有较高规范性的自我教育活动。认证课程建设要充分借鉴第一课堂教学模式,制定教学大纲,配备师资力量,规范教学过程,完善考核方式,实现"活动方案"向"课程教案"转型,着力培育学生的课程开发能力、组织实施能力和传承创新能力。一般每门认证课程的课时数不低于 4 课时,其中课程建设的指导教师参与直接授课不低于 1 课时。认证课程的内容建设应遵循"满足普遍需要、照顾个性发展"的原则,按照每年建设不少于 5 门的课程数量,分阶段、分批次推进课程落地,不断优化课程内容,改进实施方式。

三、闪亮名片

1. 心向国旗,笃志强军

国旗护卫队的成立源于 2018 年年底,当时在学校的老兵座谈会上,当一位退伍的仪仗兵听说校团委希望成立学校的国旗护卫队时,他立马表态,要做发起人。为了学习和借鉴其他高校的国旗护卫队的建设和管理经验,护卫队成员去过一条马路之隔的

江南大学，也去过千里之外的华中农业大学，在两个月的时间中磨合出了一条适合本校的建设方式和管理模式。

国旗护卫队最初成立时只有 7 名老兵、20 位队员。到现在共有在编退伍老兵 24 人，队员 103 人。在五年的时间里，国旗护卫队慢慢扩大编制，不断改革内部管理措施，一直秉承着热爱国旗、拥护国旗的思想，让每一名队员深入学习《国旗法》，牢记爱国思想，走出了 1 名消防员战士、7 名武警及解放军战士，积极响应国家号召，应征入伍。

国旗护卫队弘扬爱国主义，常态化开展升国旗活动，担负学校重大活动和特殊时间节点的升旗任务二十余次，在每次任务和活动之前严格把控队员仪容仪表，并进行检查；普及《国旗法》，维护国旗、国徽尊严，开展与国旗、国徽、仪仗礼节、参军入伍相关的校园文化活动；凝聚青年学生、退役大学生，通过军政训练及考核等，提高队员的政治素养、身心素质及组织能力，培育队员吃苦耐劳、团结向上、纪律严明的精神作风。

在平时，国旗护卫队在常态化开展队列训练的同时，为增强学生的体魄及满足学生对部队的好奇心，会进行体能训练、擒敌拳训练、刺杀训练，由优秀的退伍老兵担任教官，并且在历届退伍老兵中择优选择优秀的骨干队伍，定期组织队员对教学法、指挥法以及管理法进行研究及讨论。每月严格落实考核制度，成绩公开透明，定期组织队员交流近期思想，不仅对带训骨干进行能力考核，还对队员的动作进行考核和排名，划分小组，激励队员见红旗就扛，见第一就争。

2. 青春心向党　星火永流传

"时代是思想之母，实践是理论之源。"党的十九大报告把党的十八大以来党的理论创新成果概括为习近平新时代中国特色社会主义思想，党的十九大通过的党章修正案把习近平新时代中国特色社会主义思想确立为我们党的行动指南。为了更好地助力青年学习新理论、传播新思想，把党的精神内化为前进和奋斗的动力，让广大青年在实践中磨炼意志、锤炼品格、善作善成，2017 年 10 月，在学校团委的指导下，学校成立习近平新时代中国特色社会主义思想青年学社。目前，青年学社下设有四个直属部门：社员管理中心、新媒体中心、学研中心、公共关系部。为了更好地助力习近平新时代中国特色社会主义思想青年学社引领青年学习新理论、传播新思想，校团委建设了占地面积约 100 平方米的学习苑和占地面积约 40 平方米的录播室。

习近平新时代中国特色社会主义思想青年学社以马克思列宁主义、毛泽东思想、邓小平理论、"三个代表"重要思想和科学发展观为指导，重点围绕学习贯彻习近平新时代中国特色社会主义思想，组织和开展理论学习、宣讲传播、社会调研和社会实践活动。青年学社以"深入同学、关心理论、注重实践"为宗旨，努力培养和提高大学生的理论学习、社会调研和社会实践等方面的能力，推动广大青年勇做新时代中国马克思主义的宣传队和播种者，争做中国特色社会主义伟大事业的忠诚捍卫者和积极推动者。

青年学社成立以来，先后组织线上线下活动百余次，维护"星火燎原工作室"，并逐渐形成了"星火"品牌。目前"星火燎原工作室"微信公众号已拥有粉丝近3 000人，总阅读量达50万以上，已逐渐成为学校学生网络思政品牌。

2019年，我校入选国家"双高"校A类建设院校，习近平新时代中国特色社会主义思想青年学社列入学校"双高"建设方案中两大创新创优特色建设项目之一。2020年4月，青年学社师生创新活动方式，在全民阅读日开展"云"上读书会分享阅读感悟，受到学校师生的高度关注，并被全国教育新闻联播和无锡教育新闻联播报道。自社团成立以来，社团成员依托社团内部活动、社团认证课程建设、"青马工程"、信仰公开课等活动项目和平台，在校园内开展宣讲活动近100场次，累计听众2 700人次，涌现出了吴乐生、张炳欢等一批优秀的青年学生讲师，社团负责人吴乐生参与社区疫情防控志愿服务，获"江苏省大学生抗疫先进个人"通报表扬。

青年学社在未来的发展中，将继续秉持初心宗旨，学深悟透新思想的理论精髓，主动作为、努力探索，不断开创青年学生思想政治理论学习的新范式。

"星火燎原工作室"微信公众号

第三章　口袋校园

> 大学新生们,欢迎来到口袋校园(Pocket University,以下简称PU)。这是可以让你的大学生活更加多姿多彩的一方天地,是即将陪伴你度过大学生活的小口袋。在这里,你可以结识志同道合的好友,获取第一课堂以外的新鲜知识,提升自我综合素养。对于PU的好奇值飙升的你,快随我们一起来一探究竟吧!

第一节　初识PU

从属性来讲,PU是江苏省大学生成长服务平台,是由共青团江苏省委主导开发,运用移动互联网技术,集成省内大学教育资源,服务于大学生第二课堂和日常生活的综合成长服务平台。

从功能来讲,PU平台是我校根据上级部门要求使用的开展第二课堂活动的网络平台和大学生素质教育实践学时记录平台,其具有记录学生参与第二课堂活动、取得素质教育实践学时和生成第二课堂成绩单的功能。

从重要性来讲,我校在校本专科学生,所有与素质教育实践学时关联的第二课堂实践活动均须通过PU平台管理和记录。PU平台记录的学时作为学生评奖评优及毕业资格审核的重要依据。

从意义来讲,PU平台为学生组织参与第二课堂活动、提升综合素质、助推成长成才提供了工作载体和制度保障。

谈PU内涵的时候,我们发现出现了"第二课堂""实践学时"这些关键词,因此,在正式认识PU前,需要先了解"第二课堂""实践学时"是什么。

一、第二课堂

第二课堂,也叫第二教育渠道,是指课堂教学以外,对学生进行教育和训练的各种活动。如果说依据教材及教学大纲,在规定的教学时间里进行的课堂教学活动被称为第一课堂的话,那么第二课堂就是指在第一课堂外的时间进行的与第一课堂相关的实践类教学活动。从教学内容上看,它源于教材,又不限于教材;它无须考试,但又是素质教育不可缺少的部分。从形式上看,它生动活泼、丰富多彩。它的学习空间范围广大:可以在教室,也可以在操场;可以在校内,也可以在校外。

二、实践学时

"实践学时"则是"第二课堂"的成绩。学校团委为了进一步发挥社会实践活动在人才培养中的作用,深入推进实践育人工作,促进和引导大学生全面发展,于2017年正式出台了《关于实施大学生社会实践合格证书制度的意见(试行)》,从此《社会实践合格证书》也成为学校大学生的必备证书。

《社会实践合格证书》该如何取得呢?这在文件里有明确规定:"学生参与社会实践活动可获得相应实践学时,累计获得100个实践学时后计2个学分,并可获得《社会实践合格证书》。"需要注意的是,这里的社会实践活动是指学校组织认可的,在常规课堂教学、实训、实习、实验等以外所开展的有利于拓展学生素质的实践、课外学术研究、竞赛、讲座及各类活动,分为寒暑假社会实践类、校园文化活动参与类、文体与创新创业竞赛类、社会工作类四大类。这些活动信息通过PU平台发布,同学们可以登录自己的账号,结合自己的兴趣所需、时间安排等进行报名,审核通过后,即可参与活动,获取PU学分(实践学时)。

现在你理解PU是什么了吗?简单地说,它是一个记录我们"第二课堂"实践学时的App,我们在校期间参与的实践活动都需要在这个平台上报名,参与完成后,平台会给予一定的实践学时(PU学分),最终它会以第二课堂成绩单的形式呈现我们入学以后获取的实践学时,这是我们兑换实践学分、获得《社会实践合格证书》的必要条件,更是我们毕业的必要条件之一。

第二节 探秘PU

PU平台有PC端和手机端两个通道。PC端可通过网址http://www.pocketuni.net登录;手机端可在应用商城搜索并下载"PU"App,这是每一个在校大学生的必备App。下面,就让我们一起探索PU平台究竟有些什么。

一、网页版探秘

1. 登录PU平台

登录PU平台(输入网址www.pocketuni.net)跳转至学校页面,选择对应学校,输入学号和密码进行登录(图4.3),进入对应学校主页面(图4.4)。(学生入校后由后台统一设置学生登录初始密码并下发到二级学院。)

图 4.3　PU 平台网页端登录界面

图 4.4　PU 平台网页端学校主页面

登录 PU 平台后，右侧的"?"按钮中的"常见问题"（图 4.5）中，包含了同学们在 PU 平台使用过程中经常出现的问题，如账号初始化、信息修改、活动发起、诚信度降低等，请一定要牢记于心。

图 4.5　PU 平台使用常见问题

2. 进入"我的大学"界面

"我的大学"包含"活动首页""校园部落""校内通知""问卷""申请实践学时""团支部工作""我的成绩"七个模块。"活动首页"内会显示全省精英活动、热门推荐活动和感兴趣的活动。可以根据频道、分类、组织和自己的需要进行选择。

"活动首页"包含实践学时排行榜,包含月排名、学期排名、年度排名前十的学生信息(图 4.4)。

"校园部落"显示学校所有的校园社团及组织。也可以通过频道、分类等选项自行选择加入。部落活力排行榜显示全省高校最具活力的前十名,全校排行则显示各自学校的前十位(图 4.6)。

图 4.6　PU 平台网页端"校园部落"页面信息

"校园部落"后台已经建立完成,部落主席在进入"校园部落"后只需完善部落信息,管理部落成员(图4.7)。

图 4.7　部落主席查询所管理部落入口

方法一:单击申请加入的人,对申请加入部落人员进行审批。

方法二:当有其他人员发送加入部落申请时,部落负责人账号收到消息提醒,单击消息,对此申请进行操作(图4.8)。

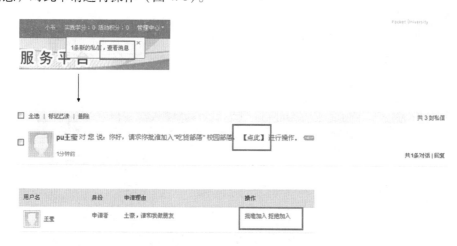

图 4.8　部落主席审核其他成员申请操作教程

单击"所有成员",对已加入的成员进行管理,可以将其移出部落或提升其为管理员,当成员被提升为管理员后可以向分管的老师申请发起活动权限,该用户可代表本部落发起活动。

"校内通知"呈现了学校所有的通知公告,可以在这个板块查询(图4-9)。根据不同的分类，可以快速查找，或者直接进行搜索查找。

图 4.9　PU 平台网页端 "校内通知" 页面信息

"问卷" 模块是学生用于参与问卷调查的模板，学生可以选择自己感兴趣的问卷来参与调查（图 4.10）。

图 4.10　PU 平台网页端 "问卷" 页面信息

在 "申请实践学时" 模块，可以进行实践学时的申请，根据自己所参与的实践活动类型，按照提示填写信息，上传证明材料，提交等候审核（图 4.11）。

图 4.11 PU 平台网页端"申请实践学时"页面信息

"团支部工作"模块包含"工作要求""发起支部活动""材料上报""支部成绩单"四个部分（图 4.12），主要由团支部书记对支部进行管理。

图 4.12 PU 平台网页端"团支部工作"页面信息

在"我的成绩"模块可以参看个人基本信息，包含学院、学号、年级、专业、班级、实践学时等（图 4.13）。

图4.13 PU平台网页端"我的成绩"页面信息

二、手机客户端探秘

1. 客户端登录

登录 PU 平台（www.pocketuni.net），进入登录界面，扫描二维码下载安装包，目前仅支持安卓和 IOS 版，输入学号、密码进行登录。

2. 模块功能

登录后可以发现 PU 客户端包含"首页""探索""通知""广场""我的"五个模块。

"首页"包含"学分申请""直播""摇一摇""个人计划""PU 商城""找工作""测评""发展规划""到一线去"等板块，单击每一个板块，即可知悉其功能。在"首页"下拉，可以看到校内各学生组织、部门发布的学生活动，同学们可以结合自身所需与活动要求有选择地进行报名。在此模块下还可以看到校内各部落的活跃指数，单击即可申请添加部落。单击"筛选"功能，可查阅不同类型的活动和不同部落的信息。

"探索"模块有平台提供的教育资源、工作岗位信息、高校头条信息，此模块内容由 PU 平台提供，非校内资源，同学们在选择时需要注意分辨。

"通知"模块包含"消息"与"待办事项"，其中，"消息"下有系统消息、PU 推荐、校园通知、PU 公告和互动消息，同学们可以单击查阅；在"待办事项"下，同学们可以便捷查询申请的活动信息，如签到、签退、评价等，还可以查询自己申请

活动的审核流程。此外,还有部落信息查询,如你在申请加入某一社团部落后,在此处可查询是否审核通过。

"广场"模块与 QQ、微博等新媒体平台相似,有"同校""关注""广场""圈子""话题"等几部分内容,同学们可以在此发布第二课堂学习动态,寻找志同道合的朋友。

在"我的"模块中可以查询"实践学时""诚信度""我的成绩""我的活动""我的部落""我的申请"等信息,方便同学们实时掌握自己的实践学时获取进度。在"我的成绩"下,还可以清楚地查询自己所参加的活动的具体分数。

三、玩转 PU

至此,你已经了解了 PU 对于大学生的重要性,以及这里究竟有些什么内容。此外,还有你必须知道的 PU 平台的管理要求。

1. PU 平台用户

所有 PU 管理人员、在校学生均是 PU 平台用户。用户凭账号登录使用。新生入学初,由院系填写《用户导入》《部落导入》两张表格,校团委统一导入,学生用户账号为学号,初始密码与《用户导入》表格中密码一致。学生如遇密码遗忘、账号被锁定问题,可联系二级学院团总支书记进行修改(团总支书记均设置有密码修改权限),若无法解决,可与校团委 PU 平台管理员联系。切记要认真填写信息,记牢密码。

2. PU 平台操作方法

学校 PU 平台以学时数的方式记录学生第二课堂学习过程和结果。PU 记录基本操作和赋予方式有发起活动、个人申请、批量导入三种。

(1)发起活动。

① 活动发起。

活动的发起与组织必须符合学校《第二课堂实践学时认定办法及实施细则》(以下简称《方案》)和《社会实践学时发放负面清单》(以下简称《清单》)的相关规定。

活动发起人在线发起,须填写活动名称、活动简介等信息,填写时要注意如下事项。

一是标题格式。标题格式如下:【发起组织归口部门单位名称(如学院、社团等)】+发起人所在组织(如班级)+活动名称(例:【JX】××班爱国主题教育班会/【ST】博物社"植此青绿满校园"活动)。

二是活动简介。活动简介必须载明活动的基本方式、形式、内容及必要的安全提示,并能起到调动学生参与实践的积极性、吸引学生报名参加的作用。

三是活动时间(活动历时)。活动时间是实践学时发放的重要依据,学时数必须严格按照学校规定设置，实践学时数不得高于实际活动的小时数。

四是活动地点。活动地点应载明具体活动场地或建筑名称，赴校外进行团体活动的，应按照学校规定向保卫处进行报审备案，并将报审结果附注于活动简介之中。活动报名截止时间不应晚于活动结束时间。签到签退功能是活动有序参与的重要保障，根据活动具体情况设置。

活动发起人选择初审人员时，须遵循归口原则，即根据活动举办的归属组织准确选择（如班级干部发起活动后，选择辅导员初审）。

② 活动审核。

活动发起后，进入初审程序。初审人员在后台"活动管理"栏目中可看到活动显示"待初审"状态，打开该活动项目右侧的"编辑"功能，可进行审核。审核的具体步骤如下：第一，通过活动信息确认该活动是否符合发起开展条件，如不符合（参照《清单》），可单击活动项目右侧的"驳回"项，予以驳回，并填写驳回理由。第二，活动符合发起条件，可以开展的，须对发起人填写的活动信息进行详细审核。第三，确认活动信息无误后，对活动初步编定学时数量。一般活动 45 分钟可授予 1 个学时；活动一整天，最多可授予 8 个学时。最小单位为 0.2 个学时。活动学时仅计算活动正式开始到结束的时间，活动前的筹备、场务、彩排等与活动后的整理、清理等环节不计入该次活动学时。第四，以上审核工作完成后单击活动项目右侧的"通过"选项，初审完成。第五，初审完成后，初审人员须指定终审人员（班级活动经初审后，由初审人员选择分团委书记终审）。

终审人员在系统后台"活动管理"栏目中可看到活动显示"待终审"状态。终审的步骤与初审相同，主要任务是对活动进行复核，纠正可能存在的问题。终审完成后，该活动即可开展。

③ 活动开展。

活动按照预定计划开展，在此过程中，利用 PU 平台的活动报名、签到签退、学时记录功能，辅助活动的过程管理。

④ 活动总结。

活动结束后，发起人在线申请活动完结。申请时，须上传活动图片与活动总结；活动如有新闻，可选择性上传。利用"附件"功能，可以上传多张照片、文档。

一是活动图片。活动图片必须能反映真实活动情况，需提供活动全景图，能反映活动主题与所有参与人员。

二是活动总结。活动总结应当载明活动的具体时间、地点、参与人数及活动成效等基本要素，活动总结字数≥申请学时数×50 字。

三是完结终审。提交后，等待完结终审，终审人仍由系统自动分配选择。

终审人员在后台"活动管理"栏目中可看到该活动显示"待完结"状态。完结终

审分为两个步骤：第一，打开待完结活动右侧的"编辑"选项，再次核对活动信息，如该活动在开展期间发生变化（如学时需要调整），可由终审人员直接修改，修改完单击"确定"即可。第二，打开待完结活动右侧的"查看申请内容"选项，可查看活动照片和总结。如符合完结条件，单击"通过，发放积分"，参与活动的学生次日可获得相应学时；在本次活动中因组织筹备、表演排练、展示准备等付出实际工作时间和精力的，终审人可以单击"差异化加分"，在"备注栏"简要填写增加学时原因，再按照实际酌情在"附加实践学时"一栏对以上学生增加学时，增加的学时数上限不超过本次活动学时数。第三，如照片、总结材料不完善、须修改，可单击"驳回修改"并填写理由，待修改后再次提交的，重复完结终审步骤，直至符合规定；如终审人员认为该活动因违规不可发放学时，可直接单击"完结，不发放积分"。

（2）个人申请。

主要适用于学生申请学时，如个人取得荣誉、获奖表彰、发表论文、出国出境、创新创业等。申请步骤：① 在学院 PU 主页面单击"申请实践学时"。② 选择"申请类别"，根据所申请内容进行选择。例如，江苏省暑期社会实践优秀团队，选择"寒暑假社会实践类"→"社会实践"。③ 填写申请资料。按照系统指定的条目如实填写资料，准确选择获奖类型、学时数。必须在"上传文件"选项中上传申请凭证，如获奖证书等。选择审核人时，仍遵循归口原则，即谁主办（主管）谁审核，审核人员为各学院、部门的终审人员，填写完成后，单击页面下端"提交申请"，完成申请。④ 审核人在系统后台"综合素质学时认定"栏目中可看到"待审核"的个人申请项目。单击该项目右侧的"审核"，对申请人提交的基本信息、申请凭证、学时数等进行审核。如无问题，单击"审核通过"；如不符合申请条件，单击"驳回"。

（3）批量导入。

仅适用于已知可获得学时但无凭证或人数较多不便逐个申请的，如学生参与社会实践、担任学生干部等情形。为保证素质教育实践学时发放的时效性、公正性、准确性，除文件规定情形外，不得采用批量导入的方法。

如确有必要使用批量导入功能，须向团委申请报备。批量导入仅校团委超级管理员账号具有审核权限。

四、PU 平台管理人员

PU 平台管理人员分为三类，即活动发起人、活动初审人、活动终审人。

1. 活动发起人

活动发起人具有在线发起活动的权限。根据不同的活动发起主体，发起人一般为班级负责人、学生组织负责人及相关部门指定人员。

2. 活动初审人

活动初审人具有对发起活动的初审权限。初审内容包括活动性质、方案、规模、学时数、可行性等。初审人一般为二级学院团总支书记、辅导员、社团指导教师（管理教师）及相关部门指定人员等。初审人员只对其所负责的班级或学生组织发起的活动有审核权，如辅导员只可审核其所带班级活动。

3. 活动终审人

活动终审人具有对发起活动的终审权和活动完结的审核权，一般为归口单位指定人员。终审内容包括：活动经初审后，须对活动的有关情况再次审核，确认同意开展；活动结束后，须对活动的开展情况、总结材料进行审核，决定可否发放学时。

五、PU 平台运行原则

为保障 PU 平台科学、有序、高效运行，发挥其在第二课堂素质教育实践中的辅助管理作用，所有用户须遵循以下三条基本原则：

1. 归口管理原则

发起活动、个人申请和学时发放的审核遵循归口管理原则，谁主办（主管）谁审核。发起活动和提交个人学时申请时，须遵循此原则，选择归口的部门和人员审核。

归口部门对活动界定、学时数量、审核结果等负责。如校级学生社团发起活动时，由团委和社团管理部确定活动学时等并负责过程管理直至审核完结；特殊情况下，如参与活动的学生需所在学院确认的，由学院负责相关工作。

2. 时效时限原则

发起活动时间较之活动开展时间原则上须至少提前 3 个工作日，初审人须在活动发起后于 2 个工作日内审核完毕，终审人须在初审后 1 个工作日内审核完毕。活动结束后，发起人要在活动结束后 2 个工作日内完成资料提交。

需要个人申请或批量导入学时的，须统一在每个学期最后一个月系统开放申请或导入，尽量避免补录。审核人须于期末完成审核，每学期初公布学生上一学期已获得的实践学时数。

3. 实事求是原则

在 PU 平台中发起活动时应实事求是，活动必须属于第二课堂范畴，具有素质教育实践特征。已列入《清单》（参照最新版本）的项目，不得发放实践学时。

个人申请学时必须实事求是、精准真实，不得弄虚作假套取学时，一旦核实存在弄虚作假行为（如伪造证书等），驳回有关申请、核减有关学时，并视情节给予警告、罚减学时、暂封账号等处理。

第四章　艺彩纷呈

> 美育是提升审美素养、陶冶情操、温润心灵、激发创新创造活力的教育。在德智体美劳五育中，美育与其他四育紧密联系、互相促进。
>
> 学校以习近平新时代中国特色社会主义思想为指导，全面贯彻党的教育方针，坚持马克思主义指导地位，坚持中国特色社会主义办学方向，坚持明德引领风尚，弘扬艺术浸润技术，落实立德树人根本任务，遵循美育工作特点，塑造精益的匠人精神，进一步提升学校美育质量，打通美育工作梗阻，夯实美育薄弱环节，弘扬中华美育精神，引领学生树立正确的审美观念，陶冶高尚的道德情操，以美育人，以美化人，以美培元，培养德智体美劳全面发展的社会主义建设者和接班人。

第一节　以美化人

生活是一艘巨大的船，它有着说不清的喜怒哀乐；而艺术是一面多样的帆，它是人类情感的反映，以自己独有的方式感染人、打动人，提升人对美好生活的向往，净化人的心灵，陶冶人的情操。

（1）学校坚持正确方向。充分重视美育的意识形态属性，坚持以社会主义核心价值观为引领，弘扬中华优秀传统文化，继承革命文化，发展社会主义先进文化，形成学生自觉增强文化主体意识、增强文化担当的新面貌。

（2）学校坚持面向全体。健全并不断完善面向人人的学校美育育人机制，让所有在校学生都享有接受美育的机会，推动实现人人有雅趣、个个有艺能，促进同学们德智体美劳有机融合。

学校以"培养学生人文素养和科学素质"为宗旨，形成文、史、哲、艺术系列选修课体系，提高全体大学生的文化品位、审美情趣、人文修养和科学素质。学校积极邀约校内外专家，打造"星期二大讲堂"文化素质教育品牌（图4.14至图4.17）；累计开设《中华民族精神》《大学生音乐修养》《葡萄酒文化与品鉴》等文化素质选修课程100余门次；同时开设文化素质类网络课程，满足学生选课需求。

图 4.14　中国民族音乐博物馆馆长潘一东做客"星期二讲堂"

图 4.15　著名舞蹈家金秋教授做客"星期二讲堂"

图 4.16　时任江苏省昆剧院院长李鸿良做客"星期二讲堂"

图 4.17 著名画家梁元做客"星期二讲堂"

学校持续深入开展高雅艺术进校园、艺术名家进校园、戏曲经典进校园和优秀电影赏析活动,每年引进 2~3 个江苏省高水平艺术演出项目,邀请若干名艺术名家来校指导教育实践活动。积极创造条件探索中华优秀传统文化传承基地建设,增强五四科技文化艺术节的品牌影响力,不断探索创新校园综合性文艺晚会和学生品牌艺术活动,大力支持举办市级以上学生高水平艺术成果展。

第二节 以美育人

公共艺术教育是高职院校文化素质教育的重要组成部分,它对开阔学生视野、培养学生审美情趣、提高学生艺术修养和综合素质有着重要的作用。为了能够有效地全面发展学生素质,学校把公共艺术教育作为文化素质教育的工作重点,成立了公共艺术教研室,组织师生认真学习贯彻《高等学校公共艺术课程指导纲要》《学校艺术教育工作规程》《全国普通高等学校公共艺术教育课程指导方案》等文件精神,把大学生艺术教育纳入人才培养方案之中,将公共艺术课程纳入专业教学计划和学校教学督导体系,制定课程教学大纲,并进一步明确要求每个学生三年期间必须修满 9 个文化素质学分,其中艺术类为必修类,每个在校生必须修满 2 个艺术教育学分。充分挖掘校内外教学资源,改进教学设施,创造教学条件,不断提高公共艺术课程教学质量,形成了校领导主抓,多部门协作推动,覆盖课程教学,课外、校外艺术教育活动和校园文化艺术环境建设的多方位公共艺术教育工作机制,使我校学生感受美、表现美、鉴赏美、创造美的能力有明显提高。

我校近年来高度重视技术技能型人才的职业素质培养和审美教育,健全了管理机构,配备了专职艺术教师,投入专项经费,改善艺术教育教学条件和环境,通过开设艺术教育课程、举办校园文艺活动和校外艺术实践，努力培养广大青年学生感受美、欣赏美、创造美的能力（图4.18至图4.22）。结合无锡地域文化，开设国画、书法、戏曲（锡剧）、惠山泥人等各类艺术选修课，引领学生在鉴赏色彩斑斓、气韵生动的书法、绘画、戏曲、雕塑艺术作品的同时，了解一个个"有意味的形式"背后我国古代劳动人民智慧的心灵、精湛的技艺、欢悦的气氛。在教学中注重理论教学和实践体验相结合，学与做相结合，通过亲手创作提高学生艺术审美和创新能力，取得了良好的效果。学生在江苏省大学生艺术展演、全国大学生美育作品展中屡屡得奖，在同类高职院校中赢得了广泛好评。

图4.18　教师舞蹈指导

图4.19　教师绘画指导

图 4.20　教师书法指导

图 4.21　教师合唱指导

图 4.22　教师乐器指导

第三节 以美培元

为有效利用社会优质教育资源，进一步拓展思想道德教育和文化素质教育的内容与形式，近年来，我校先后与江阴华西村、无锡人杰苑、无锡中国民族工商业博物馆、东林书院、王选纪念馆、南京雨花台、盐城新四军纪念馆等近50家单位共建校外爱国主义教育、文化素质教育和党员教育基地，签订共建协议并挂牌，通过实地参观学习、参与共建单位文化活动，为基地提供青年志愿者服务，邀请基地研究专家来院讲学、担任客座教授等方式，建立互利互惠的长期合作关系（图4.23、图4.24）。这种共建校外教育基地的方式，进一步拓展了素质教育的内容，也为学生了解区域文化提供了更为直接有效的方式，更为学校赢得了良好的社会声誉。

图4.23　学校与侵华日军南京大屠杀遇难同胞纪念馆共建爱国主义教育基地签约挂牌仪式

图4.24　学校与无锡博物院共建素质教育基地签约揭牌仪式

第四节　艺彩校园

文化艺术类活动是高校校园文化建设的重要组成部分，是展现校园整体风貌、增强大学生审美素质的有效途径。下面将介绍若干项学校文化艺术活动品牌，期待你的参与。

一、五四科技文化艺术节

学校自1997年举办"五四科技文化艺术节"以来，坚持以此为龙头，推动校园文化活动系列化、品牌化，至2023年已举办25届。艺术节期间的"大型歌舞文艺晚会"成为我校学生展示才艺的舞台。"五四文化艺术展"内容丰富，有创新教育项目展、学生科技作品展、手工艺作品展、书画展、艺术摄影展等。还有大学生创业大赛、青春舞会等几十项活动，尽展职院学子风采（图4.25、图4.26）。为搭建学生社团交流展示的舞台，充分展示学生社团的风采，推动社团健康有序发展，繁荣校园文化，促进校园精神文明建设，学校团委依托"社团之夜"这一载体，不断加强学生社团建设管理和素质教育工作。"社团之夜"既突出展示了各社团文化成果，也进一步推进了社团文化发展。

图4.25　学校第十七届"K歌之王"大赛决赛现场

图 4.26 "献礼党的二十大,同心逐梦向未来"青春歌会

二、艺术名家进校园

无锡艺术名家进校园系列活动是我校社团活动的重点项目,自 2018 年以来已举办多场。主要聘请无锡书画名家走进校园,走进课堂(图 4.27 至图 4.29),让学生近距离了解书画创作及背后的艺术故事,既丰富了社团活动,也拓宽了学生的艺术视野,切实做到让学生感受美、欣赏美、创造美。

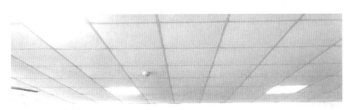

图 4.27 中国美术家协会会员赖辉教授进校指导

图 4.28　著名版画家于承佑教授来校进行艺术交流

图 4.29　无锡书画院著名油画家李建鹏老师进校指导

2023 年，我校邀请到中国书法家协会会员陆涛清老师来校交流（图 4.30），陆老师的作品多次在中央电视台、江苏电视台、无锡广播电视台展播。陆涛清老师因一次书画活动与我校结缘，受聘于机械工程学院，执教期间，他同时担任无锡职业技术学院蠡溪书画协会指导教师，多次组织学生参与无锡市高校书画联谊会，给同学们创造了很多学习和交流的机会。

图 4.30　中国书法家协会会员陆涛清老师进校指导

三、美育系列成果展

美育系列成果展活动自 2011 年至今已开展十余年，分为教师个人作品展和师生教学成果展，引导广大学生欣赏与体验美术作品，提高文化艺术素养。多年来全校师生共同参与，赢得了各界好评，彰显了我校美育成果的新风貌。

2012 年，我校举办汤雪菲老师个人美术教学作品展。展出作品有皱纹纸粘贴画、布贴画、纸贴画、毛线装饰画、密度板雕刻画等作品。她的作品具有很强的装饰性和实用性，在美化我们的生活和学习环境的同时，对于促进学生艺术能力与人文素养的发展具有积极意义。

2014 年，我校举办了"曹亮和她的学生们"教学成果汇报展。画展经过了一年多的精心准备，十几名爱好国画的同学在曹亮老师的带领下刻苦作画，创作了 130 多幅绘画作品。正式展出作品包括 85 件学生的国画作品与 15 件曹亮老师的作品。作品形式多样，有白描人物、白描花鸟、宋人小品、工笔花鸟、写意花鸟、写意山水等（图 4.31）。在画法上，既秉承传统，又加以创新，传统画法与现代元素相得益彰，充分表达了同学们对传统绘画的领悟与认识。

2017 年，我校举办了"笔墨丹青塑艺魂"美育教学成果展（图 4.32）。参加此次美展的 130 多件优秀作品均由我校非艺术专业的学生创作，他们选修了"国画实践""书法实践""手工装饰画""传统草木染手工艺""泥塑"等公共艺术选修课。展品由中国画、书法、草木染、手工装饰画、泥塑五部分组成，这些用线条、色彩、工艺、造型构成的"最中国式的表达"，凝结了同学们对中华优秀传统文化、对艺术、对美、对生活乃至对人生的认知、感悟、态度和思考，映射着艺术的光芒，充分展示了学校多年来"以艺术浸润技术，促进全面发展"育人理念下的公共艺术教育教学成效。

图 4.31 "曹亮和她的学生们"教学成果汇报展

图 4.32 "笔墨丹青塑艺魂"美育教学成果展

2019年,为庆祝我校建校60周年,"艺润匠心"师生美术作品展在无锡美术馆(无锡市书画院)展出(图4.33),展现了近年来我校学子在教师的指导下开展艺术创作的生动实践及取得的阶段性成果,共展出中国画、书法、草木染、蜡染、手工装饰画、泥塑六大类别作品100件,其中学生作品94件,教师代表作品6件。参展作品是学校从"国画实践""书法实践""手工装饰画""传统草木染手工艺""泥塑""蜡染"六门艺术选修课程中选拔而出的,展出半月,赢得了社会各界的广泛好评。

图 4.33 "艺润匠心"师生美术作品展

2021年,为庆祝中国共产党成立100周年,我校隆重举办"百年风华·艺心向党"主题师生艺术作品展(图4.34),精心挑选展示了全校师生以迎接建党100周年为题材的艺术作品100余件,包含书法、国画、摄影、插画等多种艺术样式,产生了较好的社会影响。

图 4.34 "百年风华·艺心向党"主题师生艺术作品展

2022年,由学校主创的江苏艺术基金2022年度传播交流推广资助项目"《吴韵祥瑞图》大型彩塑及衍生文创作品展"相继在南京、扬州巡回展出(图4.35),引爆两地大中小学生的非遗学习热潮和广大市民的参与热情。江苏各大媒体连续追踪报道,江苏省文化和旅游厅、所展城市文旅局及当地大中小学领导、专家与同行给予了高度评价。这是学校多年来坚持以吴文化精髓立德树人结出的又一硕果。

图 4.35 《吴韵祥瑞图》大型彩塑及衍生文创作品展

四、高雅艺术进校园

"高雅艺术进校园"活动是国家教育主管部门促进高校素质教育的重要举措,旨在将高雅艺术融入校园文化建设,提升校园文化品位,丰富校园文化生活,达到艺术教育"润物无声、育人无形"的效果,引导大学生弘扬中华优秀传统文化,提高艺术和文化素养,促进大学生全面发展。我校自 2013 年以来,连续不断地开展多场"高雅艺术进校园"活动,让学生们有了一个亲近艺术、聆听大师、提升艺术素养、感受艺术魅力的平台。

2014 年,江苏省演艺集团话剧院的演员们来到我校为师生们上演了话剧《激辩三十八天》(图 4.36)。本次演出是江苏省教育厅 2014 年"高雅艺术进校园"系列活动之一,由江苏省教育厅、江苏省财政厅主办。话剧《激辩三十八天》由南京大学教授康尔编剧,钱态导演,杨宁、史奕、庄嘉敏主演,讲述了 1937 年留美博士、桥梁专家茅以升与留德博士、浙江省主席朱家骅及留日教官、爆破专家金大勇之间围绕钱塘江大桥该不该炸、为何而炸及当局"炸桥御敌、毁城抗日"决策而进行的长达 38 天的辩论,以史为据,冲突感十足,充满思辨色彩,曾获得第十一届江苏省戏剧文学奖一等奖。本次活动使同学们与高雅艺术进行了一次近距离的接触,剧情变化时时扣动观众的心弦,同学们表示欢迎更多更好的高雅艺术走进校园,陪伴成长。

图 4.36　江苏省演艺集团话剧院进校演出

2017 年，由江苏省委宣传部主办，无锡市锡剧院、无锡职业技术学院承办的"高雅艺术进校园"活动《锡剧折子戏专场》展演在我校上演（图 4.37）。经典锡剧折子戏《玉蜻蜓·认母》《青丝泪·扑火脱险》《宝莲灯·二堂放子》，其语言具有浓郁的无锡地域气息，通俗易懂，情节生动有趣，为广大师生熟悉地方戏曲、传承特色文化、提高审美修养起着积极的作用。

图 4.37　无锡市锡剧院进校演出

2020 年，由江苏省教育厅、江苏省财政厅主办，亚历山大室内乐团承办的"高雅艺术进校园"活动走进我校（图 4.38）。该乐团是江苏省首支职业弦乐室内乐团，由俄罗斯小提琴家、指挥家亚历山大·皮扬科夫斯基领衔创建并参与。音乐会上，亚历山大室内乐团演绎了《加勒比海盗》《寻梦环游记》《千与千寻》等经典影视作品主题曲。其中电影《天空之城》主题曲给大家留下了深刻的印象，其以合唱的和声织体形式写成，风格优雅婉转，哀婉如歌的旋律饱含深情，仿佛让听众置身于电影的场景当中。

图 4.38　亚历山大室内乐团进校演出

2021 年，由江苏省教育厅、江苏省财政厅主办的"高雅艺术进校园"活动走进我校（图 4.39）。本次歌舞综艺作品《奋进新时代》由江苏省演艺集团承演，既是一台高水平的综合文艺晚会，又是 2021 级新生入校后学校举办的首场大型演出。

图 4.39　江苏省演艺集团进校演出

2021 年，昆剧《描朱记》在我校上演（图 4.40），著名昆曲表演艺术家周志刚为艺术指导，由昆山当代昆剧院青年人才为主力创作而成，讲述的是苏轼与其第二任妻子王闰之的故事。通过将传统戏曲的表演程式与现代表演艺术有机结合，古事新说，关注当代人的情感与成长，极具现实意义。

图 4.40　昆曲《描朱记》上演

第五节　艺彩绽放

多年来我校积极组织学生参加各项艺术活动,取得了多项喜人成绩,全面展现出我校师生的精神风貌。江苏省大学生艺术展演活动三年一届,是省内级别最高、规模最大、影响最广泛的大学生艺术赛事,是学校美育培根铸魂的重要载体。自 2008 年至今,我校已参加五届。全体参赛师生精心准备、全力以赴、克服困难,取得了优异的成绩,它是我校美育教育成果的一次集中展示,为我校进一步加强美育工作锻炼了队伍,营造了氛围。

2008 年,江苏省第二届大学生艺术展演活动在南京师范大学举行。孟美蓉老师指导的团队小合唱《老街人家》一举获得声乐类一等奖,并获创作一等奖和指导一等奖。《老街人家》表现的是一家人其乐融融的生活场景,柔美抒情的四部和声,清新婉约的音乐旋律,与背景画面和谐地融为一体,将江南水乡老街一户人家平实、安逸的生活韵味表现得淋漓尽致(图 4.41)。

图 4.41 声乐作品《老街人家》获江苏省第二届大学生艺术展演活动一等奖

2014 年,在江苏省第四届大学生艺术展演活动中,我校学生参加了舞蹈、声乐、绘画、书法及篆刻、戏剧、微电影等多个类别的比赛,收获颇丰,共获得 3 个一等奖(图 4.42)、6 个二等奖和 14 个三等奖。

图 4.42 绘画作品《荷》获江苏省第四届大学生艺术展演活动一等奖

2017 年,在江苏省第五届大学生艺术展演活动中,我校在选送参赛的各类别中均获奖,共揽获一等奖 3 项、二等奖 7 项、三等奖 10 项。我校选送的舞蹈作品《毕业歌》(图 4.43)、绘画作品《花语》(图 4.44)获一等奖。

图 4.43 舞蹈作品《毕业歌》获江苏省第五届大学生艺术展演活动一等奖

图 4.44 绘画作品《花语》获江苏省第五届大学生艺术展演活动一等奖

2020年,在江苏省第六届大学生艺术展演活动中,我校学生喜获佳绩。在学校大学生艺术展演活动工作领导小组的统筹安排下,团委、设计艺术学院、基础课部等多部门密切配合,精心备赛,共计参加舞蹈、大合唱、小合唱及表演唱、绘画、书法及篆刻、朗诵、艺术设计、艺术工坊、微电影展评9个赛项,总计获奖16项,其中一等奖3项。学校获得省级大学生艺术展演活动"优秀组织奖",部分获奖作品如图4.45至图4.50所示。

图 4.45 艺术实践工作坊作品《肖江南·驿荡口》获江苏省第六届大学生艺术展演活动一等奖

图 4.46 微电影作品《情续锡韵,由"泥"传承》获江苏省第六届大学生艺术展演活动一等奖

图 4.47 大合唱作品《卖花生》《我爱你中国》获江苏省第六届大学生艺术展演活动二等奖

图 4.48 原创舞蹈《匠·芯》获江苏省第六届大学生艺术展演活动二等奖

图 4.49 小合唱作品《欢乐的那达慕》获江苏省第七届大学生艺术展演活动一等奖

图 4.50 原创舞蹈《展臂之路》获江苏省第七届大学生艺术展演活动一等奖

2023 年，在江苏省第七届大学生艺术展演活动中，我校获一等奖 2 项、二等奖 5 项、三等奖 13 项、优秀作品奖 1 项、优秀大学生艺术团员 2 名。活动以"厚植家国情怀，涵养进取品格"为主题，旨在落实立德树人，大力发展素质教育，以美育人、以美化人、以美培元。经团委和院系精心组织，认真备赛，在活动展演中表现突出，充分展示了我校学生蓬勃向上的精神风貌。

这里，展示着无锡职业技术学院人才培养的理念、精神和追求；这里，演绎着无锡职业技术学院弘扬先进文化、传承民族精华的人文情怀。一个个镜头，记忆着人文艺术教育的精彩瞬间；一幅幅画面，回放着人文艺术之花在校园绽放的动人场面。因篇幅有限，上文仅展示了部分获奖作品，近年来学生艺术作品主要获奖情况如表 4.4 所示。

表 4.4　学生艺术作品主要获奖情况一览表

序号	获奖人员	获奖信息	颁奖单位
1	黄彦铭等	小合唱作品《欢乐的那达慕》荣获江苏省第七届大学生艺术展演活动一等奖	江苏省教育厅
2	伍树源等	舞蹈原创《展臂之路》荣获江苏省第七届大学生艺术展演活动一等奖	江苏省教育厅
3	朱金晶等	大合唱作品《兰颂》《Janger》荣获江苏省第七届大学生艺术展演活动二等奖	江苏省教育厅
4	朱奥冉	绘画作品《春华秋实》荣获江苏省第七届大学生艺术展演活动二等奖	江苏省教育厅
5	范益慷等	戏剧作品《魔王的救赎》荣获江苏省第七届大学生艺术展演活动二等奖	江苏省教育厅
6	李尧等	微电影作品《情续锡韵，由"泥"传承》荣获江苏省第六届大学生艺术展演活动一等奖	江苏省教育厅
7	蒋璨	艺术设计作品《时代交叉——大茅远洋生态村自然博物竞赛博物装置设计》荣获江苏省第六届大学生艺术展演活动一等奖	江苏省教育厅
8	郭世豪等	艺术实践工作坊作品《肖江南·驿荡口》荣获江苏省第六届大学生艺术展演活动一等奖	江苏省教育厅
9	徐子航	舞蹈作品《匠芯》荣获江苏省第六届大学生艺术展演活动二等奖	江苏省教育厅
10	陈泽宇	大合唱作品《卖花生》《我爱你中国》荣获江苏省第六届大学生艺术展演活动二等奖	江苏省教育厅

续表

序号	获奖人员	获奖信息	颁奖单位
11	张露等	小合唱作品《圣湖边的小卓玛》荣获江苏省第六届大学生艺术展演活动二等奖	江苏省教育厅
12	姜其峰	江苏省第三届理工科大学生人文社会科学知识竞赛总决赛一等奖	江苏省高等教育学会 江苏省大学生知识竞赛组委会
13	石鑫等	江苏省教育厅第九届"校园廉洁文化活动周"艺术类二等奖、三等奖	江苏省教育厅
14	徐坤华等	第二届全国机械行业职业院校师生书画、摄影、民间艺术作品展学生组二等奖	机械工业发展中心 天津文学艺术联合会
15	李晓兰等	舞蹈作品《毕业歌》荣获江苏省第五届大学生艺术展演活动一等奖	江苏省教育厅
16	李柯颖	绘画作品《花语》荣获江苏省第五届大学生艺术展演活动一等奖	江苏省教育厅
17	戴伶凤等	摄影作品《Mystery》荣获江苏省第五届大学生艺术展演活动二等奖	江苏省教育厅
18	卜忍忍	荣获江苏省第五届大学生艺术展演活动三等奖	江苏省教育厅
19	杨洁等	"绚丽年华第七届全国美育成果展"特等奖（1人）、一等奖（3人）、二等奖（3人）、三等奖（3人）	中国高等教育学会美育专业委员会
20	赵蒙	第六届中国高校美术作品展三等奖	中国设计师协会
21	周双双等	江苏省第四届大学生艺术展演活动书法篆刻展三等奖	江苏省教育厅
22	李享骏等	江苏省第四届大学生艺术展演活动艺术作品展甲组一等奖（3人）、二等奖（2人）、三等奖（1人）	江苏省教育厅
23	陈晨等	江苏省第三届大学生艺术展演活动艺术作品展甲组舞蹈类二等奖	江苏省教育厅
24	周双双等	江苏省第三届大学生艺术展演活动艺术作品展甲组三等奖（6人）	江苏省教育厅
25	李志鹏等	2013年学生规范汉字书写大赛二等奖（2人）、三等奖（1人）	江苏省教育厅
26	孙威威等	朗诵作品《孩子快抓紧妈妈的手》荣获"魅力校园"第七全国校园文艺汇演暨第十二届全国校园春节联欢晚会节目征集活动一等奖	江苏省教育厅

续表

序号	获奖人员	获奖信息	颁奖单位
27	刘梦婷	第六届校园艺术节活动全国总决赛大学组朗诵比赛一等奖	江苏省教育厅
28	陆志佳	第六届校园艺术节活动全国总决赛大学组朗诵比赛一等奖	江苏省教育厅
29	张猛桂等	江苏省第三届大学生艺术展演活动甲组三等奖（5项）	江苏省教育厅
30	李景彦	书法作品《万里江山》荣获全国机械职业院校庆祝建党90周年书生书画摄影展二等奖	中国关心下一代工作委员会
31	宁国万	书法作品《百折多难》荣获全国机械职业院校庆祝建党90周年书生书画摄影展三等奖	中国关心下一代工作委员会
32	石春雨	CCTV第六届"青春中国"全国校园文艺汇演相声作品大赛三等奖	中国关心下一代工作委员会教育发展中心
33	陆云等	小合唱作品《老街人家》荣获江苏省第二届大学生艺术展演活动一等奖	江苏省教育厅
34	解雪君等	舞蹈作品《五月龙舟》荣获江苏省第二届大学生艺术展演活动三等奖	江苏省教育厅

同学们，艺术点亮生活，艺术渲染青春。无论你目前所学专业是否与艺术有关，无论你是否具有艺术基础，只要你对艺术怀有炙热之心、热爱之情，你的生活定会绽放别样的光彩！

原创舞蹈《匠·芯》

作品介绍：原创舞蹈作品《匠·芯》曾获江苏省第六届大学生艺术展演活动二等奖。看似普通的"芯"片，出厂前需要500多道工序；唯有保持勤耕不辍的"匠"心精神，才能在方寸之间构建精密世界。舞蹈《匠·芯》以艺术的语言诠释高等职业教育培养高技能、高素质人才的初心与使命。

第五篇 多元发展

　　为构建大学生多元成才质量体系，学校扎实推进教学改革，制定了"学分银行"相关制度。同学们可以通过各级各类高水平科学研究、技能大赛、创新创业等活动所获成绩，实现相应学分认定、互换等。

　　人生就像一场旅行，不断地告别，不断地遇见，遇见更好的风景，遇见更好的未来。大学生活短暂而美好，若你不好好珍惜，它将平淡无奇；大学生活充满机遇与挑战，若你不好好把握，它将转瞬即逝。亲爱的同学，从此刻开始，行动起来，去探索、去拓展属于你的赛道！

第一章　技能提升

> 党的十八大以来，我国高度重视职业教育发展。习近平总书记明确指出，"职业教育是国民教育体系和人力资源开发的重要组成部分，肩负着培养多样化人才、传承技术技能、促进就业创业的重要职责"，并强调，"在全面建设社会主义现代化国家新征程中，职业教育前途广阔、大有可为"。

第一节　认识技能提升

一、技能提升的重要意义

2019年5月18日国务院办公厅印发的《职业技能提升行动方案（2019—2021年）》（国办发〔2019〕24号）指出，把职业技能培训作为保持就业稳定、缓解结构性就业矛盾的关键举措，作为经济转型升级和高质量发展的重要支撑。坚持需求导向，服务经济社会发展，适应人民群众就业创业需要，大力推行终身职业技能培训制度，面向职工、就业重点群体、建档立卡贫困劳动力等城乡各类劳动者，大规模开展职业技能培训，加快建设知识型、技能型、创新型劳动者大军。

《中华人民共和国职业教育法》（以下简称《职业教育法》）于2022年5月1日起施行，是我国推动职业教育高质量发展，提高劳动者素质和技术技能水平，促进就业创业，建设教育强国、人力资源强国和技能型社会，推进社会主义现代化建设的重要举措。《职业教育法》明确：国家建立健全适应经济社会发展需要，产教深度融合，职业学校教育和职业培训并重，职业教育与普通教育相互融通，不同层次职业教育有效贯通，服务全民终身学习的现代职业教育体系。可见，技能人才培养与技能提升，是国家发展战略的重要基础，也是中国式现代化建设和高质量发展的重要支撑，具有非常重要的战略意义。"春来潮涌东风劲，扬帆奋进正当时。"作为新时代高职学生，我们必将"以志为先，以新为径，以苦为食"，坚持"理实融合"学知识、比技能、练本领，才能把总书记对职业教育"大有可为"的殷切期盼转化为职业教育"大有作为"的生动实践，才能全方位推动职业教育高质量发展，在全面建设社会主义现代化国家新征程上谱写职业教育创新篇章。

二、技能提升的主要途径

学校历来注重应用型人才实践能力的培养,在校内建成了"多功能、开放式、共享型"实践教学基地。目前建有1个国家发展改革委"十三五"产教融合发展工程规划项目、2个国家级实训基地、1个国家级示范性虚拟仿真实训基地,建有5个省级实训基地、2个省高职教育产教深度融合实训平台项目、4个基础实验中心、8个专业大类实训中心,还设有国家职业技能鉴定所、江苏省机械职业技术教育中心等,开设了63个工种的职业技能培训鉴定,学生学历证书和职业技能证书获取率达到95%以上。在校外建立了200多个实习基地,其中100多家企业成为学校工学结合顶岗实习基地。

为了服务人才强省战略和创新驱动发展战略,进一步深化职业资格改革,充分发挥人才评价"指挥棒"作用,调动广大劳动者学技术、钻技能的积极性,江苏省人力资源和社会保障厅发布了《江苏省职业技能等级认定工作实施办法(试行)》,形成了精准科学、规范有序、竞争择优的科学化、社会化、市场化人才评价机制。

我校于2020年8月申获职业技能等级认定第三方评价资格,成立了职业技能等级认定所,根据人才培养要求,组织协调各学院,面向我校在籍学生开展相关项目技能等级认定(图5.1),提供从报名到培训、职业技能等级认定和颁发证书等各项服务。职业技能等级认定所自成立以来,累计开展各类职业技能培训、鉴定约4万人次。

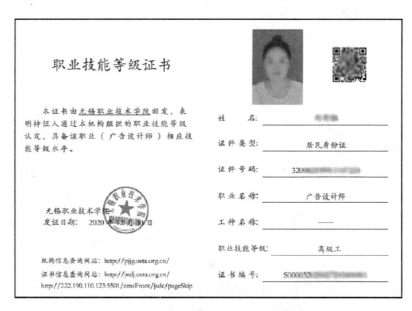

图 5.1 职业技能等级证书(样本)

三、校聘技能大师

学校秉承"严谨治学,崇尚实践"的校训,致力打造高水平的"双师"结构专业教学团队。目前学校有享受国务院政府特殊津贴专家 2 人、国家级教学团队 6 个、省"青蓝工程"科技创新团队 8 个,聘请姚建铨、顾秋亮、黄成等技能大师担任我校兼职教授。

1. 姚建铨:中国科学院院士

姚建铨,1939 年 1 月 29 日生于上海市,祖籍江苏省无锡市。他是激光与光电子科学家,1965 年天津大学研究生毕业,1997 年当选为中国科学院院士,现任天津大学精密仪器与光电子工程学院教授、博士生导师、院学位委员会主任、名誉院长、激光与光电子研究所所长。他在太赫兹光子学源,特别是在激光非线性差频(DFG)及光学相位匹配太赫兹源、太赫兹生物成像和雷达散射截面的检测等方面做出了贡献。他发展了高功率倍频激光理论,发明的双轴晶体最佳相位匹配的精确计算理论被国际学术界称为"姚技术""姚方法",并广泛应用。2014 年 5 月,姚建铨院士来我校指导讲学,并受聘担任我校客座教授。

2. 顾秋亮:大国工匠

顾秋亮(图 5.2),1955 年出生,江苏无锡人。他是中国船舶重工集团公司第七〇二研究所水下工程研究开发部职工,"蛟龙"号载人潜水器首席装配钳工技师,"全国五一劳动奖章""江苏省技术能手"获得者。

图 5.2 顾秋亮大师指导学生

中央电视台新闻频道播出的节目《大国工匠》对顾秋亮大师进行了专题报道,顾秋亮那双指纹已不清晰的手,给亿万观众留下了深刻印象。顾秋亮是土生土长的无锡人,在钳工岗位上一干就是 43 年,能把中国载人潜水器的组装做到精密度达"丝"级。2017 年 9 月,顾秋亮大师受聘担任我校产业教授。

3. 黄成：产业教授

1992级机械专业学生黄成（图5.3），1996年毕业进入无锡柴油机厂工作，现为一汽集团无锡柴油机厂发动机事业部值班总长。黄成大师经过多年努力，成为一汽集团高级专家、加工中心高级技师、国家职业技能鉴定加工中心组高级考评员、江苏省企业首席技师，先后被授予"无锡市技术能手""无锡市突出贡献中青年专家""无锡市五一劳动奖章"等荣誉，是江苏省"黄成技能大师工作室"的领办人。2018年，黄成受聘担任我校产业教授。

图5.3　产业教授黄成

第二节　职业技能提升

一、职业技能认定流程

为了规范有序开展职业技能等级认定工作，《江苏省职业技能等级认定实施细则》明确了认定工作程序，规范了劳动者、评价机构、人力资源和社会保障部门等各方工作内容与流程。我校相关工种职业技能等级认定工作由相应学院具体负责组织实施。图5.4为我院数控铣工、汽车维修工职业技能等级认定现场。

图5.4　数控铣工、汽车维修工职业技能等级认定现场

学生可根据自身需要，选择参加职业技能等级认定，具体要求可咨询所在学院，并配合所在学院组织实施。具体流程见图5.5。

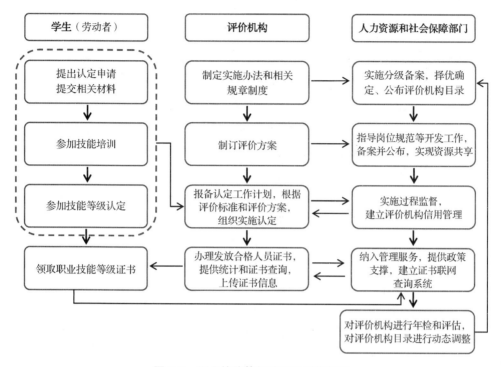

图 5.5　职业技能等级认定工作流程图

二、职业技能认定项目

学校以高技能人才培养为突破口，服务地方经济转型；发挥示范引领，优质资源共享，积极组织开展职业教育师资培训；服务学生成才，丰富继续教育内涵，认真组织开展考工考级培训，拓展国际技能证书和高技能人才培养。建有无锡职业技术学院职业技能等级认定所、全国机械行业技能等级认定站；年社会培训达 20 万人。获"无锡市高技能人才培养示范基地"，入选"全国应用型人才培养工程产教融合示范基地"，被中华全国总工会授予"全国职工教育培训示范点"，入选新时代江苏产业工人队伍建设改革项目试点单位。表 5.1 至表 5.4 展示学校承接的"人社职业技能等级证书项目""机械行业能力水平证书项目""1+X 证书项目""行业与企业证书项目"，供同学们参考。

表 5.1　人社职业技能等级证书项目

序号	职业名称	类别	等级	承担部门
1	铣工（数控铣工）	水平评价类	五级~一级	机械工程学院
2	车工（数控车工）	水平评价类	五级~一级	机械工程学院
3	电切削工	水平评价类	五级~一级	机械工程学院
4	装配钳工	水平评价类	五级~一级	机械工程学院

续表

序号	职业名称	类别	等级	承担部门
5	工业机器人系统运维员	水平评价类	四级~一级	控制工程学院
6	工业机器人系统操作员	水平评价类	四级~一级	控制工程学院
7	制冷空调系统安装维修工	水平评价类	五级~一级	控制工程学院
8	电工	水平评价类	五级~一级	控制工程学院
9	信息通信网络运行管理员	水平评价类	四级~一级	物联网工程学院
10	汽车维修工	水平评价类	五级~一级	汽车与交通工程学院
11	电子商务师	水平评价类	三级~一级	管理学院
12	物流服务师	水平评价类	三级~一级	管理学院
13	客户服务管理员	水平评价类	三级~一级	管理学院
14	广告设计师	水平评价类	三级~一级	设计艺术学院
15	室内装饰设计师	水平评价类	三级~一级	设计艺术学院
16	计算机程序设计员	水平评价类	四级~一级	物联网工程学院
17	咖啡师	水平评价类	五级~一级	文旅学院
18	调酒师	水平评价类	五级~一级	文旅学院
19	茶艺师	水平评价类	五级~一级	文旅学院

备注：以上项目均可开展企业新型学徒制合作。

表 5.2　机械行业能力水平证书项目

序号	职业名称	类别	等级	发证机构
1	工业机器人操作调整员	水平评价类	高级工（三级）及以下	中国机械工业联合会
2	表面热处理工	水平评价类	高级工（三级）及以下	中国机械工业联合会
3	热处理检验工	水平评价类	高级工（三级）及以下	中国机械工业联合会
4	工业大数据应用师	水平评价类	高级工（三级）及以下	中国机械工业联合会
5	数据标注员	水平评价类	高级工（三级）及以下	中国机械工业联合会
6	人工智能算法测试员	水平评价类	高级工（三级）及以下	中国机械工业联合会
7	车工（数控车工）	水平评价类	高级工（三级）及以下	中国机械工业联合会
8	铣工（数控铣工）	水平评价类	高级工（三级）及以下	中国机械工业联合会
9	加工中心操作调整工	水平评价类	高级工（三级）及以下	中国机械工业联合会
10	多轴数控机床操作调整工	水平评价类	高级工（三级）及以下	中国机械工业联合会
11	制冷空调系统安装调试工	水平评价类	高级工（三级）及以下	中国机械工业联合会
12	制冷空调设备维修工	水平评价类	高级工（三级）及以下	中国机械工业联合会
13	计算机程序设计员	水平评价类	高级工（三级）及以下	中国机械工业联合会

续表

序号	职业名称	类别	等级	发证机构
14	车工	水平评价类	高级工（三级）及以下	中国机械工业联合会
15	铣工	水平评价类	高级工（三级）及以下	中国机械工业联合会
16	物理金相实验工	水平评价类	高级工（三级）及以下	中国机械工业联合会

表5.3 1+X证书项目

序号	项目名称	发证机构	等级	承担部门
1	品类管理职业技能等级证书	北京睿学云诚教育咨询有限公司	中级	管理学院
2	机械产品三维模型设计职业技能等级证书	广州中望龙腾软件股份有限公司	中级	机械工程学院
3	多轴数控加工职业技能等级证书	武汉华中数控股份有限公司	高级	机械工程学院
4	多轴数控加工职业技能等级证书	武汉华中数控股份有限公司	中级	机械工程学院
5	数控车铣加工职业技能等级证书	武汉华中数控股份有限公司	高级	机械工程学院
6	数控车铣加工职业技能等级证书	武汉华中数控股份有限公司	中级	机械工程学院
7	家庭理财规划职业技能等级证书	平安国际智慧城市科技股份有限公司	初级	财经学院
8	智能财税职业技能等级证书	中联集团教育科技有限公司	初级	财经学院
9	财务共享服务职业技能等级证书	北京东大正保科技有限公司	初级	财经学院
10	工业视觉系统运维职业技能等级证书	苏州富纳艾尔科技有限公司	中级	控制工程学院
11	工业视觉系统运维职业技能等级证书	苏州富纳艾尔科技有限公司	初级	控制工程学院
12	工业机器人应用编程职业技能等级证书	北京赛育达科教有限责任公司	中级	控制工程学院
13	工业机器人应用编程职业技能等级证书	北京赛育达科教有限责任公司	初级	控制工程学院
14	智能网联汽车检测与运维职业技能等级证书	中德诺浩（北京）教育科技股份有限公司	中级	汽车与交通工程学院
15	智能新能源汽车职业技能等级证书	北京中车行高新技术有限公司	中级	汽车与交通工程学院
16	汽车运用与维修职业技能等级证书	北京中车行高新技术有限公司	中级	汽车与交通工程学院
17	跨境电子商务多平台运营职业技能等级证书	厦门优优汇联信息科技股份有限公司	中级	管理学院
18	物流管理职业技能等级证书	北京中物联物流采购培训中心	中级	管理学院
19	网店运营推广职业技能等级证书	北京鸿科经纬科技有限公司	中级	管理学院

续表

序号	项目名称	发证机构	等级	承担部门
20	葡萄酒推介与侍酒服务职业技能等级证书	新疆芳葡香思教育咨询有限公司	中级	文旅学院
21	研学旅行策划与管理（EEPM）职业技能等级证书	亲子猫（北京）国际教育科技有限公司	初级	文旅学院
22	人工智能深度学习工程应用职业技能等级证书	北京百度网讯科技有限公司	中级	物联网工程学院
23	物联网安装调试与运维职业技能等级证书	中盈创信（北京）科技有限公司	中级	物联网工程学院
24	网络系统规划与部署职业技能等级证书	福建中锐网络股份有限公司	中级	物联网工程学院
25	网络设备安装与维护职业技能等级证书	锐捷网络股份有限公司	中级	物联网工程学院
26	云计算平台运维与开发职业技能等级证书	南京第五十五所技术开发有限公司	中级	物联网工程学院
27	大数据平台运维职业技能等级证书	新华三技术有限公司	中级	物联网工程学院
28	JavaWeb应用开发职业技能等级证书	天津东软睿道教育信息技术有限公司	中级	物联网工程学院
29	Web前端开发职业技能等级证书	工业和信息化部教育与考试中心	初级	物联网工程学院
30	游戏美术设计职业技能等级证书	完美世界教育科技（北京）有限公司	中级	设计艺术学院
31	品类管理职业技能等级证书	北京睿学云诚教育咨询有限公司	中级	管理学院

表5.4 行业与企业证书项目

序号	项目名称	发证机构	类别	等级	承担部门
1	AutoCAD	全国CAD应用培训网络——南京中心	水平评价类	中级、高级	机械工程学院
2	SIEMENS NX CAD	Siemens PLM Software	水平评价类	中级、高级	机械工程学院
3	SIEMENS NX CAM、CAE	Siemens PLM Software	水平评价类	初级、中级	机械工程学院
10	AutoCAD机械设计师	工信部人才交流中心	水平评价类	工程师	机械工程学院
11	Solidworks设计师	工信部人才交流中心	水平评价类	工程师	机械工程学院
12	UG NX设计师	工信部人才交流中心	水平评价类	工程师	机械工程学院
13	UG NX-CAM工艺设计师	工信部人才交流中心	水平评价类	工程师	机械工程学院
14	冷冲压模具设计师	工信部人才交流中心	水平评价类	工程师	机械工程学院
15	注塑模具设计师	工信部人才交流中心	水平评价类	工程师	机械工程学院

续表

序号	项目名称	发证机构	类别	等级	承担部门
16	Ansys 分析	工信部人才交流中心	水平评价类	工程师	机械工程学院
17	PLC 技术应用	工信部人才交流中心	水平评价类	工程师	机械工程学院
18	3D 打印技术应用	工信部人才交流中心	水平评价类	工程师	机械工程学院
19	Solidworks 软件应用-CSWA	Solidworks 公司	水平评价类	中级	控制工程学院
20	Altium 应用电子设计认证（PCB 绘图师）	Altium 公司	水平评价类	工程师	控制工程学院
21	工业机器人操作调整工	机械工业职业技能鉴定指导中心	水平评价类	初级、中级、高级	控制工程学院
22	Solidworks 设计师	工信部人才交流中心	水平评价类	工程师	控制工程学院
23	单片机应用设计	工信部人才交流中心	水平评价类	工程师	控制工程学院
24	PLC 技术应用	工信部人才交流中心	水平评价类	工程师	控制工程学院
25	新能源汽车电池管理	工信部人才交流中心	水平评价类	工程师	汽车与交通工程学院
26	充电桩运维管理	工信部人才交流中心	水平评价类	工程师	汽车与交通工程学院
27	新能源汽车电驱动系统维护	工信部人才交流中心	水平评价类	工程师	汽车与交通工程学院
28	新能源汽车维护维修技术	工信部人才交流中心	水平评价类	工程师	汽车与交通工程学院
29	汽车维护维修技术	工信部人才交流中心	水平评价类	工程师	汽车与交通工程学院
30	汽车评估与信息分析	工信部人才交流中心	水平评价类	工程师	汽车与交通工程学院
31	应用程序编制（C#）程序员	ATA 职业技能评价服务中心	水平评价类	中级、高级	物联网工程学院
32	H3C 认证网络工程师	H3C 公司	水平评价类	工程师、高级工程师	物联网工程学院
33	华为认证大数据工程师	华为公司	水平评价类	工程师、高级工程师	物联网工程学院
34	华为认证网络工程师	华为公司	水平评价类	工程师、高级工程师	物联网工程学院
35	华为认证云计算工程师	华为公司	水平评价类	工程师、高级工程师	物联网工程学院
36	工业大数据应用师	机械工业职业技能鉴定指导中心	水平评价类	初级、中级、高级	物联网工程学院
37	人工智能训练师	机械工业职业技能鉴定指导中心	水平评价类	初级、中级、高级	物联网工程学院

续表

序号	项目名称	发证机构	类别	等级	承担部门
38	.NET开发工程师	工信部人才交流中心	水平评价类	工程师	物联网工程学院
39	大数据分析	工信部人才交流中心	水平评价类	工程师	物联网工程学院
40	信息安全与管理	工信部人才交流中心	水平评价类	工程师	物联网工程学院
41	物联网应用	工信部人才交流中心	水平评价类	工程师	物联网工程学院
42	图形图像处理（PhotoShop、3D Studio MAX）	ATA职业技能评价	水平评价类	中级、高级	设计艺术学院
43	计算机辅助设计（AutoCAD平台）	ATA职业技能评价	水平评价类	中级、高级	设计艺术学院
44	平面设计师	工信部人才交流中心	水平评价类	工程师	设计艺术学院
45	室内设计师	工信部人才交流中心	水平评价类	工程师	设计艺术学院
46	全国信息化工程师项目认证	工业和信息化部人才交流中心	水平评价类	初级、中级	财经学院
47	物流管理	工信部人才交流中心	水平评价类	工程师	管理学院
48	网络营销	工信部人才交流中心	水平评价类	工程师	管理学院
49	电子商务师	工信部人才交流中心	水平评价类	工程师	管理学院
50	跨境电子商务师	工信部人才交流中心	水平评价类	工程师	管理学院
51	普通话等级证书	江苏省语言文字工作委员会	水平评价类	二甲/二乙/三甲	基础课部
52	侍酒师	法国CAFA葡萄酒＆烈酒学院	水平评价类	初级、中级、高级	文旅学院

无锡职业技术学院培训服务手册

第二章 大赛引领

工匠精神是职业道德、能力、品质的综合体现，更是职业院校人才培养的重点。高职院校学生参加各级各类大赛，可以强化学习能力、拓宽视野、提振自信心。学校组织学生参加大赛，也是培育学生工匠精神的重要环节。下面就让我们一起来了解职业院校学生参与的若干重点赛事、赛项吧。

第一节 职业技能大赛

近年来，职业技能大赛备受全国各大高职、中职院校的关注，参与者积极拼搏进取、不甘人后、力争上游。从人员选拔到组队备赛，从日常集训到正式比赛，通过参与备赛、参赛全程，无论是参赛学生还是指导教师，都获益匪浅。

通过良性竞争，参赛学生的学习积极性得到了极大的激发，自学能力和钻研精神得到了很大的提高。参赛学生备赛中的积极学习、赛场上的奋勇拼搏、获奖后的兴奋自豪都会对其他同学产生正面积极的影响，起到了带头示范作用。指导教师也在竞赛指导和筹划准备过程中，学习了行业最新的知识和技术，提升了自身教学能力。

学校每年会在固定时间开展各项校级职业技能竞赛，有技术技能类的江苏省职业院校技能大赛的校级选拔赛，还有电子设计大赛、力学竞赛、数学建模竞赛、物理实验竞赛等面向不同专业不同技能的校级竞赛。另外，学校出台了《学生竞赛管理办法》，对参加各级各类大赛并取得优异成绩的学生予以政策支持，如课程学分置换等，也是学生参评三好学生、优秀毕业生等的重要参考。

1. 江苏省职业院校技能大赛参赛获奖情况

近年来，江苏省职业院校技能大赛每年举行三十余项赛项，基本涵盖学校所有专业。近三年，学校每年获得省一等奖10项左右，参与赛项获奖率高达90%以上。表5.5为近三年我校学生参加江苏省职业院校技能大赛获奖情况。

表 5.5　近三年我校学生参加江苏省职业院校技能大赛获奖情况

序号	赛项	奖项	指导老师	选手	获奖学生所在学院	获奖年度
1	工业产品数字化设计与制造	一等奖	黄志辉、杨　飞	樊子路、李建军	机械工程学院	2021
2	大数据技术与应用	一等奖	段莉华、胡丽丹	吴德权、邵江涛、杨周辰	物联网工程学院	2021
3	移动应用开发	一等奖	张文健、许　敏	张　超、夏家旺、熊毅豪	物联网工程学院	2021
4	网络系统管理	一等奖	肖　颖、包　科	郭　伟、曹曼喜	物联网工程学院	2021
5	云计算技术与应用	一等奖	高琪琪	闫　旭	物联网工程学院	2021
6	会计技能	一等奖	高凡修、余臻蔚	俞　畅	财经学院	2021
7	会计技能	一等奖	高凡修、余臻蔚	王庆贺	财经学院	2021
8	电子商务与营销技能	一等奖	汪志晓、汪晓曦	黄　玥、刘鑫荣、苗　雪	管理学院	2021
9	汽车检测与维修	一等奖	张美娟	韩天宇	汽车与交通工程学院	2021
10	机器人系统集成	二等奖	唐　霞、魏昌洲	仓子夜、张银宝、方　骞	机械工程学院	2021
11	模具设计与制造技术	二等奖	单　云、苗　盈	张佳岐、黄前途、黄士宇	机械工程学院	2021
12	现代电气控制系统安装与调试	二等奖	郑贞平、李润海	王　杰、刘　欢	控制工程学院	2021
13	机电一体化	二等奖	向晓汉、姚晓宁	隋玉超、王逸率	控制工程学院	2021
14	物联网技术应用	二等奖	邱晓荣、刘马飞	马　睿、董宇航、季运宏	物联网工程学院	2021
15	会计技能	二等奖	高凡修、余臻蔚	顾珍珍	财经学院	2021
16	互联网+国际贸易综合技能	二等奖	张　玲、侍冰冰	许　敏、黄　杨、邵仁康	财经学院	2021
17	新能源汽车技术服务	二等奖	陆玲亚	王元颢	汽车与交通工程学院	2021

续表

序号	赛项	奖项	指导老师	选手	获奖学生所在学院	获奖年度
18	艺术设计	二等奖	王雯	曾睿	设计艺术学院	2021
19	虚拟现实（VR）设计与制作	二等奖	王思梦、余婷婷	陈心怡、张继泽、戴文杰	设计艺术学院	2021
20	数控机床装调维修及智能化改造	三等奖	赵飞、宋广雷	汤军仪、陈一凯、何伟民	机械工程学院	2021
21	数控加工综合应用技术	三等奖	张虎、徐新	丁伟、吴波	机械工程学院	2021
22	工业机器人技术与应用	三等奖	陆荣、壮而行	陶士宏、曾博、孙雨凡	控制工程学院	2021
23	嵌入式技术与应用开发	三等奖	王波、谷永先	程飞、武千、程嘉震	物联网工程学院	2021
24	云计算技术与应用	三等奖	华拓	何明康	物联网工程学院	2021
25	智慧物流作业方案设计与实施	三等奖	宋晓明、郑红友	鲍赛利、章缘、李超	管理学院	2021
26	餐厅服务	三等奖	陈颖	卞成澳	文旅学院	2021
27	餐厅服务	三等奖	钱丽芸	周琼	文旅学院	2021
28	艺术插花	三等奖	沈科进	杨飚	设计艺术学院	2021
29	艺术插花	三等奖	马融	管倩	设计艺术学院	2021
30	工业产品数字化设计与制造	一等奖	杨飞、金旭星	屈浩晨、高鲁江	机械工程学院	2022
31	模具设计与制造技术	一等奖	李薇、苗盈	章乐康、黄士宇	机械工程学院	2022
32	工业机器人技术与应用	一等奖	商进、苏卫峰	吴佳伟、杨晶文	控制工程学院	2022
33	云计算技术与应用	一等奖	高琪琪	何明康	物联网工程学院	2022
34	大数据技术与应用	一等奖	江森林、徐也	唐志颖、浦昕鑫、张忠康	物联网工程学院	2022
35	移动应用开发	一等奖	汪菊琴	赵奕铭	物联网工程学院	2022
36	移动应用开发	一等奖	施晓倩	甘佳文	物联网工程学院	2022
37	网络系统管理	一等奖	牟宁、王鹏	李东进、钱之汐	物联网工程学院	2022
38	汽车技术	一等奖	王树云	李佳	汽车与交通工程学院	2022

续表

序号	赛项	奖项	指导老师	选手	获奖学生所在学院	获奖年度
39	电子商务技能	一等奖	汪晓曦、张晓楠	刘 凯、马文璐、李诗梦、张 婷	管理学院	2022
40	数控机床装调维修及智能化改造	二等奖	李学星、宋广雷	杨新旺、黄天公	机械工程学院	2022
41	机电一体化	二等奖	向晓汉、李 霞	徐 伟、陶欣程	控制工程学院	2022
42	现代电气控制系统安装与调试	二等奖	郑贞平、李润海	洪云峰、邢淇林	控制工程学院	2022
43	云计算技术与应用	二等奖	王振玲	王 政	物联网工程学院	2022
44	信息安全管理与评估	二等奖	乐明于、周文卓	张 哲、马振昆、蒋镇宇	物联网工程学院	2022
45	物联网技术应用	二等奖	吴 伟、刘马飞	赵 威、阿布都萨拉木·库尼都孜	物联网工程学院	2022
46	汽车技术	二等奖	陈 珣	张 杰	汽车与交通工程学院	2022
47	市场营销技能	二等奖	顾抱一、徐子州	丛雨萱、李金瑶、刘祥权、刘玉卓	管理学院	2022
48	智慧物流作业方案设计与实施	二等奖	宋晓明、郑红友	李 超、郭甜豫、章 缘、杨鑫平	管理学院	2022
49	会计技能	二等奖	李梅泉、陈 云	王玉瑶、赵 佳、时 萍、张统正	财经学院	2022
50	智能财税	二等奖	吴启高、钱奕含	刘彧彤、王宇阳、毕文欣、闫思琦	财经学院	2022
51	虚拟现实（VR）设计与制作	二等奖	王 秦、余婷婷	戴文杰、蔡兴雨、李雨轩	设计艺术学院	2022
52	艺术插花	二等奖	马 融	管 倩	设计艺术学院	2022
53	艺术插花	二等奖	沈科进	杨 飚	设计艺术学院	2022
54	室内艺术设计	二等奖	王 珏	马旭尧	设计艺术学院	2022
55	平面艺术设计	二等奖	史嘉怡	李燕燕	设计艺术学院	2022
56	数控加工综合应用技术	三等奖	俞张勇、李银标	刘 鑫、陈俊羽、吉中帅	机械工程学院	2022

续表

序号	赛项	奖项	指导老师	选手	获奖学生所在学院	获奖年度
57	机器人系统集成	三等奖	唐 霞、魏昌洲	方 骞、赵士航	机械工程学院	2022
58	电子产品设计及制作	三等奖	冯宏伟、单正娅	周 旭、顾子涵、孙楚骏	控制工程学院	2022
59	集成电路开发及应用	三等奖	钱冬杰、肖国玲	刘子涵、陈梦琪、郭子清	控制工程学院	2022
60	银行业务综合技能	三等奖	谢国萍、戴沂男	严天霞、沈 歆、王思佳、祁 昕	财经学院	2022
61	英语口语（专业组）	三等奖	李骥云	喻筱萱	文旅学院	2022
62	导游服务	三等奖	李娟梅	王 聘	文旅学院	2022
63	导游服务	三等奖	梁 峰	张 鸿	文旅学院	2022
64	餐厅服务	三等奖	叶 业、朱 雪	张万甲、徐 伟	文旅学院	2022
65	机器视觉应用	三等奖	姚晓宁、丁 健	张嘉晖、秦崧然	控制工程学院	2022
66	模具设计与制造技术	一等奖	单 云、李 薇	卞 鹏、邢 钺	机械工程学院	2023
67	网络系统管理	一等奖	包 科	黄民澳	物联网工程学院	2023
68	网络系统管理	一等奖	林 峰	朱峰烁	物联网工程学院	2023
69	移动应用开发	一等奖	杨文珺	杨新宇	物联网工程学院	2023
70	移动应用开发	一等奖	颜慧琴	陈晓帆	物联网工程学院	2023
71	信息安全管理与评估	一等奖	肖 颖、王 鹏	周辰宇、蒋镇宇、张 哲	物联网工程学院	2023
72	"互联网+"国际贸易综合技能	一等奖	徐静文、张 玲	严心怡、葛俐慧、刘 洋、刘卉㸌	财经学院	2023
73	机器人系统集成	二等奖	唐 霞、魏昌洲	杨林标、谭青芳	机械工程学院	2023
74	数控机床装调与技术改造	二等奖	赵 飞、李学星	皋栋梁、陆宣庚	机械工程学院	2023

续表

序号	赛项	奖项	指导老师	选手	获奖学生所在学院	获奖年度
75	工业机器人技术与应用	二等奖	商进、李元哲	夏梓竣、李斐	控制工程学院	2023
76	集成电路开发及应用	二等奖	钱冬杰、肖国玲	支成翔、诸文天、纪建锋	控制工程学院	2023
77	现代电气控制系统安装与调试	二等奖	郑贞平、李润海	付全、谢涛	控制工程学院	2023
78	物联网技术应用	二等奖	吴伟、潘健	王令坤、王选	物联网工程学院	2023
79	智慧物流作业方案设计与实施	二等奖	宋晓明、高婷	张骏、郭甜豫、秦童、方晓慧	管理学院	2023
80	货运代理	二等奖	郑红友	王雨杰	管理学院	2023
81	餐厅服务	二等奖	叶业、顾琳炎	徐伟、沈佳露	文旅学院	2023
82	复杂部件数控多轴联动加工技术	三等奖	俞张勇、曹旺萍	公浩、韩朔、张丁太	机械工程学院	2023
83	机电一体化	三等奖	马俊峰、张豪	刘晓勤、葛存楦	机械工程学院	2023
84	电子产品设计及制作	三等奖	冯宏伟、芮长颖	周旭、顾子涵、孙楚骏	控制工程学院	2023
85	嵌入式技术应用开发	三等奖	许弋、王波	张佳林、魏浩楠、郭宏伟	控制工程学院	2023
86	大数据技术与应用	三等奖	胡丽丹、段莉华	何浩翔、罗天龙、张毅辉	物联网工程学院	2023
87	云计算	三等奖	刁春娟	石昌泽	物联网工程学院	2023
88	云计算	三等奖	华素兴	张艺杰	物联网工程学院	2023
89	汽车技术	三等奖	王树云	王传全	汽车与交通工程学院	2023
90	汽车技术	三等奖	陈晟闽	彭长旺	汽车与交通工程学院	2023
91	电子商务技能	三等奖	汪晓曦、张晓楠	任单会、黄岩、谈明月、朱佳唯	管理学院	2023
92	会计技能	三等奖	陈云、陈建兰	王玉瑶、胡光悦、莫佳焱、张苏平	财经学院	2023

续表

序号	赛项	奖项	指导老师	选手	获奖学生所在学院	获奖年度
93	银行业务综合技能	三等奖	戴沂男、杜赫	吴文清、孙雨萌、李玉瑶、王良举	财经学院	2023
94	导游服务	三等奖	梁峰	陈双	文旅学院	2023
95	英语口语	三等奖	王莉群	夏苏茜	文旅学院	2023
96	英语口语	三等奖	杨双	高朗轩	文旅学院	2023
97	虚拟现实（VR）设计与制作	三等奖	赵越、朱应国	孟子翔、赵祖泉、杜运宝	设计艺术学院	2023
98	花艺	三等奖	沈科进	管倩	设计艺术学院	2023
99	花艺	三等奖	沈科进	杨飚	设计艺术学院	2023
100	艺术设计（平面艺术设计）	三等奖	张贺	孙菁菁	设计艺术学院	2023

2. 全国职业院校技能大赛参赛获奖情况

按照江苏省教育厅相关工作安排，参赛学校获得江苏省职业院校技能大赛一等奖之后，可以入围江苏省选拔赛，确定代表江苏省参加全国职业院校技能大赛的各参赛队。学校近五年来参加全国职业院校技能大赛获奖18项，其中一等奖9项、二等奖7项、三等奖2项（图5.6）。表5.6为2019—2023年我校学生参加全国职业院校技能大赛获奖情况。

图5.6　2022年我校参加国赛获奖队伍

表 5.6　近五年我校学生参加全国职业院校技能大赛获奖情况

序号	赛项	奖项	指导老师	选手	获奖学生所在学院	获奖年度
1	工业机器人技术应用	一等奖	陆荣、王海荣	戴臣、丁其、谢冬	控制工程学院	2019
2	物联网技术应用	一等奖	黄越、潘健	田亚南、朱学东、何泰斌	物联网工程学院	2019
3	移动互联网应用软件开发	一等奖	汪菊琴、李萍	付勇、蔡程成、郭浩峰	物联网工程学院	2019
4	计算机网络应用	二等奖	肖颖、侯立功	徐坚、陈尊东、刘元	物联网工程学院	2019
5	电子商务技能	二等奖	赵建伟、彭成圆	张辉、吴育鑫、徐金壹、张俊杰	管理学院	2019
6	大数据技术与应用	三等奖	江森林、刘贵锋	李林洋、钱程、葛丁鹏	物联网工程学院	2019
7	移动应用开发	二等奖	许敏	阮家辉	物联网工程学院	2020
8	网络系统管理	二等奖	高雅	韦云峰	物联网工程学院	2020
9	市场营销技能	二等奖	顾抱一、汪志晓	黄玥、高涵、杜少川、刘鑫荣	管理学院	2021
10	云计算	一等奖	高琪琪	何明康	物联网工程学院	2022
11	移动应用开发	一等奖	汪菊琴	赵奕铭	物联网工程学院	2022
12	网络系统管理	一等奖	肖颖	李东进	物联网工程学院	2022
13	模具数字化设计与制造工艺	一等奖	李薇、苗盈	章乐康、黄士宇	机械工程学院	2022
14	大数据技术与应用	三等奖	江森林、胡丽丹	唐志颖、浦昕鑫、张忠康	物联网工程学院	2022
15	模具设计与制造技术	一等奖	单云、李薇	卞鹏、邢铖	机械工程学院	2023
16	网络系统管理	一等奖	包科	黄民澳	物联网工程学院	2023
17	机器人系统集成应用技术	二等奖	唐霞、魏昌洲	杨林标、谭青芳	机械工程学院	2023
18	工业互联网集成应用（师生同赛）	二等奖	—	丁盛、张向龙	物联网工程学院	2023

在学科和其他技能竞赛中，学校每年荣获多项国家级奖项，在金砖国家职业院校技能大赛、全国大学生机器人大赛、全国大学生物理实验竞赛、全国行业职业技能竞赛、大学生数学建模竞赛、全国大学生电子设计竞赛等多项国家级竞赛中均有亮眼的

发挥。同学们，我们只有拥有充足的知识和技能，才能有效地应对各种挑战；只要我们拥有能力，一切可能性都会开启。因此，我们要珍惜时间，认真学习，不断练习技能，掌握科学文化知识，去提升自己的综合素质。

第二节　创新创业类大赛

近年来，全国职业教育以就业为导向，以培养创新型人才为目标，响应"大众创业，万众创新"号召，切实深化高等职业教育中人才创新教育的改革。以"互联网＋""挑战杯"为代表的创新创业类大赛备受瞩目，许多高职院校将创新创业精神纳入高等职业教育培养体系中，并积极对高职学生创新创业能力培养进行路径分析和实践。下面就让我们一起了解创新创业类重点赛项。

一、中国国际"互联网＋"大学生创新创业大赛

中国国际"互联网＋"大学生创新创业大赛，是由教育部等部门与地方政府联合主办的一项全国技能大赛。该项大赛在全国普通高校大学生竞赛排行榜中位列第一，含金量非常高。大赛旨在深化高等教育综合改革，激发大学生的创造力，培养造就"大众创业、万众创新"的主力军；推动赛事成果转化，促进"互联网＋"新业态形成，服务经济提质增效升级；以创新引领创业、创业带动就业，推动高校毕业生更高质量创业就业。该大赛有五个赛道：一是高教主赛道（针对本科及以上学生）；二是"青年红色筑梦之旅"赛道（"红旅"赛道）；三是职教赛道（针对职业院校、国家开放大学学生）；四是产业命题赛道；五是萌芽赛道（针对普通高等中学在校学生）。

学校每年 4 月公布校赛通知，深入教学单位进行全覆盖的项目挖掘，校赛结束后，学校针对不同赛道项目开展多次校内外专项培训，专家对重点项目进行现场辅导，对省赛推荐项目进行 10 轮以上的深度打磨。2021 年以来，学校针对中国国际"互联网＋"大学生创新创业大赛的参赛组织工作取得了长足进步：报名项目数、参赛学生人数逐年递增，参赛成绩也节节攀升，2020 年获 4 项省赛三等奖，2021 年获 1 项国赛银奖、4 项省赛二等奖，2022 年获 1 项国赛金奖、2 项省赛一等奖、6 项省赛二等奖、3 项省赛三等奖。其中，管理学院杨佳莹同学主持的项目"聚芯神匠——新能源电池单体均衡控制系统 BMS"斩获第七届中国国际"互联网＋"大学生创新创业大赛银奖；双创学院方骞同学主持的项目"'液'目了然——液态自变焦芯片金线检测技术开拓者"斩获第八届中国国际"互联网＋"大学生创新创业大赛金奖，取得历史性突破。学校在 2022 年中国国际"互联网＋"大学生创新创业大赛江苏省选拔赛中荣获优秀组织奖。

二、"挑战杯"创新创业大赛

"挑战杯"创新创业大赛（以下简称"挑战杯"）是由共青团中央、中国科协、教育部、全国学联和地方省级政府共同主办，国内著名大学承办，新闻媒体联合发起的一项具有导向性、示范性和群众性的全国竞赛活动。"挑战杯"系列竞赛被誉为中国大学生科技创新创业的"奥林匹克"盛会，是目前国内大学生最关注、最热门的全国性竞赛，也是全国最具代表性、权威性、示范性、导向性的大学生竞赛。"挑战杯"分为"大挑"（即全国大学生课外学术科技作品竞赛）和"小挑"（即中国大学生创业计划竞赛）。"大挑"注重学术科技发明创作带来的实际意义与特点；而"小挑"更注重市场与技术服务的完美结合，商业性更强。

学校"挑战杯"工作每年2~3月正式启动，校团委于4~5月举办校赛择优推报省赛作品，江苏省6~7月举办省赛择优推报参加国赛，全国决赛通常在下半年举办。以2018年1月至2023年6月为统计周期，学校获"挑战杯"国赛特等奖1项、银奖1项，省赛金奖2项、银奖8项、铜奖13项。

三、其他双创类大赛

1. 全国高职高专"发明杯"大学生创新创业大赛

全国高职高专"发明杯"大学生创新创业大赛，是由中国发明协会、全国高等职业技术教育研究会、中国高等学校知识产权研究会主办的全国性大专学生创新创业类竞赛，是目前国内大专院校大学生关注的热门全国性竞赛，是高职高专大学生创新创业竞赛的专属舞台。以2018年1月至2023年6月为统计周期，我校组织学生参加全国高职高专"发明杯"大学生创新创业大赛获一等奖10项、二等奖23项、三等奖25项。

2. "创响无锡"无锡市大中专院校创新创业大赛

"创响无锡"无锡市大中专院校创新创业大赛是专门面向无锡地区（含无锡市区、江阴、宜兴）大中专院校师生举办的地区性创新创业大赛。2022年的"创响无锡"无锡市大中专院校创新创业大赛设创新创业知识竞赛、创新启蒙赛、创意专项赛、创业专项赛、创业教育教学能力竞赛、物联网应用技术专项赛、主播带货专项赛七个竞赛组别。该大赛限制了在各类省级以上创新创业大赛中获得二等奖以上的项目参赛，是双创大赛"萌新"和"种子"项目初出茅庐小试身手的极好平台。以2020年1月至2023年6月为统计周期，我校组织学生参加"创响无锡"无锡市大中专院校创新创业大赛获一等奖3项、二等奖10项、三等奖13项。

3. 各行业协会创新创业大赛

近年来，各级各类行业协会主动作为，积极组织创新创业大赛，如中国大学生服务外包创新创业大赛、"蔡司杯"机械行业职业院校教育教学创新及创业大赛、中华职业教育创新创业大赛等。这些创新创业大赛紧跟时代发展步伐，深化产教融合，促进校企协同创新，促进各行业领域双创人才培养，丰富了大学生创新创业大赛的内涵和外延，也为广大青年学生提供了更多展示自我、相互交流的平台。以智创未来、赋能职教、共享发展等为主题，推进专业建设与教育教学改革。

以 2020 年 1 月至 2023 年 6 月为统计周期，我校学生参加各行业协会主办的创新创业大赛奖项目有：中国大学生服务外包创新创业大赛三等奖 1 项；"创青春"江苏青年创新创业大赛等省级赛事二等奖 4 项、三等奖 3 项；无锡市大学生社科普及创新创业作品大赛一等奖 2 项、二等奖 9 项、三等奖 5 项。

第三章 科创探索

> 纵观人类发展历史,创新始终是推动一个国家、一个民族向前发展的重要力量,也是推动整个人类社会向前发展的重要力量。习近平总书记指出:"实施创新驱动发展战略,是加快转变经济发展方式、提高我国综合国力和国际竞争力的必然要求和战略举措。"把创新驱动发展作为面向未来的一项重大战略实施好,就能够推动以科技创新为核心的全面创新,形成新的增长动力源泉,推动经济持续健康发展,加快从经济大国走向经济强国。在科技爆炸的年代,学生需要的是知识、能力、素质组成的综合素质训练,需要有社会责任感、创新精神和实践能力。
>
> 同学们,未来已来,用探索和实践,让科幻变科技。

第一节 科技创新与创客运动

一、科技创新改变世界

历史上每一次科技革命都会带来思维方式变革,出现标志性企业和标志性人物。

蒸汽机的发明和使用,引发了第一次科技革命(18世纪60年代—19世纪中期),人类从此进入"工厂时代""机器时代""蒸汽时代",人的劳动力得到解放,大大提高了生产效率,整个社会在生产力和生产关系方面均发生了巨大的变革。电力的发现和使用引起了第二次科技革命(19世纪末到20世纪初),世界由"蒸汽时代"进入"电气时代"。

20世纪中期,先后出现了电子计算机、能源、空间、生物等技术,引起了第三次科技革命。以原子能、电子计算机和空间技术的发展为主要标志,以信息科学、生命科学、材料科学等为前驱,以计算机技术、生物工程技术、激光技术、空间技术、新能源技术和新材料技术的应用为特征,把人类社会推进到"信息时代"。第三次科技革命不仅极大地推动了人类社会经济、政治、文化领域的变革,而且影响了人类的生活方式和思维方式,使人类社会生活的现代化向更高境界发展。

进入21世纪,第三次科技革命正在向更高层次发展,第四次科技革命已悄然发轫。第四次科技革命,也被称为智能革命,以互联网产业化、工业智能化等为标志,具体包括互联网、物联网、大数据、云计算、智能化、传感技术、机器人、虚拟现实等。新一轮科技革命，特别是颠覆性技术，加快了新业态、新模式的发展。

新一轮科技革命让人人都有创业的机会，人人都可以平等地参与到这场革命之中，成为革命的种子并从中受益。第四次科技革命有着更加广泛深刻的影响与意义，为世界经济政治格局、产业形态、人们生活方式等带来深刻影响，也将重塑世界科技竞争格局。

二、科创精神与创客运动

"惟创新者进，惟创新者强，惟创新者胜。"

创客（Mak-er），本指勇于创新、努力将自己的创意变为现实的人。人们把在互联网上做出创新成绩的人叫作创客，也有把摆脱墨守成规、在生活中体现出创新精神的人叫作创客。

创客其实无处不在，而且在每一个时代都存在。在我国古代，蔡伦、毕昇都是他们那个时代的伟大创客。我们的先哲孔子其实也是创客，他发明的是先进的教育思维和丰富的教育形式。可以说，没有创客的存在，社会文明就不会进步。

2001年，由美国麻省理工学院比特和原子研究中心发起，在美国波士顿建立了第一个Fab Lab（Fabrication Laboratory，微观装配实验室）。Fab Lab是一个快速创造原型的平台，用户可以通过Fab Lab提供的设施、硬件及材料，来实现他们想象中的产品的创意、设计和制造的全过程，这也被视为创客空间的起源。这一理念很快在世界范围内得到扩散，迅速激发了创客运动的蓬勃发展。

创客运动是指创客以3D打印技术和各种开源硬件进行DIY产品制造。今天的创客更多的产生在互联网时代，更加乐于使用互联网来分享创客作品。Fab Lab为创客运动的兴起做了一个很好的起步，更多的潜在创客们靠自有的条件和资源来实现创意，创客精神在世界范围内得以传播，越来越多的创客随之涌现。从2011年，创客运动开始进入我国，上海新车间、北京创客空间和深圳柴火创客空间等相继成立。

创客空间是指社区化运营的工作空间，在这里，有共同兴趣的人们（通常是对计算机、机械、技术、科学、数字艺术或电子技术感兴趣的人们）可以聚会、社交、展开合作。创客空间也称为Hackerspaces，在全球不断涌现。它是蓬勃发展的创客运动的一部分，鼓励人们创新。在无锡职业技术学院的校园里，不少二级学院都建设有富含专业特色的小型创客空间——创客工坊。一般创客工坊会为创客提供3D打印机、小型激光切割机、铣床、钻床、车床、电磨等专业设备及工具，为有科创兴趣和科创精神的同学提供科技创新实践锻炼的舞台。

第二节 大学生创新创业训练计划

一、国家大学生创新创业训练计划项目概况

国家大学生创新创业训练计划项目是教育部于"十二五"期间开始实施的。通过实施国家级大学生创新创业训练计划,促进高等学校转变教育思想观念,改革人才培养模式,强化创新创业能力训练,增强高校学生的创新能力和在创新基础上的创业能力,培养适应创新型国家建设需要的高水平创新人才。大学生创新创业训练计划包括创新训练项目、创业训练项目和创业实践项目三类。

1. 创新训练项目

创新训练项目是学生个人或团队在导师指导下,自主完成创新性研究项目设计、研究条件准备和项目实施、研究报告撰写、成果(学术)交流等工作。

2. 创业训练项目

创业训练项目是学生团队在导师指导下,团队中每个学生在项目实施过程中扮演一个或多个具体的角色,如编制商业计划书、开展可行性研究、模拟企业运行、参加企业实践、撰写创业报告等。

3. 创业实践项目

创业实践项目是学生团队在学校导师和企业导师共同指导下,采用前期创新训练项目(或创新性实验)的成果,提出一项具有市场前景的创新性产品或者服务,以此为基础开展创业实践活动。

二、学校大学生创新创业训练计划开展概况

学校高度重视大学生创新创业训练计划对推动人才培养模式改革的重要意义,将大学生创新创业训练计划纳入人才培养方案,把创新创业训练项目作为选修课程开设,同时开设创新思维等与创新训练有关的通识或选修课程,以及与创业训练有关的项目管理、企业管理、风险投资等选修课程,从课程建设、学生选课、考试、成果认定、学分认定、灵活学籍管理等方面给予政策支持。学校为参与项目的学生团队提供优渥的实训条件,示范性实验教学中心、各类开放实验室向参与项目的学生免费提供实验场地和实验仪器设备;同时,大学生创业园积极承担大学生创新创业训练任务,为参与计划的学生提供技术、场地、政策、管理等支持和创业孵化服务。

学校每年五月启动的大学生创新创业训练计划申报工作由开源创新创业学院具体负责。学校在籍学生均可申报大学生创新创业训练计划。学校设置各层次项目资助额

度和资助数量,每年将项目运行经费、各项目指导津贴、项目评审等费用及江苏省大学生创新创业训练项目配套经费进行统筹预算。每年校级大学生创新创业训练项目立项50项左右,以2023年为例,校级大学生创新创业训练立项情况如表5.7所示。

表5.7　2023年校级大学生创新创业训练立项情况

序号	所在院系/部门	项目名称	项目类型	立项类别
1	汽车与交通工程学院	基于复合相变材料的新能源汽车动力电池热管理装置开发	创新训练项目	普通项目
2	开源创新创业学院	基于物联网的焊机数据采集与感测寻位跟踪一体化设备	创新训练项目	普通项目
3	控制工程学院	基于无源无线物联网的工业资产动态数据采集系统	创新训练项目	普通项目
4	汽车与交通工程学院	新型汽车颗粒捕集器低碳燃烧特性的MP-PIC数值模拟研究	创新训练项目	普通项目
5	物联网工程学院	基于超声技术的便携式蔗糖检测装置	创新训练项目	普通项目
6	控制工程学院	心眼合一　助力智造——产品包装质量检测及SCADA系统构建	创新训练项目	普通项目
7	开源创新创业学院	收种一体:大棚蔬菜栽培槽智能转运小车	创新训练项目	普通项目
8	机械工程学院	基于CVD金刚石涂层刀具的镁合金铣削研究	创新训练项目	普通项目
9	控制工程学院	江苏磁艺科技有限公司	创业训练项目	普通项目
10	设计艺术学院	匠心筑遗,手作生活好物——大运河江苏段代表性非遗文化传播与文创开发	创新训练项目	普通项目
11	物联网工程学院	基于机器视觉和人工智能的PCB缺陷在线检测系统	创新训练项目	普通项目
12	汽车与交通工程学院	三维声音定向系统	创新训练项目	普通项目
13	控制工程学院	基于移动端的工业机器人可视化监控与故障预警系统设计	创新训练项目	普通项目
14	设计艺术学院	动画剧本创作——以桃花坞年画为例	创新训练项目	普通项目
15	汽车与交通工程学院	基于新能源汽车尾涡能量回收的新型减阻增程技术研究	创新训练项目	普通项目
16	控制工程学院	微灵智库	创新训练项目	普通项目
17	团委	一种乒乓球球拍胶皮自动黏合处理装置	创新训练项目	普通项目
18	物联网工程学院	多功能磁悬浮演示调试架	创新训练项目	普通项目
19	财经学院	乡村振兴背景下云南扎染手工艺"非遗+文旅"融合创新发展研究	创新训练项目	普通项目

续表

序号	所在院系/部门	项目名称	项目类型	立项类别
20	财经学院	乡村振兴背景下大学生"新农人"就业意愿影响因素研究——以无锡市高校为例	创新训练项目	普通项目
21	管理学院	数字技术赋能农业高质量发展"三步走"——以江苏省戴庄村为例	创新训练项目	普通项目
22	物联网工程学院	嵌入式多模态人工智能服务微平台	创新训练项目	普通项目
23	控制工程学院	基于STM32的程控电功率系统	创新训练项目	普通项目
24	物联网工程学院	一种基于全平台框架的实时校园共享笔记	创新训练项目	普通项目
25	设计艺术学院	创意悬浮广告牌设计及其场景应用	创新训练项目	普通项目
26	机械工程学院	BDD污水处理电极对染料废水降解脱色的研究	创新训练项目	普通项目
27	物联网工程学院	一种3D打印机器堵料疏通针清洁器	创新训练项目	普通项目
28	控制工程学院	一种人体工程学电竞鼠标设计	创新训练项目	普通项目
29	控制工程学院	节能型制冰饮水机的研发	创新训练项目	普通项目
30	物联网工程学院	基于深度学习的智能垃圾分类系统	创新训练项目	普通项目
31	物联网工程学院	基于AI的智能汽车人机交互技术研究及应用	创新训练项目	普通项目
32	开源创新创业学院	青少年健康监测智能座椅开发与推广	创业训练项目	普通项目
33	财经学院	"互联网+"之网红经济背景下城市发展问题研究——以网红城市淄博为例	创新训练项目	普通项目
34	开源创新创业学院	无锡市产教融合型企业参与职业教育的现状调研	创新训练项目	普通项目
35	设计艺术学院	"氤氲"现代国风家居花灯外观创新设计实践	创新训练项目	普通项目
36	管理学院	纸活创想——回收捐赠并且提供创意纸质品DIY服务及成品出售	创新训练项目	普通项目
37	物联网工程学院	基于工业互联网的高精度智能产线检测分拣系统	创新训练项目	普通项目
38	机械工程学院	一种车载太阳能板折叠装置	创新训练项目	普通项目
39	物联网工程学院	基于智能网关的工业数据采集装置	创新训练项目	普通项目
40	财经学院	玖桉工程服务	创新训练项目	普通项目
41	控制工程学院	一种兼具本地定时和远程定时功能的智能插座	创新训练项目	指导项目

续表

序号	所在院系/部门	项目名称	项目类型	立项类别
42	控制工程学院	桌面产品的墨水屏模块化	创新训练项目	指导项目
43	管理学院	共享便携式储物凳——记忆储物凳	创新训练项目	指导项目
44	物联网工程学院	"智慧巡堂"——基于智能小车的学生课堂行为监测与管理系统设计与开发	创新训练项目	指导项目
45	控制工程学院	多功能主题教育沙盘	创新训练项目	指导项目
46	设计艺术学院	"光影之梦"视频创意制作服务	创业训练项目	指导项目
47	管理学院	"一站式"大学生全套旅游用品"懒人方案"定制	创新训练项目	指导项目
48	控制工程学院	一种基于单片机的智能灯光调节系统	创新训练项目	指导项目
49	机械工程学院	基于国产九科芯MCU的智能电动自行车充电管理系统设计	创新训练项目	指导项目
50	机械工程学院	一种智能训练乒乓球拍	创新训练项目	指导项目

第三节　大学生学术科技型社团

第四篇"锡职'团团'"对学校社团建设有了较为全面的介绍，在这里我们重点介绍学校大学生学术科技型社团。我校现有学术科技型社团6个，覆盖学生600余人。

一、校级学术科技型社团

1. 大学生科技协会

大学生科技协会是以在校本专科学生为主体所组成的校级群众性科技学术团体，由学校团委、科技产业处共同指导。协会以"弘扬科学文化，营造科创氛围"为宗旨，组织学生开展科学研究、致力科技发明、推广科技成果，助力营造"讲科学、学科学、用科学"的良好校园科学氛围，促进广大同学努力学习，奋发成才。协会长期致力于宣传、吸引、支持学生参加课外科技活动，协助相关部门组织科技类活动。目前大学生科技协会成员已成为主持大学生创新创业训练项目、学生申报专利的主力军。值得一提的是，控制技术学院还建有二级学院科技创新协会，该协会以"鼓励和激发我校学生的创新创造精神"为宗旨，组织日常学习中各类问题的交流讨论会、各类科技创新类比赛，以期达到以赛促学的目标。

2. 数学建模协会

数学建模协会是在基础部直接指导下，由数学爱好者组成的学术型社团。协会以"交流思想、提高能力、团队协作、开拓创新"为宗旨，培养广大同学用数学方法解决现实问题的能力，激发学生学习数学与应用数学软件的积极性，培养同学们的团队意识、探索意识和创新意识，提高学生的科研水平。协会在基础课部的指导下，长期性协办并参加各类建模竞赛，举办校内九宫格数独大赛、数学趣味知识竞赛。

3. 计算机协会

计算机协会是在学校信息化中心指导下，由在校学生组成的科技型社团。协会以"服务校园师生，提高信息素养"为宗旨，常态化开展电脑维护公益活动、信息化素养培训、网络安全讲座等多种形式的活动，培养同学们的兴趣，提高同学们的理论水平和实践能力。

二、二级学院级学术科技型社团

二级学院级学术科技型社团有控制工程学院科技创新协会、控制工程学院机器人协会、物联网工程学院人工智能协会。各社团充分结合本专业技术技能应用，组织开展专题研讨、专业实践等活动，多年来，从大学生学术科技型社团中走出了一个又一个科创明星。他们中有拥有数十项发明专利的发明达人，有"挑战杯"创新创业大赛全国总决赛特等奖获得者，有全国优秀共青团员、无锡市青少年科技创新市长奖获得者，有创办估值上亿元企业的青年创业者，有科技大厂的关键岗位技术大咖。他们的成长经历告诉我们，科创探索就像一把钥匙，只要你有一份崇尚科学的品质、敢于探索的勇气，你就等于获得了这把钥匙，并且用它打开一扇通往新世界的大门。同学们，一切皆有可能，让我们一起探索未来吧！

第四节　知识产权申报与科技成果转化

一、知识产权与专利权概述

知识产权是基于创造成果和工商标记依法产生的权利的统称。最主要的三种知识产权是著作权、专利权和商标权，其中专利权与商标权也被统称为工业产权。知识产权的英文为"intellectual property"，也被翻译为智力成果权、智慧财产权或智力财产权。在三种知识产权的权利中，专利权与科创工作关系最为紧密。

专利权简称"专利"，是指发明创造人或其权利受让人对特定的发明创造在一定期限内依法享有的独占实施权。专利权属于知识产权的一种，因此也具有知识产权的特征，即时间性、地域性、无体性和专有性。时间性是指专利权人对所拥有的专有权只在法定的时间内有效，期限届满后，专利权人对该发明创造就不再享有专有权，原来受法律保护的发明创造成为了任何单位或个人都可以无偿使用的社会公共财富。地域性是指专利权一般只在授予其权利的国家范围内有效，在其他国家原则上不获得承认和保护。无体性又称非物质性，是指专利权的客体是智力成果，智力成果不具有物质形态，在客观上无法被人们实际占有。专有性也称"独占性"或"垄断性"，是指除专利法另有规定外，任何单位或个人未经专利权人许可都不得实施其专利。

知识产权法是科创探索领域保障发明创造者核心权益的法律，是有志于投身科创事业的探索者的必修课。

学生申请专利流程如图5.7所示。

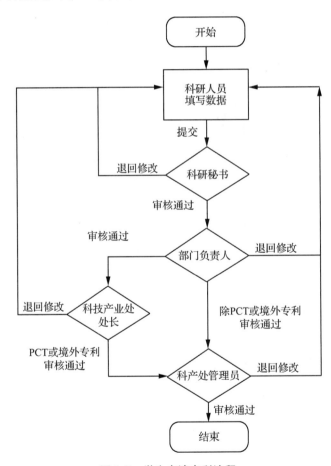

图5.7　学生申请专利流程

二、科技成果转化

科技成果转化是指为提高生产力水平而对科学研究与技术开发所产生的具有实用

价值的科技成果所进行的后续试验、开发、应用、推广,直至形成新产品、新工艺、新材料,发展新产业等活动。

科技成果转化实际上仅指技术成果的转化,即将具有创新性的技术成果从科研单位转移到生产部门,使新产品工艺改进、效益提高,最终使经济得以发展。

科技是经济增长的发动机,是一个国家提高综合国力的主要驱动力。促进科技成果转化、加速科技成果产业化已经成为世界各国科技政策的新趋势。科技成果转化的途径主要有直接和间接两种方式,并且这两种方式并非泾渭分明,经常是相互包含的。

学校专利转让/许可管理流程如图 5.8 所示。

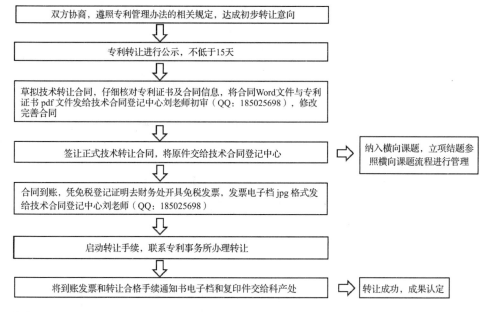

注意:
1. 不符合技术合同登记中心要求的技术转让合同将不能免税,承担正常开票税点。
2. 专利有效期和专利年费缴纳情况,至该专利受理事务所核实查询,失效专利不能进行专利转让。
3. 发明专利不低于 20 000 元/件,实用新型不低于 3 000 元/件,外观设计专利不低于 1 000 元/件。
4. 合同有效期起始日期必须在公示日之后。

图 5.8　学校专利转让/许可管理流程

第四章　学习延伸

> 这个夏天，你收到了大学录取通知书，此时的你一定对大学生活充满憧憬，没有父母的唠叨，没有每天早起的闹钟，也没有日夜刷题的任务……
>
> 一段学习经历的开启是上一段学习经历的终结，如果把眼光投向三年或四年后，经过不懈努力，或许我们会开启另一段新的学习经历。

第一节　学历提升

当前社会竞争压力大，就业形势严峻，提升学历有助于我们提升能力、拓宽视野，为将来找一份满意且有发展前景的工作奠定基础。不少刚入学的新同学对学历提升颇为关注，下面介绍两种学历提升途径，让我们一起来了解一下吧！

一、专转本

为深入贯彻习近平新时代中国特色社会主义思想和党的十九大精神，扎实推进全国全省教育大会精神贯彻落实，以立德树人为导向，建立高质量应用型人才培养的立交桥，提高人才选拔水平，培养高层次技术技能人才，结合江苏高等教育改革与发展要求，江苏省教育厅制定《江苏省普通高校"专转本"选拔考试改革实施方案》（苏教学〔2019〕6号）。该方案旨在重点突破"专转本"选拔考试内容与形式，构建"文化素质+职业技能"的评价方式，培养高层次技术技能人才，为"强富美高"新江苏建设提供重要支撑。

每年年底，江苏省教育考试院官网（www.jseea.cn）会公布《普通高等学校"专转本"工作的通知》（以下简称《通知》）。《通知》对接收院校及计划、选拔对象及方法、全省统一考试选拔的报名、志愿填报及考试安排等提出明确要求与规定，有意参加"专转本"考试的应届毕业生可届时关注。以2023年普通高等学校"专转本"工作为例，罗列"专转本"考试主要内容如下（苏教学函〔2022〕25号）。

（一）选拔对象及方法

（1）选拔对象为列入国家普通高校招生计划，经省招生部门按规定程序正式录取

的，在本省各类普通高校的专科三年级在籍学生（含普通高校对口单独招生学生、2020年春季和秋季入学的面向社会人员开展全日制学历教育招生学生）；经设区市招生部门按照规定程序正式录取的，在本省各类学校的五年一贯制高职的五年级在籍学生；普通高职（专科）录取后及在校期间从江苏省应征入伍，退役复学后的三年级在校学生（五年一贯制高职应为五年级在校学生），以及普通高职（专科，含五年一贯制高职）毕业当年从江苏省应征入伍，退役一年内的毕业生（含服役期间取得毕业证的），经有关单位严格按照规定的标准和程序审核后可参加相关高校的退役大学生士兵免试"专转本"招生。

（2）针对上述三种选拔对象采取三种选拔方法：普通高职（专科）学生"专转本"实行全省统一考试选拔的办法；五年一贯制高职（高师）的五年级在籍学生"专转本"由接收高校组织考试，择优录取，实施方案另行印发；退役大学生士兵免于参加文化课考试，须参加由接收高校组织的职业技能综合考察，实施方案另行印发。

（3）在巩固拓展脱贫攻坚成果过渡期内，继续安排适量"专转本"招生计划，专项用于招收本地原建档立卡贫困家庭高职（专科）毕业生。

（4）获2021年、2022年、2023年江苏省职业院校技能大赛高职组省赛一等奖或国赛二等奖以上普通高职（专科）在校学生，以及2022年江苏省职业院校创新创业大赛省赛一等奖或国赛铜奖及以上普通高职（专科）在校学生（创意组限团队成员前3人中的项目负责人或专利第一发明人，创业组限团队成员前3人且有股权的核心成员）可录取本科，须参加全省统一的"专转本"考试。

（二）全省统一考试选拔的报名、志愿填报及考试安排

1. 报名条件

（1）思想品德较好，遵纪守法，身体健康。

（2）修完学校教育教学计划规定内容，达到毕业要求，能正常毕业。

（3）取得全国计算机等级考试一级及以上证书（考虑到疫情影响，2022年12月份之前取得的江苏计算机等级考试一级及以上证书仍符合报名条件）。

报名工作安排在2023年1月上旬（退役大学生报名安排在2022年12月中旬），具体报名时间由省教育考试院公布。

2. 报名资格审查

普通高校"专转本"的考生报名工作由所在高校负责组织，并根据报考条件、学籍管理的有关规定，对考生进行资格审核后在学校官方网站公布。

3. 志愿设置

2023年"专转本"录取工作按照考生报考类别设置平行院校志愿。考生可根据自

己在专科阶段的学习情况，按照2023年江苏省普通高校"专转本"选拔考试专业大类设置选择相关专业。每生最多可填报八所院校的八个专业。

4. 考试

大学语文或高等数学满分为150分，英语或日语满分为120分，专业综合满分为230分（其中专业基础理论150分、操作技能80分），合计500分。专业综合考试（含专业基础理论和操作技能）按本科招生专业大类要求实行全省统一考试，以笔试形式进行。2023年电子信息类、音乐类两个专业大类作为试点，专业基础理论知识实行笔试，操作技能进行现场测试，现场测试方案另行公布。省控线按考生报考的专业大类、统考科目分别划定。

（三）其他

通过考试选拔的学生进入本科院校进行全日制脱产学习，颁发普通高等教育学历证书，可在中国高等教育学生信息网（www.chsi.com.cn）上查询。

另外，要想在"专转本"考试中取得满意成绩，需要长时间的投入与准备。许多同学在入学时会选择"专转本"培训机构辅助备考，在此郑重提醒各位，选择培训机构一定要多向辅导员、班主任咨询，多考察培训机构资质，不要偏听偏信、盲目跟风。

二、专接本

"专接本"是指对全日制在籍专科学生在基本完成专科阶段学习的基础上参加自学考试本科教育（即在籍专科生接读自学考试本科的简称），一般由专科学校和本科学校合作举办。

（一）选拔条件

（1）思想品德较好，遵纪守法，身体健康。

（2）我省普通高职专科二年级在籍生可申请"专接本"。

（二）报名方式

经选拔通过的学生，由主办高校根据规范要求统一上传名单，不设置统一入学考试，报名、注册由学生学籍所在学校组织。

（三）毕业条件

学生修满人才培养方案所规定的课程并按专业考试计划参加规定课程的考试，且所有课程（含毕业设计）成绩合格后方可申请毕业。江苏省全年共举行四次考试，时间分别为每年的1月、4月、7月和10月。具体时间以江苏省教育考试院官网（www.jseea.cn）公布的时间为准。

（四）其他

参加"专接本"学生按照本科院校的教学计划，在学籍所在的专科院校学习。学

历、学位文凭有"高等教育自学考试"和"成人高等教育"字样，国家承认学历，教育部电子注册，在中国高等教育学生信息网（www.chsi.com.cn）上可查。

第二节 出国研学

近年来，学校与美国、德国、法国、丹麦、澳大利亚等30多个国家及地区的100余所院校建立了友好合作关系，拥有比较稳定的渠道输送学生出国交流学习、参与寒暑期短期交流项目。

一、长期研学项目

1. 日本京都情报大学院大学留学项目

日本京都情报大学院大学和无锡职业技术学院于2016年签署了"2+1+2专硕连读"项目，合作亮点是专科毕业直接读硕士。日本文部科学省规定，满足15年学历的同学就可以直接读硕士。在无锡职业技术学院读完前两年，第三年10月份到日本京都日语学习中心学习一年日语，一年后日语达到二级左右的水平，同时拿到无锡职业技术学院的毕业证书。通过校内升学考试直接进入京都情报大学院大学攻读硕士，读两年，完成学业后获得中国教育部和日本文部科学省认可的硕士学位。

目前接收专业有：ERP（企业资源计划）、商务数据分析、全球化创业、网络系统开发、网络管理、IT漫画/动漫、旅游IT、人工智能8个专业。对完成学业的留学生授予信息技术硕士学位（Master of Science in Information Technology，日本文部科学省和中国教育部认可的学位），京都情报大学院大学有成熟的毕业生推荐组织，毕业后会推荐就业。

2. 泰国格乐大学专升本/本硕连读合作留学项目

泰国格乐大学（Krirk University，简称KRU）于1952年由享誉海内外的著名教育家格乐·曼格拉布克博士（Dr. Krirk Mangalabruks）创立，是泰国建校最早、历史最悠久的私立大学之一。

泰国格乐大学是国际大学协会（International Association of Universities，IAU）成员，学校以发展智慧型社会、创造培养知识体系和发展教学体制为目标，设有本、硕、博三个层次，下设工商管理学院、传播艺术学院、人文学院、法律学院、政治沟通学院、国际学院，开设本科专业20个（30多个培养方向）、硕士专业8个（近20个培养方向）、博士专业6个（近10个培养方向），其中政治关系、公共管理是泰国国家级重点学科，工商管理、教育学、体育、法律是泰国教育主管部门特批可中英泰多语言授课的示范性优质学科专业。

二、短期研学项目

1. 马来西亚管理与科学大学研修班

马来西亚管理与科学大学（MSU）是一所综合型大学，在 QS 世界大学评分系统中获三星评级，QS 2020 世界大学排名第 541 位，亚洲第 217 位，QS 2020 旅游酒店管理专业世界排名第 28 位，学校综合排名为亚洲顶尖大学前 1.8%。研修以跨文化交流及英语水平提升为主要目的，为期 15 天。

2. 韩国新罗大学研修班

韩国新罗大学连续多次被韩国大学报评选为韩国十大优美校园，被中央日报评价为教室信息化水平全国第一。研修以跨文化交流为主要目的，为期 15 天。

3. 泰国格乐大学研修班

前面已介绍，泰国格乐大学是国际大学协会、全球能源互联网大学联盟成员，设有本、硕、博三个层次，研修以跨文化交流为主要目的，为期 15 天。

近年来，与学校合作的出国研学项目越来越丰富，如果你对出国留学感兴趣，可与学校国际教育学院联系，了解最新出国研学信息资讯。

第六篇 青春榜样

在我们身边，有这样一群青年，他们志存高远，追逐梦想；他们脚踏实地，不懈奋斗。他们用自己的勤奋诠释着"严谨治学，崇尚实践"的校训，用自己的努力找到了属于自己的舞台，用自己的汗水书写着不一样的青春……

"无锡职业技术学院学生处"
微信公众号

第一章　身边榜样

"命令只能指挥人，榜样却能吸引人"，英国画家威·亚历山大如是说。榜样是人们为人做事的一种楷模和规范，顺着榜样经历过的道路能够有效规避困难，更快地找到通向理想的钥匙。优秀的榜样能起到"一石激起千层浪"的效果，这就是榜样的影响力。一代代榜样通过不断接力，就会形成传承的力量。

榜样的影响贯穿在平时的生活中，当同学们在学习、工作和生活中遇到困惑时，除了家人、老师和朋友，近在身边的榜样也为大家提供了一条切实有效的答疑解惑新途径。在本章中，你将认识在校期间表现优异的学长、学姐，让我们一起感受身边榜样的力量吧！

第一节　榜样传递希望

一个榜样可以点燃一片希望，一群榜样可以凝聚更多力量。榜样可以为我们的学业和职业生涯规划提供更多参考和可能。视野决定境界，境界决定思路，思路决定出路，细节决定成败。榜样的力量对集体的影响不可估量，优良的学风渗透于思想作风、工作作风和生活作风中，代表着集体的形象，体现着一个人的素养，影响着一群人的进步和发展。

一、杨鑫奕：逐梦前行，笃行致远

文旅学院 2021 级酒店管理专业学生杨鑫奕（图 6.1）在校期间担任校史文化宣讲团社长，曾获国家奖学金、江苏省三好学生、无锡市最美职校生等荣誉称号。在学习上，她严格要求自己，综合成绩位列专业第一，积极入团，考取了普通话、全国计算机等级考试一级、酒店英语口语等技能证书；在工作中，带领社团荣获校十佳社团，带领班级荣获校先进班集体，积极营造勤奋严谨的优良学风；在实践中，她加入"黄金甲——中华绒螯软壳蟹智慧养殖开创者"项目团队，项目荣获中国国际"互联网+"大学生创新创业大赛金奖，她主持撰写的《千年运河，百年初心——无锡古运河红色旅游融合发展调研报告》获得了第十八届"挑战杯"红色专项赛道一等奖。在社会活动中，她曾参与全国大学生"一起云支教""古运河三下乡"等活动，致力于志

愿服务活动，被评为校优秀青年志愿者。

图 6.1　文旅学院 2021 级酒店管理专业学生杨鑫奕

二、雷文博：慎终如始，则无败事

汽车与交通工程学院 2021 级新能源汽车专业学生雷文博（图 6.2）在校期间担任校数学建模协会会长，是国家奖学金获得者，获评江苏省最美职校生称号。在担任数学建模协会会长期间，致力于协会发展，积极求变，再创新高，先后获得 2021 年、2022 年数学建模国际挑战赛一等奖、二等奖，2023 年、2024 年美国国际大学生数学建模大赛国际一等奖、二等奖，带领协会获评 2023 年无锡市十佳优秀社团。此外，他潜心学术科研，以第一作者发表国家级学术论文 2 篇，获得首届全国大学生职业规划大赛江苏省二等奖、中国国际"互联网+"大学生创新创业大赛江苏省三等奖，累计获得国家、省、市、校级奖项三十余项。

图 6.2　汽车与交通工程学院 2021 级新能源汽车专业学生雷文博

三、张宇：义务有期，奉献不止

机械工程学院 2021 级机电一体化专业学生张宇（图 6.3）是一名退伍军人，曾服役于中国人民解放军空军地空导弹部队。在校就读期间，担任机械工程学院学生会执行主席。他求知若渴，行以致远，荣获 2023 年度国家奖学金，多次荣获校学习优秀奖学金一等奖、校优秀学生干部、校三好学生；他志愿于心，奉献于行，在各类社会实践中完善自我、服务社会，累计服务时长 1 500 余小时，带领团队获评无锡市"暑期三下乡"优秀团队，个人获评校优秀志愿者称号；他锐意进取，夯实基础，先后担任新生军训教官和新生班助，获评无锡市优秀共青团员、无锡市优秀学生干部、无锡市最美职校生、校优秀共青团干部等荣誉二十余项；他崇尚实践，求新求深，刻苦钻研，六项专利在评，均为第一发明人，发表学术论文两篇，获得第九届中国国际"互联网+"大学生创新创业大赛江苏省三等奖、滨湖区创新创业路演二等奖等荣誉。

图 6.3 机械工程学院 2021 级机电一体化专业学生张宇

第二节 榜样凝聚力量

俗话说"众人拾柴火焰高"，优秀学长、学姐的"传帮带"效应实现了"一人带动一批、一批影响一届"的良性循环，起到了"引领航向，锚定目标；向阳而生、逐光前行"的朋辈教育效果。

以班级为例，获得过省级"先进班集体"称号的 2021 级云计算 32132 班，秉承求实创新、积极进取的理念，先后获评江苏省千优活力团支部、无锡市先进学生集体、无锡市"五四"红旗团支部、校先进班集体等荣誉称号。全班专业证书通过率达 91.18%，班级成员获得 2022 年金砖国家职业技能大赛网络安全赛项江苏省赛区一等

奖、2022年"领航杯"江苏省第七届青少年网络信息安全应用能力竞赛（高职组）二等奖、2022年"新华三杯"全国大学生数字技术大赛江苏省二等奖、2021年红帽全国挑战赛江苏省一等奖，以及各级各类奖学金和荣誉累计44次。未来，他们定将继续点燃青春炬火，踔厉奋发勇毅前行，唱响青春之歌，努力成长为眼里有光、胸中有爱、腹中有才的锡职院人！

以宿舍为例，"畅园H1-102"宿舍获评2022—2023学年"乐学宿舍"称号，宿舍四人在校期间学习成绩均名列前茅，累计获得校级以上荣誉23项。其中毕志园同学获得全国大学生电子设计竞赛江苏省二等奖、无锡市三好学生、校级三好学生称号（3次）、校级学习优秀奖学金一等奖和二等奖（各2次）；吴云同学获得全国大学生电子设计竞赛江苏省二等奖、校级三好学生称号（4次）、校级学习优秀奖学金一等奖（2次）、2022年数学实践周建模二等奖、新生四史知识学习三等奖、联合国粮食系统峰会青年志愿者行动一等奖；雷培珍同学获得校级三好学生称号（2次）、校级学习优秀奖学金二等奖（1次）；肖亮同学获得校级三好学生称号（1次）。毕志园、吴云同学获评校级优秀毕业生。宿舍成员互为榜样，互帮互助，共创新高。

以社团为例，我校大学生科技协会践行"严谨治学，崇尚实践"的校训，以26年传承，点亮数千学子的科技创新之路。从这个社团里先后走出全国大学生自强之星1名、全国优秀共青团员1名、江苏省大学生年度人物提名奖2人、无锡"市长创新奖"1人，涌现出一大批优秀创新创业青年人才。他们在求学路上以科技创新为梦想，从学长、学姐的手中接过接力棒，潜心钻研，勇于实践，为无锡易百客科技有限公司、无锡云创星空科技有限公司等一批科创型企业提供了技术服务和人才储备。

受益于身边榜样帮助的你，一定也能成为朋辈中的一束光，成为别人的榜样，点燃更多希望。

第三节 榜样引领方向

"三百六十行，行行出状元"。无论是自强励志、科技创新、创业就业、社会实践，还是志愿服务、社会工作、文体艺术，我校都涌现出了一批表现出色并取得突出成绩的榜样典型。孔子云："三人行，必有我师焉。择其善者而从之，其不善者而改之。"榜样成功的经历可以参考，失败的经验可以规避。牛顿说过，"如果说我比别人看得更远些，那是因为我站在了巨人的肩上"。前人的成功经验或许不能完全照搬，但至少可以为我们拓宽眼界、打开思路。

一、杨佳莹：实践浇灌信仰之花

管理学院2019级电子商务专业学生杨佳莹（图6.4）曾任管理学院学生会主席。

一次，杨佳莹偶然看到一条因电池故障导致电动车自燃事故的新闻，联想起自己曾经在电动车企业实习的经历，她开始思考降低电池使用风险的解决方案。眼界开阔的她开始从身边寻找机会，与学院志同道合的小伙伴组成了创业团队。在学校的鼓励下，她带领团队积极参加竞赛，先后获得学科竞赛奖项12余项、发明实用新型专利5项。

图6.4　管理学院2019级电子商务专业学生杨佳莹

1. **天道酬勤，脚踏实地播种希望**

在学习上，杨佳莹始终保持一颗谦逊好学的心，保持着不骄不躁的心态，扎实学习专业知识，综合学习成绩位列专业第一。入学以来，她积极考取各类专业技能证书，先后获评迅杰企业奖学金一等奖、吉冈企业奖学金三等奖、校学习优秀奖学金一等奖、校学习优秀奖学金二等奖、无锡市三好学生、无锡市最美职校生等荣誉和奖项。

2. **思想坚定，深耕厚植爱国情怀**

杨佳莹思想上积极要求进步，政治立场坚定。她积极参与党校学习，顺利通过了党校考核，并于2020年11月30日成为一名光荣的中共预备党员。2021年度，她经过层层选拔成为高校共青团"信仰公开课"省级学生讲师团主讲人，进一步提升了党性修养和理论水平，在学校举办的"我讲思政课"大赛中荣获一等奖；在"如何做好优秀党员"演讲比赛中荣获三等奖；在"百年风华，艺心向党"热烈庆祝建党百年的设计作品比赛中荣获三等奖，在实践中检验和锻炼自己。

3. **比学创优，扎根专业学科竞赛**

在这个科技发展迅猛、竞争激烈的时代，杨佳莹明白，只有成为具有创新思维的新一代大学生，才能在竞争激烈的社会中立于不败之地。她对未来的职业规划明确，在2020年全国大学生职业发展大赛中荣获三等奖，获得第十三届"挑战杯"中国大学生创业计划竞赛银奖；作为项目负责人，带领团队成员获得第七届中国国际"互联网＋"创新创业大赛国家银奖及江苏省职业院校创新创业大赛江苏省一等奖、二等奖；

在2020年"创响无锡"无锡市大中专院校创新创业大赛中获得高校组三等奖;在无锡市大学生创业项目路演大赛中荣获一等奖;在"智汇滨湖"全民创业大赛中荣获创新组二等奖;在无锡职院第三届"开源杯"创新创业大赛中荣获一等奖;申请实用新型专利5项。

4. 热血奉献,勇于承担时代责任

杨佳莹作为队长先后带领两支社会实践团队进行调研活动。2021年7月,带领管理学院"红点义"支队去贵州遵义参观红色足迹,采访红色人物,传播遵义精神,承担时代责任。实践团队入选学校暑期社会实践重点团队,这次实践活动被中国青年网等国家级媒体报道3次,中国江苏网等省级媒体报道2次,其他媒体报道近20次,完成实践视频3份,拍摄近10 000张照片,实践团获校级"三下乡"分享会二等奖,并受校团委推荐,成为全国百强实践团队候选团队。

疫情就是命令,防控就是责任。为响应号召,2022年暑假期间,杨佳莹报名成为社区的防疫志愿者,虽然条件艰苦,紧张忙碌,但是她觉得使命光荣,感触颇深。她为社区居民扫码测温,维持全民核酸现场秩序,累计志愿服务时长超过200小时。

5. 团结友爱,积极主动服务同学

初入管理学院时,杨佳莹作为新生代表发言,希望同学们在大学期间能不断充实自己、磨炼自己;学长、学姐毕业时,她作为在校生代表,回忆学长、学姐的深切关怀,表达了对他们的美好祝福。认真学习之余,她积极参加各项活动,提高自己的综合素质,先后担任管理学院秘书处处长、管理学院学生会主席,策划并成功举办多次校级活动,如管理学院黄金屋活动、"五四"青年节厨艺争霸赛、"云言云予"网上留言等,获得学校师生的一致好评。她五次获得校级优秀学生干部、优秀共青团干部等荣誉称号。她在班级担任团支书一职,本着不怕苦、不怕累的态度,积极主动服务同学,在完成本职工作的同时与其他班委精诚团结,做好班级建设工作,先后组织策划"知史爱党、知史爱国"学习活动、信仰公开课、劳动拥抱新时代主题教育等支部特色活动,带领团支部获无锡市"百强团支部"、校级"五四红旗团支部"等荣誉称号。在这一过程中,杨佳莹收获的不仅仅是这些外在的荣誉,班级的融入感、工作的成就感、自身的幸福感更是成为她继续努力的动力。

当问到杨佳莹是如何提升自己自控力和执行力时,她不假思索地回答:"入学时就要明确好自己的目标,提升学历或参加工作,选择适合自己的道路;同时,尝试不同的可能性,永远不要被定义,永远保持学习惯性。"

二、郭祥龙:勤奋开拓成才之路

汽车与交通工程学院2020级汽车维修专业学生郭祥龙(图6.5)曾任汽车与交通

工程学院学生会主席、大学生心理协会会长，2022年6月加入中国共产党。学习成绩稳居专业第一，获国家奖学金、国家励志奖学金、中国大学生自强之星、江苏省优秀学生干部、江苏省最美职校生等10余项荣誉称号。获第八届中国国际"互联网＋"大学生创新创业大赛全国总决赛铜奖和江苏省一等奖、二等奖，曾获江苏省大学生优秀创业项目等国家级、省级科创殊荣20项。

图6.5　汽车与交通工程学院2020级汽车维修专业学生郭祥龙

1. "兼职少年"的华丽转身

郭祥龙出生于普通农民家庭，生活的艰辛磨炼了他坚强的意志。面对即将到来的大学生活，他早已下定了要自己供读的决心。暑假时因为当地企业少，他最初选择在附近的小餐馆端菜洗碗，一天下来累得够呛，收获还寥寥。直到有一天他偶然翻到高中阶段20多本整整齐齐的数学笔记，才突然意识到，自己或许可以发挥所长，用知识赚钱。于是他将自己的高考数学分数和厚厚一沓笔记放到网上，竟然在短时间内有20多个同学家长联系他。就这样他赚到了人生的第一桶金，"兼职少年"自此华丽转身，发挥着自己的特长。

2. "转场"小子的科创进阶之路

郭祥龙是公认的时间管理大师，除了担任学生会主席和班长，他还加入了好几个社团，令人服气的是他哪一样都能做好。大学期间，他的成绩一直保持专业第一；他是老师认可和同学信任的优秀学生干部，更是一名典型的"科创达人"。

他追求创新，热爱科创。2021年7月，在指导老师的带领下，郭祥龙和队友团结协作，参加全国三维数字化创新设计大赛。备赛过程中，每天都是宿舍、实验室、食堂"三点一线"，室外试验场地有他们挥洒汗水的身影，晚上11点实验室中还有他们攻克难关时讨论的话语，日日如此坚持，最终凭"智能车窗"勇夺国家级三等奖和全

国唯一的最佳产品设计奖!

在汽车领域,郭祥龙发现市场现有的汽车动力锂电池在长时间使用后,其内部的电芯单体会受到极大损耗,电池综合性能降低,会导致短路、过充过放等严重的安全问题。为解决市场痛点,他决定从 BMS 和霍尔传感器入手,经过 200 多个日夜研究攻关后,终于迎来了胜利的曙光!他参与的项目荣获中国国际"互联网+"大学生创新创业大赛江苏省一等奖、二等奖各 1 项;"点刹成金——汽车制动领域创新制造的拓荒者"项目更是取得全国总决赛铜奖的优异成绩。他的创业团队项目获江苏省大学生省级创业训练计划立项,被江苏省人力资源和社会保障厅评为"江苏省大学生优秀创业项目"。

在郭祥龙的认知中,"好玩"对他来说很奢侈,"有用"才是他选择的首要标准。正是在不断的忙碌"转场"中他积累了丰富的专业知识和技能,锻炼了综合学习和整合资源的能力,所以他总能独辟蹊径解决学习上的困惑、工作中的难题,总能给身边同学可以依靠的信任感,这也是他所带领的学生组织和创业团队向心力强、战斗力强、创新意识强的重要原因。大学期间,他先后获评江苏省优秀学生干部、中国大学生自强之星。

3."最美志愿者"的感恩回报

大学期间,郭祥龙参与各类志愿服务 20 余项。2021 年年初,他积极响应共青团组织号召,返乡为疫情防控尽一份力。每天 12 个小时的志愿服务工作持续了 13 天、156 小时,累计服务 8 000 余人。因其出色表现,邳州团市委授予其优秀志愿者称号。为帮助学校同学更好地适应疫情期间校园的封闭管理,他积极组织学院的大学生阳光心理活动月、"5·25"文化节等大型活动 30 余项,参与学生 21 000 人次。

"少年不惧岁月长,彼方尚有荣光在。"郭祥龙,一位肯上进、会学习、重责任、乐奉献、爱科创的青年学生。他用科创点燃青春激情,用汗水书写出彩人生,创先争优,争当一名优秀的青年科创先锋!

三、刘苏龙:创新点亮人生梦想

控制工程学院 2021 级工业过程自动化专业学生刘苏龙(图 6.6)曾任智能机器人创新工作室负责人、"微灵智库"团队成员、学院心理部部长,是 2022—2023 学年度国家奖学金获得者,是江苏省唯一一名入选人民日报《2022—2023 学年度本专科生国家奖学金获奖学生代表名录》的专科学子。曾获第八届全国大学生物理实验竞赛全国一等奖、"高教社杯"全国大学生数学建模竞赛国家二等奖、第十八届全国高职院校"发明杯"大学生专利创新大赛的全国总决赛一等奖等 30 余项国家级、省市级、校级奖项。获国家奖学金、江苏省最美大学生、江苏省优秀毕业生、江苏省最美职校生标兵、江苏省三好学生、无锡市职业院校技能雏鹰、无锡市最美职校生等 30 余项奖学金和荣誉称号。

图 6.6　控制工程学院 2021 级工业过程自动化专业学生刘苏龙

1. 刻苦钻研，筑科创之基

高考后，刘苏龙踏入了无锡职业技术学院控制工程学院的工业过程自动化专业。通过专业认知，他对所学专业有了更深的理解，也明确了学习目标，他更坚定了自己能用所学知识解决心中的疑惑，用科技创新推动社会进步。于是，大一时，他便加入了智能机器人创新工作室，在老师的带领下反复练习自动化设备编程及接线。他抓住一切可以学习的机会，为自己充电，扩展知识面，边学边思边练，考取了电工中级证和工业视觉系统运维技能等级中级证书。凭借着对专业知识无比执着的热情和坚忍不拔的学习毅力，在各类大赛中锤炼技能，在理论学习中汲取精华，无论是 PLC 编程学习还是专业技能水平都展现了其强大的学习能力。学思结合的方法，刻苦钻研的精神，为他的科技创新之路打下了扎实的基础，他连续三年保持专业排名第一。

2. 持之以恒，强科创之翼

有了扎实的专业知识储备，刘苏龙开始思考智能仓储中的自动分拣设备、AGV 小车具有一定的自主判断力和分析力，怎样降低它们的响应时间和等待成本，提高效率呢？带着这些疑问，他参加了微灵智库团队，最终《微灵智库——全场景智能仓储引领者》项目获第十八届全国高职院校"发明杯"大学生专利创新大赛全国总决赛一等奖、江苏省第九届"互联网+"大学生创新创业大赛二等奖，并以此项目为依托申请了 2023 年江苏省职业院校学生创新创业训练项目 1 项。在备赛第八届全国大学生物理实验竞赛（创新）决赛时，他与团队反复打磨《三维声音定向装置》作品的每一处细节，精益求精，光是部件加工、软件开发、安装调试等前后优化 30 余次。最终在包括

清华大学、北京大学、浙江大学等众多"双一流"高校在内的 2 053 支参赛队中脱颖而出,获得了专科院校命题类唯一的全国一等奖。他带着小伙伴们越战越勇,一路高歌冲出校赛、市赛,走向省赛、国赛……冲向更多属于职业教育学生的骄傲。

3. 投身公益,燃科创之光

取得成绩的背后,刘苏龙没有忘记自己的初心,所有的努力和付出,他都希望能够服务于社会。"奉献自己,服务大家"是刘苏龙一直秉持的理念。他积极参加学校和学院的各类活动,组织筹办了 10 余场活动,覆盖 1 000 余人次,累计实践学时超 1 000 学分。为了做好科技创新的宣传和普及,他组织志愿者团队赴尚锦、华庄等社区,为小学生们开展"生活中的智能机器人技术"科普活动。这些系列活动不仅丰富了小学生的课外生活,拓展了课外知识,还提高了他的组织和管理能力,强化了对专业的知识理解与运用。该系列活动也获得"中青校园"等国家级媒体的宣传报道。在参观庄桥社区竹苑新村智慧社区建设时,他发现社区里的大多数电线外面包裹了一层电缆保护套管,且埋于墙体中,一旦电路发生故障,需要破墙查线,费时费力且效率低下,他组队钻研,向社区提出了可行性建议,并和团队成员设计了一款可以检测故障的作品,该作品获第九届全国青年科普创新实验暨作品大赛江苏赛区创意作品单元——智慧社区命题省赛二等奖。从学校到社区,他不断将所学知识运用到社区实践中,运用到解决实际问题中,这种脚踏实地、知行合一的精神也塑造了他精益求精、追求卓越的工匠品质。

时逢华章,承载希冀。刘苏龙将继续保持"锐意进取、潜心钻研、肩扛责任、热心奉献"的信念,以自强为笔,书写属于职业教育学生的骄傲;以技能为斧,辟出一条"技能工匠之路";以爱国为灯,勇毅前行在技能攀登的道路上!

第二章　校友故事

1960年9月1日，无锡农业机械制造学校招收的首批296名学生报到入学。学校尚在建设中，老师们被安排住在附近农民家里，学生宿舍则借用周边的咸鱼仓库、剧场舞台等，钳工车间、食堂是几间茅草屋。师生同吃、同住、同劳动，这就是第一届学生的日常。1964年7月，学校农机铸造专业、内燃机专业首届毕业生144人被分配到了农机部所属的各企事业单位工作，普遍受到用人单位的好评，被赞"肯干、能干"。

建校60多年来，从无锡市中南路258号和高浪路1 600号走出了毕业生近10万人，他们像种子一样撒播在祖国的土地上，生根、发芽、成长，也许默默无闻，也许成绩斐然，但母校"严谨治学，崇尚实践"的校训所承载的精神品格，在他们身上形成了永恒的烙印，走到哪里，他们都是"肯干、能干、会干"的无锡职业技术学院人。

第一节　赛场王者

一、无锡职业技术学院代表队：获得CCTV全国大学生机器人大赛季军

2007年6月，我校第六次组队参加CCTV全国大学生机器人大赛，最终与北京邮电大学并列第三，登上了季军领奖台（图6.5）。这场由科技部、教育部、中央电视台等联合举办的赛事吸引了37所高校代表队参与角逐，其中高职高专院校仅有我校和深圳职业技术学院两所。

当年的大赛主题为"华夏之光"，按照比赛规程，由两个代表队操纵各自的4台手动和自动机器人同时上场用木块建造各种战车，在3分钟内最先建成"指南车"的代表队胜出。经历了小组赛、十六进八、八进四的激烈角逐，我校代表队蒋军、王淮民、王松达等同学一路力克劲敌，先后战胜了北京科技大学天津学院、国防科技大学、哈尔滨工程大学等代表队，进入四强榜单，爆出了当届赛事最大的冷门。

图 6.5　学校代表队夺得 CCTV 全国大学生机器人大赛季军

二、姜其峰：获得江苏省第三届理工科大学生人文社会科学知识竞赛一等奖

2007 年 3 月 31 日上午，江苏省第三届理工科大学生人文社会科学知识竞赛决赛在江苏教育电视台举行。我校汽车技术系汽修/营销专业 10612 班姜其峰同学（图 6.6），在抢答题、必答题、限时答题和风险题等 6 个环节的群雄纷争中，一路过关斩将，最终以优异成绩夺得了一等奖第一名，这也是他第二次获得该项赛事一等奖。

图 6.6　姜其峰参加江苏省第三届理工科大学生人文社会科学知识竞赛
荣获一等奖第一名

一名高职生能在与名牌高校本科生的同台竞争中捧回大奖，这不仅在社会上引起

了不小的反响,也让姜其峰感到自豪:"在 78 000 人的初赛中,我以第一名的身份进入总决赛,这就说明我们专科生并不比本科生差,我们可以通过努力去实现自己的奋斗目标。"

姜其峰平时最大的爱好是阅读,作为一名工科生,他对人文社科类知识也充满了兴趣。平时的不断积累,让姜其峰轻松通过初赛。为了在决赛中取得好成绩,他又一头扎进图书馆,努力汲取知识,他笑称:"备赛期间每天晚上都是抱着书入睡的,有时候甚至不知道自己是何时入睡的。"

2010 年毕业时,姜其峰因为他的博学多才被多家企业录用,最后他选择了最能发挥他知识面广这一优势的中信银行苏州分行信用卡部。他说:"是母校四年的学习生涯深刻地改变了我的人生成长轨迹。"

三、机械工程学院团队:全国职业院校技能大赛王牌队伍

2015 年全国职业院校技能大赛中,我校共夺得两金三银,其中机械工程学院组队参加的"三维建模数字化设计与制造"和"注塑模具 CAD/CAE 与主要零件加工"赛项已连续两年蝉联一等奖。问起获奖感言,两队师生不约而同地说:"得知获奖消息虽然很惊讶,但其实,我们就是奔着一等奖去的!"

"三维建模数字化设计与制造"参赛队由徐安林、俞张勇老师指导,数控设备专业 11201 班江峰、数控专业 11232 班吴涛组成,赛项分为"数据采集与再设计"和"数控编程与加工"两个阶段,限时 5 个半小时,分两天进行。

赛项要求每一组选手扫描一个眼部按摩器,并进行一定程度的创新设计和加工。在第一天的三维扫描数据采集、三维造型和产品创新设计阶段,快速审读赛项要求后,两个小伙子进行了分工:吴涛建模,思维活跃、富有创造力的江峰在旁提供参考意见,两人默契得像是合体一般。

"注塑模具 CAD/CAE 与主要零件加工"参赛队则由曹秀中、李坤老师指导,数控专业 11231 班董凌晨、模具专业 11231 班陈培龙、模具专业 11231 班臧清扬组成。该赛项要求连续 6 个小时不间断完成注塑模具 CAD 设计、CAE 分析和主要零件(指定)加工制造,不仅考验选手的实力和默契,也考验着他们的体力。

早晨 6 点许,所有参赛队已进场就位。选手赛前训练扎实,现场发挥也很稳定,中午 12 点半,距离比赛结束尚有半个小时,已经完成赛项全部内容的小伙子们开始清理工位。"我们是第一个提前完成的!"臧清扬不无得意地回忆道。一向沉稳的董凌晨也认为:"整个过程没有卡壳,比在校训练的时候还顺利。"

四、管理学院与财经学院联合团队：获得全国大学生电子商务"三创"赛一等奖

2011年11月6日，第三届全国大学生电子商务"创新、创意及创业"挑战赛（简称"三创"赛）江苏赛区选拔赛在南京举行，我校代表队一举夺得参赛高职院校中唯一的特等奖，获得参加全国总决赛的资格。20天后，这支队伍又从成都捧回了全国一等奖的奖牌。指导教师汪志晓和郑爱翔说，这次获奖是在合适的时机聚集了"最强的阵容"。

参赛团队集合了来自管理学院和财经学院的拔尖人才：连锁专业40931班崔建彬担任队长，临场表达和组织协调能力极强；营销专业40901班葛云啸看起来寡言少语，但一开口往往准确命中要害；财务专业40901班潘玉巧负责财务预算，参赛过程中财务问题是在场评委们最少质疑的部分；营销专业41091班的邓雪嫣和潘华广虽然入学才一年多，但大有后来居上的好胜心和强烈的求知欲。

"三创"赛的竞赛内容和要求来自企业需求或创意发挥，注重前瞻性、实战性、普及性和引导力。在仔细研究了竞赛规则后，团队成员在两个多月的时间里查阅了大量的资料和书籍；走访了国家物联网中心、物联网感知博览园，观摩了中国国际物联网（传感网）博览会，了解物联网在我国及无锡地区的发展，以及相关材料的性能、市场价，还专门找到我校熟悉物联网技术的老师进行咨询。"我们疯狂地找书和资料，两个月的时间里看的书和资料比过去的两年还要多！"

决赛答辩结束后，担任评委的国家教指委委员还对方案给予了高度评价："恭喜你们，现在我们的网络在Web 2.0时代很久没有往前一步了，如果你们好好做的话，将具有划时代的意义！"

五、校大学生艺术团：获得江苏省大学生艺术展演一等奖

2008年5月26日，江苏省第二届大学生艺术展演活动在南京师范大学仙林校区的大会堂拉开了帷幕。来自全省100多所本专科院校的代表团激烈角逐，由我校孟美蓉老师指导的团队小合唱《老街人家》技压群芳，一举获得声乐类一等奖，并获创作一等奖和指导一等奖。在这次比赛中，我校是唯一的高职高专获奖院校。

《老街人家》是一部原创作品，歌词朴实无华，却富有诗情画意。演出时背景画面是小桥、流水、乌篷船、石子路、花格窗、青砖黛瓦，其乐融融的生活场景、柔美抒情的四部和声、清新婉约的音乐旋律，将江南水乡老街一户人家平实、安逸的生活韵味表现得淋漓尽致。演出结束不久，主持人在观众热烈的掌声中公布了分数：89.75分！

为了给《老街人家》谱写出优美动听的好曲子，设计出体现歌词意境韵味的背景

图案、场景布置和人物动作，指导老师孟美蓉花费了大量的时间和精力，参赛选手们则每天利用课余时间，一练就是两三个小时。比赛当天，这首练了又练的《老街人家》四声部小合唱被演绎到极致。

之后的历届大学生艺术展演活动上，我校学生更是百花齐放，获得小合唱、大型舞蹈、国画等20多项一等奖。有的同学入学时对舞蹈、绘画、书法等艺术几乎是零基础，经过短短1~2年选修课的学习和艺术社团的培养，就拿到了省级大奖，这让他们在看到努力付出获得回报的同时，也发现了自己的潜力和天赋。

六、邢铖：工科专业，也可以很浪漫

邢铖是模具设计与制造专业2023届毕业生，2024年入职中国工程物理研究院材料所。

在很多人的印象中，工科专业似乎是"枯燥""刻板"的代名词，而只有愿意钻研的人，才能真正感受到一份专属浪漫。大一下学期，为了更快提升专业技能、获得更多的实践机会，邢铖加入了单云、李薇老师组建的大赛集训队。在狠练基本功、琢磨赛题的同时，邢铖和伙伴们苦中作乐，用技能阐释专属于工科的"浪漫"。2022年中秋节前，参赛团队的小伙伴们设计了锡职专属月饼模具，印有"严谨治学，崇尚实践"和"取机械规范，育行业栋梁"字样，以及锡职标识的定制月饼，作为学弟学妹们最特别的入学礼。

备赛集训让邢铖的技能水平、临场发挥和心理素质都得到了极大提升，2023年9月，邢铖与队友获得了代表学校出战全国职业院校技能大赛的机会，如愿捧回一等奖，也获得了专转本深造的机会。年底前，中国工程物理研究院材料所发来入职通知。升学还是就业？短暂的犹豫后，邢铖选择与无数深耕科研和工程前线的同仁志士，共同承担为国铸剑的时代重任，成为光荣的"两弹一星"精神时代传人。

寄语母校：锡职是我人生的转折点，也是我未来之路的起点，我会沿着精、专技能的路继续走下去，把自身技能修炼到极致，干惊天动地事，做隐姓埋名人。

第二节　岗位明星

一、季美昌：企业发展只争朝夕

季美昌1968年毕业于我校内燃机专业后，成为无锡动力机厂的一名车工。在校期间的工读结合培养方式，使得季美昌一到岗便能熟练上手，一年多以后，季美昌成为工艺技术员，参与汽油机等设备的设计、制造、调试工作。很快，季美昌不仅熟悉了汽油机、发动机、增压器等车间的所有工艺流程和产品特质，还以其谦逊温和的个性

得到了领导和同事的认可。

1985年,随着改革开放推动外向型经济发展,已是副厂长的季美昌参加高考,被无锡轻工业学院(现江南大学)国际贸易专业录取。1988年毕业后,季美昌回到动力机厂担任厂长,他抓住国家"七五""八五"规划契机,前后投入约1.5亿元进行柴油机、增压器等产品的生产线改造,产品质量、档次在当时国内首屈一指,先后获得国家产品质量银质奖、金质奖。

进入20世纪90年代,市场经济的大潮给国家带来了新的发展机遇,季美昌和领导班子决定通过引进外资,实现技术同步。在同美国康明斯公司的漫长谈判过程中,季美昌力主合资控股、技术同步且排他,为动力机厂争取更多利益,最终以中方占股45%达成协议。1994年11月,无锡动力机厂改制为定向募集的股份制公司,并组建无锡万迪动力工程集团有限公司,季美昌担任董事长。1995年,万迪动力工程集团有限公司在行业内首批通过ISO9001:1994质量认证,随后一步步成为国内研制生产内燃机、涡轮增压器、柴油发电机组及其零部件的大型骨干企业。季美昌先后被评为无锡市优秀厂长、无锡市优秀企业家、江苏省机械行业优秀企业家。

1996年9月,季美昌调任无锡机械工业局副局长、无锡市机械控股集团有限公司董事、副总经理、党委委员;2001年,市机械局撤销,组建无锡市机械资产经营公司,季美昌担任副董事长、副总经理、党委委员;2004年,机械资产经营公司改制为威克投资有限公司,主要服务地方企业经营发展,季美昌先后担任副董事长、董事长,直至2015年退休,担任公司顾问。

二、姚建安:能做事、做成事、做好事

和季美昌同年毕业的姚建安,职业生涯的起步也在无锡动力机厂,在做好车间工人之外,他爱好书法、擅写文章,成为厂里的宣传骨干;1984年正式转到厂宣传科工作,后任厂部办公室副主任、主任;1992年,姚建安从动力机厂升任无锡市计划委员会办公室副主任、无锡市发展和改革委员会办公室主任,服务无锡经济发展和产业升级。后来他担任无锡科技职业学院党委副书记,直到退休。

在姚建安的记忆里,20世纪60年代的无锡农业机械制造学校尽管办学条件艰苦,但已经形成了"改革、发展、创新"的理念,尤以"半工半读"培养实用型人才为主要特色。艰苦岁月的磨炼,成就了姚建安开朗外向的性格。上学期间,他从对机械制造类专业知识一片空白,到实习阶段在同龄人中出类拔萃,还培养了书法、篮球等爱好,为此后的职业生涯打下了基础。

1992年,姚建安因其出色的资源整合能力调任无锡市计划委员会办公室副主任,随后历任无锡市发展和改革委员会办公室主任、无锡市高新技术开发区管委会主任助理、党政办公室主任、行政管理办公室主任,无锡科技学院党委副书记等职,行政工

作尽管烦琐，但姚建安兢兢业业，口碑极佳。在无锡市计委和发改委任职期间，他认真审视市场经济规律和发展势头，通过组织多次大型活动，牵线搭桥，助力无锡企业走出去，在市场经济大潮中搏击风浪，越发壮大；也积极协助市政府开展招商引资，使外资企业的资本、管理方式等为地方经济带来活力。

三、潘人杰：汽车行业非标设计专家

1984年7月，潘人杰从学校机械制造专业毕业，进入无锡油泵油嘴厂（现无锡威孚高科技集团股份有限公司，以下简称"威孚高科"）从事机械工艺加工。1981年刚踏进中专校门时，我校仅有机械制造和内燃机两个专业；毕业后，母校培育的严谨、低调作风伴随他走上工作岗位，成为影响至今的工作、人生信条。

1990年，在做了5年多的一线技术员后，表现出色的潘人杰深获赏识，转而从事非标设备设计工作，根据客户的个性化需求进行机械加工设备的设计、制造。1997年，潘人杰的创新成果获得集团科技大会一等奖；同年7月，他被公司破格从助理工程师聘为高级工程师。

1999年，潘人杰主持设计的喷油泵加工自动线是他承担的第一个大型设计项目，在一年多的时间里，他带领团队成员迈过了一个又一个技术上的关卡，一条投资700多万元、集合19台加工设备、2台清洗设备的"PW2000喷油泵泵体加工自动线"成功运行，经过六七年的充实、改进，极大地满足了市场需求，不仅为公司带来了高额利润，还大大降低了生产成本，成为威孚高科的一条"生命线"。

有了"PW2000喷油泵泵体加工自动线"积累的经验，潘人杰在工艺改革、技术创新的道路上前进得越发稳健。之后，他还为公司生产线设计了自动供料机并申获发明专利，在此基础上设计的"衔铁正反向高速自动排料机"还申获实用新型专利。2013年，威孚高科成立汽车电子与装备技术事业部，潘人杰担任主管，先后承担了两个超千万元的大型非标设备总设计、主设计，其中陶瓷载体大型自动涂敷、烘干线达到国际同类设备水平。

从业近四十年来，潘人杰申获多项发明、实用新型专利，并担任多个大型非标设备总设计、主设计；在威孚集团内部召开的历次科技大会上，他三次获得公司一等奖，多次获得公司二、三等奖，十多次被评为公司先进科技工作者、杰出员工，2000年获公司"科技工作者标兵"称号，2016年获"无锡市机械工业十佳科技英才"奖。

四、黄成："奥威"线上的蓝领专家

1992级机械专业学生黄成毕业后进入一汽解放汽车有限公司无锡柴油机厂（以下简称"一汽锡柴"），从操作数控磨床做起，逐步成长为大型卧式加工中心操作工，数控组调整工，6DL加工车间工艺师、总工艺师，一汽集团技术专家，直至一汽集团高

级技术专家，享受集团高级经理待遇，并成立了黄成大师工作室。

这是一汽锡柴人引以为豪的一件事：原来奥威线上的 OP230 机加工挺杆孔时，刀具寿命平均只有 400 个孔，德国刀具制造商 MAPAL 公司和 GROB 公司的工程师经过几个月的试验仍未有更好的办法延长刀具寿命，最后只得宣称，目前世界上还没有解决的办法。车间领导组织了专项攻关组开展技术攻关，时任车间工艺师的黄成作为攻关组成员，通过 NC 语言，采用线性变速进给方式控制镗铰孔的孔径、锥度、震纹、粗糙度来提升刀具寿命，通过试验、跟踪、再试验、再跟踪……终于解决了这项"世界级难题"，将刀具寿命提升 3 倍，能加工 1 200 个孔，并使调刀工作量减少一半，如果按照 5 万台测算，可以节约成本 30 万元。

2005 年，作为 6DL 加工车间总工艺师的他，通过制定 NC 程序管理的相关标准和文件，建立健全了 CA6DL 机加工车间 NC 加工程序管理流程，设计了程序防错的控制方式，顺利通过 IATF16949 和国军标的审核，提升了车间技术管理内涵。由他负责策划和实施的车间操作人员分级考评体系，找到了一条符合车间实际要求的操作人员技术技能培养提升的途径。此外，他还配合车间顺利完成了气缸体生产线产能攻关、CA6DL 刀具降本攻关等厂级技术攻关项目，在新品技改中，他负责新品的程序编制和调整，以过硬的业务能力赢得了德国工程师的尊重和信任，协同完成了编程和调试工作。

"黄成为人坦诚直率，无论是让他加班加点赶任务，还是啃些急、难、险、重的硬骨头，他都毫无怨言。"这是领导对黄成的肯定。目前，黄成不仅是一汽锡柴重机部总工艺师、高端国Ⅳ柴油发动机 7 个工段的技术主管，还是母校的常客，经常受邀来校与学子分享成长经历和工作体会。

寄语母校：人生或可期，花开终有时。再多的光荣梦想、豪言壮语、踌躇彷徨，终归还是要归于脚下的一步又一步。愿你们，修心安，积跬步，致千里！

五、钟兴宇：五年练就全国技术能手

钟兴宇（图 6.7）的成长经历有些坎坷。小时候的一次生病给他造成了听力障碍，在家人不懈的努力和陪伴下，他于 2014 年考入我校物联网工程学院计算机网络技术专业。

图 6.7 校友钟兴宇

已经成年的钟兴宇,决心独自面对学业和生活的双重挑战。"幸运的是我遇到了肖老师!"钟兴宇口中的肖老师是计算机网络技术专业带头人肖颖,经常指导学生参加物联网专业领域的各类竞赛和考证,在发掘学生潜力方面独具慧眼。当钟兴宇将全部精力投入专业学习,并表现出对网络技术的浓厚兴趣时,肖颖对其进行了针对性指导。

在考取了含金量较高的 H3C 认证网络排错专家(H3CTE)证书后,钟兴宇还进入网络技术大赛集训队,开始了废寝忘食的训练,"有时候太晚了就睡在实训室,经常被巡查的保安'劝退'"。一次次考证和备赛的历练,让钟兴宇在校期间把各种技能证书和大赛奖牌拿到"手软"。毕业后,钟兴宇曾独自闯荡杭州、上海等地,2018 年回到无锡,在新吴区某国企担任网络工程师职务,还受邀担任母校外聘教师,承担多门实践课程的教学工作,并在这期间参加江苏省"IT 网络系统管理"赛项选拔,位列第一,获评江苏省技术能手。2019 年,钟兴宇代表江苏省参加中国技能大赛的"IT 网络系统管理"赛项,位列第二,获评全国技术能手。

从 IT "菜鸟"到全国技术能手,钟兴宇用了 5 年。2021 年,钟兴宇又开启了求学之路,考取天津理工大学电子信息专业硕士研究生,继续开阔眼界,提升核心竞争力。

寄语母校:读万卷书,行万里路!期待每一位锡职学子勤奋努力,不断探索自己的兴趣、挖掘自己的潜力、追求进步和自我提升。

六、罗超:在基层服务中绽放光芒

罗超毕业于我校物联网技术专业,在校期间曾任班长,两次获评校优秀学生干部,2021 年 8 月加入"大学生志愿服务苏北计划",现任职于江苏省连云港市灌云县住房和城乡建设局。

在校期间，罗超在老师和同学眼中是个严于律己、乐于助人的"超人罗"，有强烈的上进心和责任心，全心全意为班级服务，还积极参加学校组织的各种活动与比赛，并于 2020 年加入中国共产党。

入职后，罗超被分配到了连云港市灌云县住房和城乡建设局行政审批科，负责消防工程验收、备案和审查工作。作为一名政务服务窗口工作人员，他为每一个企业做好消防材料审核，从手忙脚乱的"职场小白"成长为独立解决问题的"小先生"。有一次，一家企业的消防工程着急验收，罗超通过各方面的努力，两天内将原本需要半个月才能办结的手续完成，企业也送来"热情服务廉明高效，保驾护航促企发展"的锦旗表示感谢。

工作期间，罗超的服务一直保持着 100% 满意的好评率，先后获评"先进工作者""爱岗奉献标兵""政务服务质量之星"等荣誉称号。

寄语母校：青春的故事就应当热血沸腾，我们要用平凡书写不凡。

七、陈虎：迅速成长的机器人工程师

陈虎 2019 年从我校工业机器人专业毕业，入职无锡黎曼机器人科技有限公司，从事机器人与视觉相关工作。他从机器人编程与调试做起，一步步成长为机器人工程师、视觉工程师，目前已是机器人团队主管，主要带领团队同事围绕机器人进行前沿技术探索及项目实施落地等工作。

我校是国内最早开设工业机器人专业的高职院校之一，注重交叉学科素养的培养是该专业人才培养的特色之一。陈虎在校期间，不仅要掌握机器人基础、PLC、电气自动化等专业知识和技能，还要学习高级语言、传感器技术等物联网专业课程。智能制造时代，扎实的专业知识和技能、交叉学科学习的经历和背景让他在工作后迅速成长。

无锡黎曼机器人科技有限公司聚焦航空、航天、工业物流、发动机动力总成等细分领域，开展机器人智能铣削装备、视觉导引机器人技术与装备研制和开发，以视觉导引机器人、智能码垛拆垛机器人、激光雷达自动化测量机器人及机器人智能铣削、磨抛装备等为主导产品，服务于一汽锡柴、西门子（中国）有限公司等高端制造企业。陈虎所在的电气与机器人部门现有二十余工程师，其中我校毕业生占数约半，"学弟学妹们入职后上手很快，对企业文化认同度也高"，陈虎表示，公司每年都会招聘母校的毕业生，他为母校感到骄傲。

第三节　创新能手

一、许武：在校申获 5 项专利

2004 级机电一体化专业学生许武，从 2006 年 3 月开始接连申报了 3 项发明专利，这也成为学校 2006 年度十件大事之一。在校期间，许武一共申获 5 个专利，成为同学当中创新发明的佼佼者。

许武的专利申报之路紧凑而丰富：2006 年 3 月 18 日，他申报了"可远程控制活塞式能量自给水阀"专利，并于 2007 年 5 月拿到国家证书；河道淤泥及垃圾如何处理一直是困扰人们的难题，他设计了"河道淤泥及垃圾清理装置"，专利申请于 2006 年 4 月 20 日递交，并于 2007 年 6 月获批；"液压万用控制阀的设计"于 2006 年 7 月 14 日递交，经过一年半的审查获得专利证书；2006 年 11 月 27 日，他又递交了自动化程度较高的"河道淤泥及垃圾清理机"专利申请；2007 年 1 月 25 日，他还申报了"草坪机错位刀"专利。

高中开始，许武就热衷于科技制作和创新发明。初入大学的日子里，他曾迷茫、消沉过一段时间，直到大二下学期，深感时间紧迫的他越发珍惜时间，同学们出去玩的时候，他泡在图书馆看书，或在实验室里探索。搞发明制作花费了他大量的时间和精力，但他的成绩仍旧在班上保持中上等。创新发明的过程中难免遇到困惑和难题，许武或请教老师，或找志趣相投的同学一起讨论研究。对于失败，他从不灰心，因为他坚信：心若在，梦就在，失败也不过是从头再来。2006 年 5 月，许武和两位同学共同设计制作的"下肢减重康复机械手"作品一举在江苏省首届大学生机械创新设计大赛上获得三等奖。这份成绩更加鼓舞了许武的信心，也让他对未来充满了期许："学历只是一块很小的敲门砖，以后的路还要靠自己的能力踏踏实实走下去。"

二、王康：高职校园里的"爱迪生"

在校期间成功申请 16 项专利，其中发明专利 1 项、实用新型专利 15 项；自学 3D 打印技术，自制 3D 打印机；参与省级大学生创新创业项目 4 项、学校创新创业课题 2 项；参加全国高职高专"发明杯"大学生创新创业大赛，获一等奖 2 项、二等奖 1 项；参加全国职业院校技能大赛获一等奖……2016 年 6 月，我校数控设备应用与维护专业毕业生王康，带着诸多成绩与荣誉告别母校，走上社会。

2015 年的全国高职高专"发明杯"大学生创新创业大赛中，王康有 3 件作品获奖。一等奖作品"可变轴距飞行器"申报了发明专利，来源于控制技术学院专业教师李霞的一个课题："当时需要对航拍飞行器进行改造，我的专业知识解决不了机械部分

的问题。"于是,团委老师推荐了王康。

项目要求提高航拍飞行器的稳定性并延长电池续航时间。通常情况下,飞行器越大,拍摄时稳定性越好,但也更费电。"后来我想到通过轴距变化来控制飞行器的体积。"2个多月的时间里,确定思路、绘制图纸、模拟试验,王康一头扎进图书馆和科技协会的小小办公室。

王康对于科技创新的热爱近乎执着,面对难题也带着一股韧劲。大一时他加入学校的科技协会,看着学长们自制的3D打印机"很好玩",于是开始自学:在网上搜索3D打印相关知识,"打"入国内知名3D打印交流论坛,向专业教师请教实际操作问题……不到一年时间,他已经可以给同学们培训Arduino、Solidworks、UG等三维绘图软件,科技协会在学校创业街开办的3D打印社也被他及成员们经营得有声有色。

三、渠超颖:大学时光是未来人生的铺垫

2016年10月,第十一届高职高专"发明杯"大学生创新创业大赛在徐州进行最后的角逐,其中发明制作类作品393件。在我校作品"自动墙壁绘图机器人"前,两轮评审专家都饶有兴趣地观看了所有功能演示,还与团队负责人渠超颖认真进行了交流。

2014年高考结束后,渠超颖第一志愿填报我校应用电子专业,并设立大学目标:掌握过硬技能,未来有个好工作。随着学习的深入和知识的积累,渠超颖也逐渐将入学之初的目标具体化:走纯技术路线,当个出色的工程师。为此,他扎实掌握了Arduino单片机编程、STM32单片机编程、嵌入式Qt编程、Processing编程语言等多种软硬件开发技术,还深入学习了Solidworks等三维绘图软件;成为科技协会负责人后,他又将自己所学的知识向低年级的同学们倾囊相授。

大一上学期,渠超颖跟随科技协会会长王康(2014年和2015年全国高职高专"发明杯"大学生创新创业大赛一等奖获得者)学习制作3D打印机,并对精度、外观等进行了改进;到了下学期,王康给了一些资料,鼓励他做一台自动绘图机。一个月后,"自动墙壁绘图机"初具雏形,"所有机械方面的零部件来自我自己做的3D打印机"。2015年10月,渠超颖参加了第十届高职高专"发明杯"大学生创新创业大赛,与王康合作的"可变轴距飞行器"摘得发明制作类一等奖。第二年,他带着改进后的"自动墙壁绘图机器人"冲进全国高职高专"发明杯"大学生创新创业大赛总决赛,得到了评委们的垂青。

作为自主完成的第一个科技创新作品,"自动墙壁绘图机器人"让渠超颖的大学生涯"开了挂",创新思维和科技作品也越来越多:受绘图机两点悬挂结构的启发,他设计了"悬挂式玻璃幕墙清洁装置";主持和参与"编程控制悬挂式玻璃幕墙清洁机械装置"等江苏省大学生创新创业训练计划4项;在校期间完成科技创新作品7件,

个人申请发明专利2项，获实用新型专利9项。

四、丁强：获得无锡市青少年科技创新市长奖

丁强（图6.8）2016年9月考入我校物联网工程学院应用电子专业，这个山东小伙在校期间获得了"挑战杯"全国职业学校创新创效创业大赛特等奖、全国高职高专"发明杯"大学生创新创业大赛一等奖4项、江苏省大学生电子设计大赛二等奖1项，主持并参与江苏省大学生创新创业训练项目6项，主持发明专利3项、实用新型专利15项；还创建了无锡云创星空科技有限公司，立志以科技创新服务社会。

图6.8 校友丁强

创新源于生活，丁强的诸多创新想法和发明也是来自生活体验。因为爱打乒乓球，脚易出汗，鞋子经常晒不干，于是他开始了"一种带有烘干器的向阳追光太阳能烘干架"的制作。2017年11月，他带着这一作品前往苏州科技大学参加第十四届大学生物理及实验科技作品竞赛，却没有获奖。折戟不仅没有让丁强感到颓丧，反而触动了他的反思：创新也好、发明也罢，都需要长久的积累、沉淀和坚持。回校后，他继续钻研，先后提交了"一种带有烘干器的向阳追光太阳能烘干架"发明专利、"一种残疾人专用鼠标"实用新型专利、"一种骑行帽"实用新型专利、"骑行导航语音报警帽"实用新型专利及"多方式立体智能家居控制器"实用新型专利。2018年8月，丁强和小伙伴们的作品"多功能超声波检测仪"斩获"挑战杯——彩虹人生"全国职业学校创新创效创业大赛特等奖；2018年10月，他的作品"基于ROS的定位测绘运动平台""一种铅酸电池保护装置"等斩获全国高职高专"发明杯"大学生创新创业大赛一等奖2项、二等奖1项、三等奖2项。

2018年12月，即将面临毕业选择的丁强与两位同学决定创业，以科技创新服务社会；2019年五四青年节，丁强获评全国优秀共青团员称号；2021年1月，他又获得无锡市青少年科技创新活动最高荣誉——无锡市青少年科技创新市长奖。

寄语母校：要勇于面对困难和挑战，不要轻易放弃；要保持乐观向上的心态，克服困难，迎接挑战；要始终保持对知识和学习的热爱，不断追求自我完善和进步。

第四节　创业达人

一、韩园：创客和他的"舌尖果园"

2009 级生产自动化专业学生韩园，大一时从创业课程中学到现代电商经营模式后，从在网上卖日用品做起，不断积累经验和资金。毕业后，他在管理学院教师朱益新的指导下，与同学筹资 6 万元成立无锡舌尖电子商务有限公司，为顾客提供高品质、个性化的鲜果产品与服务，如今他的"舌尖果园"已成为无锡鲜果第一品牌。

韩园的团队基本都是"90 后"，另有 3 个小伙伴分管销售、物流和进货，分工明确。"我其实是学文科的，被调剂到了工科专业，学习难度好大。"韩园表示，自己从来没打算干自己学的专业，创业的梦想一直抹不去。在校期间，他便尝试各种创业项目，大学最后一年实习时，他选择了一家医药设备公司，"我想要看看一个成熟的企业是如何管理团队、制定规章制度的"。2013 年，韩园和伙伴们在偶然中发现了水果贸易的商机，开办了"舌尖果园"网店。

韩园坦言，做生意也是要一步步摸索的。他刚开始卖阿克苏苹果时，在网上打出了"冰糖心"品牌，但有个客户告诉他，将苹果切开后并没有见到冰糖心。他仔细研究，才知道市场上 80% 以上的阿克苏苹果都是"富士"系列，"冰糖心"非常少。尽管两者的甜度相差不多，可乱标品牌肯定不对。创业初期，他们还曾被批发商忽悠，买到了假的进口水果。后来，他们经常去上海，到华东最大的批发市场看货，同时也研究同行，并将自己的优势发挥出来，当客户买水果时会送客户一份详尽的说明书。

韩园表示，创业时一定要想清楚自己的运营模式。了解公司的运作规则，学会沟通，这些工作要做在前面。更重要的是，"晚一两年创业没什么，但是创业准备很重要"。

二、於积林：厚积薄发的创业之路

1990 级汽车维修专业学生於积林毕业后被分配到南京锅炉厂工作，在认真审视了自身条件后，他决定从一名普通销售员做起，挑最苦、最难的工作下手。汽车维修专业毕业的他，在一个月的时间里学习锅炉相关技术知识，争取到了销售岗位。

毕业最初的几年过得相当艰苦。令人印象深刻的是 1999 年，刚结婚的於积林一年中有 320 天不是在各地出差，就是在出差的路上。因为努力，於积林学到了许多销售专业知识，积累了自己的人脉和资源。很快，他成为单位的销售主力，而他身上踏实、肯干、爱钻研的精神也给领导留下了深刻印象。

2004年，南京锅炉厂被美国公司收购，为了获得更好的发展机会，於积林给自己定下一个新目标：用五年时间，从一名普通销售成长为技术专家型销售。2007年美方撤资，於积林迎来了新的机遇，他成立了南京南锅动力设备有限公司，主攻A级锅炉设计、制造、销售、安装、维修及工程技术服务。

如今，南京南锅动力设备有限公司已成长为国内主要的余热锅炉系统供应商之一，持有国家市场监督管理总局颁发的A级锅炉制造许可证和A2级（三类）压力容器制造许可证，以及美国机械工程师协会（ASME）颁发的"S"（动力锅炉）和"U"（压力容器）钢印许可证书，是中国石油天然气集团公司入网锅炉及压力容器供应商之一。

三、胡卫林：一步一个脚印打造"开元"品牌

1980级热加工专业学生胡卫林，1993年离开了国有工厂，在苏州市胥江路1号成立了自己的钢材经营门市部。开业之初，门市部仅有3个人，注册资金3万元，经营面积不足30平方米。胡卫林靠一辆自行车联系业务，有了业务就借用朋友的三轮车拉货、送货，熟悉他的人都为他离开国营企业感到可惜，戏谑他扔掉"铁饭碗"，开始"搬砖头"，没有人想过这个门市部10年、20年后会成为什么样。

创业初期，胡卫林与两名创业伙伴把买方作为主攻方向，既分担大批发商的库存压力，又向终端用户提供了价格适中的优质原材料，在供应商和客户中树立了良好的口碑和信誉，掘到了"第一桶金"。

1995年，门市部年销售钢材规模已发展到2万多吨，门市部也正式注册成为有限责任公司，实现了一次质的飞跃。1997年，胡卫林敏锐地注意到行业和地区企业发展对钢材的特殊要求所形成的巨大市场空间，毅然做出跨区域发展的战略决定，在人地生疏的常州创办了第一家分公司。正确的经营思路和经营管理模式，使常州分公司在当地很快站稳了脚跟，并迅速取得了良好的效益，赢得了业内同行的尊敬。

2003年，公司销售额已突破20亿元，缴税近千万元。公司还与俄罗斯、马来西亚、日本、巴西、印度、韩国、中国台湾等国家和地区建立了稳定、密切的业务关系；与国内众多厂商（如武钢、本钢、鞍钢）的合作与代理关系也日趋稳定和成熟。"要板材，找开元"，公司得到了华东地区钢材业内同行和用户的广泛认可。

如今，苏州开元以"诚信、谦和、致恒、至善"为核心价值观，积极参与社会公益事业。为了支持苏州市政府关于发展民营企业的战略，承担起已经发展起来的优秀民营企业的责任，胡卫林投入1 000万元，入股苏州市政府总计2亿元的企业贷款担保金；在区一级的政府企业贷款担保金中，苏州开元也积极注入资金，在苏州市金阊区政府企业贷款担保金中占有相当的比重。2003年元月，胡卫林率先在苏州市职业大学以公司名义设立"苏州开元奖学金"，每年出资5万元，用于奖励优秀学生和资助

贫困学生。胡卫林以个人和公司的名义固定资助社会贫困学生,公司每年积极参加市、区、街道各种公益捐助……

四、周满意:坚守电商产业,做出骄人业绩

2022年11月,无锡阿凡达网络科技有限公司总经理周满意(图6.9)回到母校,在管理学院设立奖助学金,奖励、资助品学兼优的学弟、学妹。

图6.9 校友周满意

周满意是我校2004级电子商务和计算机双专业学生,毕业后长期从事互联网网页的设计和运营工作,于2012年成立了无锡阿凡达网络科技有限公司并担任总经理。截至2021年,公司客户总量已突破860家。

2008年,刚毕业的周满意和大部分同学一样,进入了无锡一家企业工作。工作三年后,周满意结婚、生子,生活的考验一一袭来,他开始寻求更好的出路。当时电商产业方兴未艾,营销型网站的代运营业务前景看好,周满意上学期间也尝试过小小的创业项目,于是以当年轰动一时的电影名"阿凡达"注册了一家公司,瞄准无锡和长三角地区制造业企业,为它们提供网站代运营业务。

周满意对公司的客户进行了深入研究,并在实践中不断积累和改进。"我的客户里,熟人介绍的比例非常高。"从一个人跑业务、做运营,到如今拥有成熟的团队,周满意用自己的努力俘获了越来越多的忠实客户,公司也成长为一家科技型企业,拥有26项软件著作权,业务范围除了生产型企业网站的代运营,还扩大到事业单位品牌策划等内容,每年还参与母校的国培、省培项目,接收相关专业教师、学生的企业访问和顶岗实习。

"无锡职业技术学院当年开设电子商务专业非常有前瞻性。"周满意表示,尽管同

班同学中目前还坚守在电商产业的已经不多，但是母校对产业、行业发展精准的预判，成就了他今天的事业。时至今日，他仍经常回到母校，与当年的恩师、如今电子商务专业主任赵建伟交流，除了互通行业信息外，师生之间的沟通也往往能碰撞出火花。

寄语母校：贵在坚持，难在坚持，成在坚持。不要去浪费99%精力去解释证明自己是对的，用99%精力去做事。

第五节 时代新秀

一、邓雪嫣：乐在其中的社区工作者

邓雪嫣（图6.10）2013年从我校市场营销专业毕业，目前任职于无锡市惠山区前洲街道党群工作部。

2011年，刚上大二的邓雪嫣参加了第三届全国大学生电子商务"创新、创意及创业"挑战赛，跟着江苏省唯一的高职院校代表队团队，站上了全国一等奖的领奖台。"那次比赛除了磨炼了我的专业技能外，也让我在沟通协调、人际交往和语言表达等方面获得了很大提升。"之后的两年，邓雪嫣还参加了数次营销类技能比赛，均有斩获。

毕业后，邓雪嫣曾在机电企业担任项目经理，又到培训机构从事行政类工作。2019年，她进入无锡市惠山区邓巷社区居民委员会，开始了社区基层工作的职业生涯。

图6.10 校友邓雪嫣

"社区工作千头万绪，服务对象形形色色，但让我乐在其中。"生性乐观开朗的邓雪嫣以最饱满的热情对待工作，收获了同事和居民们的肯定和赞许，一度获评街道"优秀共产党员""优秀团干部"等。

2021年，邓雪嫣还发挥演讲特长，参与了各类党史知识竞赛、宣讲演讲等活动，在全省统战系统庆祝建党100周年青年党员演讲比赛中获得一等奖，并受聘担任惠山区"致敬百年路　奋进新征程——高质量发展成果展"特约讲解员。

寄语母校：我怀念母校的每一段路，每一处花草，每一栋建筑……这里承载了我太多美好的回忆。亲爱的学弟学妹们，愿你们以梦为马，不忘初心，不负韶华，乘风破浪，勇敢地去追寻属于你们的诗和远方。

二、周蓉：全票当选江苏省人大代表

2023年1月11日，无锡市第十七届人民代表大会第二次会议现场，我校汽车与交通学院毕业生周蓉（图6.11）以415票全票当选为江苏省人大代表。2014年，周蓉从汽车技术服务与营销专业毕业后，入职中国铁路上海局集团有限公司无锡站，从那时起，她便加入无锡站"太湖明珠"雷锋服务站，成为一名志愿者，负责老、弱、病、残、孕等特殊旅客的服务工作，解答旅客问询、处理现场投诉等。

图6.11 校友周蓉

多年来，周蓉始终对这份工作保持着热情。虽然每天的岗位固定，旅客问询的问题也差不多，但每天来往问询的旅客本身是不一样的，旅客的类型、问询的方式、传递的问题及解答完问题后旅客反馈给她的感觉，都会让她反思："这个问题，对于这一类旅客应该用什么词语最准确，对于那一类旅客怎样解释最高效？"

服务站平均一天要护送20多位特殊旅客，重点旅客预约登记簿上密密麻麻的字迹，详细记录着服务站工作人员每天为行动不便的旅客提供借用轮椅、接送站等信息。

2022年2月，周蓉收到了一封感谢信："蓉姐您好！可能您不记得我了，但是你的声音映到了我的心里……"这是来自河南开封的残疾旅客左先生发来的短信。他在无锡南长街附近做流浪歌手，因患有先天疾病，只能靠自制的滑板车"行走"，每年回开封都由周蓉护送进站上车。两年前，左先生大腿肌肉严重萎缩，需要回老家手术，临行前左先生对周蓉说："如果手术不成功，这就是我们的最后一面了。"随后他与周蓉合影告别。康复后他路过无锡站，专程下车来感谢一直热心帮助他的"蓉姐"。

自参加工作以来，周蓉服务过的重点旅客数量达8 000多人次，获得旅客表扬、锦旗表扬、媒体表扬60余次，还先后荣获了无锡站"服务之星""十佳宣传骨干""先进生产工作者"、中国铁路上海局集团有限公司"暑运青年立功竞赛先进个人""服务明星""先进个人"等称号。

寄语母校：珍惜校园时光，可以放松，但不能松懈。哪怕只是某一瞬间，你开始发现时光的珍贵，那就从那一刻开始抓住时间，好好度过自己的每一天！

三、于俊杰：从高职学生到博士研究生

在专业老师和班主任眼里，于俊杰（图 6.12）是个十分要强的小伙子。他 2014 年考入我校机械技术学院。2021 年 9 月，在离开母校 4 年后，他来到一条马路之隔的江南大学，开始攻读轻工机械与包装工程专业博士研究生。"无锡职业技术学院是我从事机械专业研究的启蒙之地。"于俊杰希望自己读博期间将研究内容与行业企业需求相结合，在智能感知、大数据分析、智能调度和数字孪生等方向有所建树。

图 6.12　校友于俊杰

在无锡职业技术学院的三年里，于俊杰"处处要强"，专业成绩名列前茅的他，参加了全国职业院校技能大赛"三维建模数字化设计与制造"赛项和第 44 届世界技能大赛"原型制作"项目全国机械行业选拔赛，都取得了不俗的成绩。他还拿遍了学校各种类别的奖励，获得国家奖学金，获评省、市三好学生，上榜无锡职业技术学院大学生年度人物。

2016 年 6 月和 12 月，于俊杰经过学校选拔，先后赴清华大学和美国阿拉莫学院参加项目式培训和交流学习。"这两次经历让我受益匪浅。"于俊杰说。国内顶级学府的氛围和发达国家的教育模式，成为激发他继续深造的动力。

毕业后，他被学校推荐参加"专转本"自主招生考试并顺利录取。以优异成绩完成本科学业后，又考取了江南大学的硕士研究生，并以一等学业奖学金和优秀研究生等荣誉获得了硕博连读的机会。"我在无锡职业技术学院掌握了扎实的专业知识，也获得了良好的专业技能培训，这让我在持续深造的路上更加游刃有余。"

寄语母校：勿忘初心，方得始终！无锡职业技术学院是一所宝藏学校，充满机遇

与挑战，等待你来发掘。希望学弟学妹们砥砺前行，不负韶华。

四、万安然：回到梦想开始的地方

万安然（图6.13），2017年毕业于我校机械制造与自动化专业。2022年，离开母校5年后，她从兰州理工大学研究生毕业，回到梦想开始的地方，应聘成为机械工程学院专任教师。

图6.13　校友万安然

"我能到无锡职业技术学院读书，其实要感谢我爸爸。"万安然说。2014年高考结束，在机械行业从业多年的父亲以其严谨、细致的作风，对国内尤其是长三角地区的工科类高职院校进行了甄别和筛选，最终建议她报考无锡职业技术学院："这所学校的工科在同类院校名列前茅，人才培养方案看起来也更加严谨负责。"

父亲的建议至今让万安然深有同感。三年在校时光，她制定了明确的目标，除了学习专业理论，她还沉醉于技能提升，如钳工、数控车、数控铣、刨床等。实训老师曾说，第一次看见有女生这么愿意动手操作机床。

得益于专科期间打下的扎实基础，本科期间，万安然能轻松应对专业学习；在考研选择研究方向时，她选择了数字化设计与制造技术，深入学习复杂曲面零件数控加工技术。"在无锡职业技术学院掌握的知识和技能，让我在应对研究项目的时候更加得心应手。"

2022年9月，万安然正式成为母校的一名专任教师，与昔日恩师做伴，开启了人生新的历程。备课、试讲、培训，万安然在努力适应新的角色，老师们还是那样宽容以待、毫不吝惜，给予她教学、科研乃至职业规划方面的指导，从他们身上，万安然真切体悟着"学高为师，身正为范"。

"一路走来，职业教育不仅让我掌握扎实的专业知识和熟练的技能，还赋予我严谨细致的作风、精益求精的品格和敬业守信的追求，这些宝贵的精神财富将伴随我行稳致远。"万安然说。

寄语母校：大学时光是一场与自己的博弈，吃过的每一份苦、受过的每一分累、流过的每一滴汗都不会白费，它们会变成一束束光，照亮前行的路。

五、赵山："四川工匠"——献身国防，琢玉成器

赵山2017年毕业于我校生产过程自动化专业，从小喜欢钻研，动手能力强。考入我校后，在扎实掌握专业知识和技能的同时，他积极参加各种技能比赛，备赛期间每天"泡"在学校智能工厂的车间里训练，曾在使用笔记本电脑调试设备时烧坏过CPU。2017年，临近毕业的赵山依然行程满满，3月份参加江苏省高等职业院校技能大赛"汇博杯"工业机器人技术应用赛项，4月份参加江苏省国赛选拔赛，5月份参加全国职业院校技能大赛高职组工业机器人技术应用比赛，最终斩获全国职业院校技能大赛高职组工业机器人技术应用比赛团体一等奖，江苏省高等职业院校技能大赛"汇博杯"工业机器人技术应用项目一等奖。

离校时，班主任嘱咐"知识在书本之中，运用知识的智慧却在书本之外"。赵山带着这份嘱托入职中国工程物理研究院机械制造工艺研究所，扎根一线，从事智能设备、数控机床、智能生产单元、特种设备等一系列的维修工作，同时还承担非标自动化电气软硬件设计、改造等工作。以赵山为首的团队负责某装置镜架电动改造工程电气软硬件方案设计，并成功竞标，现已进入实施阶段，获得甲方一致好评。他以极强的责任心及过硬的技术能力，获得了单位领导的认可。

2018年8月，赵山代表机械制造工艺研究所参加中国工程物理研究院第二十八届职工职业技能比赛，获得二等奖。2019年9月，赵山参加第三届四川省工业机器人技术应用技能大赛。这次备赛经历让赵山印象深刻——本单位没有与比赛相匹配的设备，眼看着比赛日期临近，他心急如焚，想到了读书期间最初带领他参加大赛的指导老师们。母校老师得知后积极联系沟通，得知无锡市有且仅有一台相关设备，便努力为他争取到半个月的训练机会。最终，赵山斩获四川省省赛职工组一等奖第一名，获评"四川省技术能手"的称号，并申报四川省五一劳动奖章。同年10月，他又代表四川省参加第三届全国机器人技术应用技能大赛，获得职工组二等奖，获评"四川工匠"。

寄语母校：荣誉的背后是日复一日的学习，是枯燥乏味的训练，甚至是与寂寞为伍、与孤独做伴，能够将青春年华献给国防事业，是使命，更是荣耀。希望学弟学妹同我一起努力，为"中国制造"迈向"中国智造"贡献自己的力量。

六、杨非凡：创业新秀——努力向"工匠精神"靠拢

杨非凡（图6.14）2014年考入我校数控设备应用与维护专业。高中时期的杨非凡就读于东台职业技术学校，先后获盐城市创新大赛第五名、盐城市普车技能大赛一等奖、江苏省普车技能大赛二等奖。进入我校后，曾参加全国职业院校技能大赛数字化设计与制造技能赛项并获一等奖。

图6.14 校友杨非凡

杨非凡第一次接触数控是在2011年的东台职业技术学校，专业教师注意到他在工艺制造方面的天赋，便希望他专注于技能训练并参加各类竞赛。"刚开始觉得很辛苦"，学习各种千分尺和卡尺测量方法的时候，从早到晚的练习让杨非凡的双手发青。但坚持的过程也让杨非凡收获颇丰，专业老师带着他参与双头大螺距梯形螺纹的工艺改进，从最初花20分钟完成一套外螺纹，到改进工艺后将过程缩短到6分钟。"14分钟的工时差距，我们花了几个月的时间来摸索。"

考入我校后，杨非凡更加系统地学习数控理论知识，加强实践技能的培养，并遇到了对他职业生涯影响很大的俞张勇老师。俞老师带领学生参与横向课题的制作和研发过程，并推荐杨非凡参加全国技能大赛集训，这个过程让杨非凡学到了不少课本外的专业知识，也锻炼了实践操作技能。集训过程中的挫折、坎坷曾让他心生退意，但是在老师和学长的指导和感染下，杨非凡坚持了下来，并认真思考和发掘自己的优势和潜能，为以后的创业埋下了伏笔。

2019年5月，毕业两年的杨非凡创立无锡力丁精机科技有限公司，从事高精密机械零件加工。

创业的过程并非一路坦途，但是在校期间的学习、集训让他养成了善于思考、持

之以恒的习惯，让杨非凡在创业路上不断突破自我。从贷款购买第一台机床，到如今拥有十几台高精密机床，从一个人单干到如今有 13 名员工，杨非凡的企业与一汽集团等多家企业形成了稳定的合作关系，2022 年实现产值近千万元。

寄语母校：我认为的工匠精神是敬业专注、精益求精、敢于挑战、自我超越。感谢母校老师的倾囊相授，我还在往工匠精神靠拢的路上。

七、李娃：做有温度的内容，见真实的世界

2024 年劳动节前夕，央视新闻客户端一则"00 后视频博主体验百种职业 探寻行行出状元的密码"迅速传播，短视频博主李娃娃正是我校电子商务专业毕业生李娃。在校期间，她曾获得全国大学生"互联网+"创新创业大赛直播组冠军；毕业后，她创办了无锡市顶流文化传媒有限公司，专职从事短视频创作。

李娃的镜头下，有凌晨的医院、菜市场、学校……因此被网友戏称"凌晨女孩"。她用纪实方式记录下来，万千网友通过她"看见"了不曾看到的画面和故事。她又拍了"体验一百种人生"系列，做了无数网友想做又没敢做的事。跟随她的镜头，网友得以看到人生百态，她更说出了那句治愈万千网友心灵的话语："乐观和热爱才是生活的解药。"现在的她，全网拥有粉丝 900 万，频频出爆款视频，短视频《地铁停运的背后》获人民日报等众多官媒转载。

在李娃看来，见众生、见世界、见自己，就是自己的梦想。为此，她有了说走就走的一个人的旅行，有了深夜里在街头的游荡，有了对生与死的意义的思考。有网友评论，"20 岁年纪，活出了 40 岁的阅历"。她用自己的眼睛和作品展示社会百态，思考人间烟火。她视频剪辑紧凑，画面信息量大，给人以视觉冲击的同时，也带来启发。

图 6.9 校友李娃接受"央视新闻客户端"采访

第三章 荣誉引航

> 大学校园既是我们增长才干、不断提升自我的精神家园，也是奋力拼搏、展示自我的广阔舞台。本章主要介绍若干项校级及以上重要荣誉的基本情况和获奖名单，希望能够为你指引努力的方向。

第一节 国家级重要荣誉

一、中国大学生自强之星

- 评选时间：每年 4~5 月。
- 评选办法：根据共青团江苏省委相关工作要求，学校组织二级学院团总支对照文件要求组织申报，经学校评审、公示，无异议后向上级推报参评"中国大学生自强之星"。近几年我校获该项荣誉学生名单如表 6.1 所示。

表 6.1 近几年我校获"中国大学生自强之星"荣誉学生名单

序号	学院	姓名	班级	荣誉名称及获奖年度
1	控制工程学院	陈 虎	机器人 21631	2018 年度中国大学生自强之星
2	物联网工程学院	徐 燕	姚建铨创新班 19	2020 年度中国大学生自强之星
3	汽车与交通工程学院	郭祥龙	汽修 52032	2021 年度中国大学生自强之星
4	开源创新创业学院	李金瑶	云商创新班 20	2022 年度中国大学生自强之星

二、国家奖学金

- 评选时间：每年 10~11 月。
- 评选办法：根据上级相关工作要求，申请国家奖学金的学生须按规定向所在二级学院提出申请，并填写《国家奖学金申请审批表》，二级学院对申请学生进行初审并提出意见，报学生工作处。学生工作处牵头组织评审，经学校审定、公示，公示无异议后上报江苏省教育厅。2023 年度我校获国家奖学金荣誉学生名单如表 6.2 所示。

表 6.2　2023 年度我校获国家奖学金荣誉学生名单

序号	学院	姓名	班级
1	机械工程学院	邹西壮	机制 12132
2	机械工程学院	张　宇	机电 12132
3	机械工程学院	王理硕	材料 12131
4	控制工程学院	胡董兵	机器人 22101
5	控制工程学院	刘苏龙	工业自动化 22131
6	控制工程学院	张永平	机器人 22131
7	物联网工程学院	李和苗	大数据 32131
8	物联网工程学院	韩倩倩	软件 32132
9	物联网工程学院	张艺杰	云计算 32131
10	汽车与交通工程学院	席加诚	汽修 52132
11	汽车与交通工程学院	雷文博	新能源汽车 52131
12	财经学院	彭　欣	财务 42132
13	财经学院	叶　庆	会计 42134
14	财经学院	崔　静	商务英语 62132
15	管理学院	潘锐铭	物流 42131
16	管理学院	毛诗涵	物流 42131
17	文旅学院	杨鑫奕	酒店管理 62132
18	设计艺术学院	夏志豪	室内艺术 72132
19	开源创新创业学院	黄嘉明	卡尔·本茨创新班 21
20	爱尔兰学院	吴梦北	机电 12181

2023 年国家奖学金获得者风采

第二节 省级重要荣誉

一、江苏省大学生年度人物

- 评选时间：每年 2~3 月。
- 评选办法：根据江苏省委教育工委、江苏省教育厅下发的评选通知，在全校范围内公开遴选省级大学生年度人物候选人。学校组织各二级学院根据评选要求择优上报 1 人，经学校评审、公示，公示无异议后上报省教育厅。近几年我校获该项荣誉学生名单如表 6.3 所示。

表 6.3 近几年我校获"江苏省大学生年度人物"荣誉学生名单

序号	学院	姓名	班级	荣誉名称及获奖年度
1	机械工程学院	王 康	数控设备 11331	2015 年江苏省大学生年度人物提名奖
2	物联网工程学院	丁 强	应用电子 31731	2018 年江苏省大学生年度人物提名奖
3	物联网工程学院	丁 强	应用电子 31731	2019 年江苏省大学生年度人物入围奖
4	汽车与交通工程学院	郭祥龙	汽修 52032	2023 年江苏省大学生年度人物入围奖
5	控制工程学院	刘苏龙	工业自动化 22131	2024 年江苏省最美大学生（全省前十）

二、江苏省优秀共青团员

- 评选时间：每年 1~3 月。
- 评选办法：根据共青团江苏省委评选表彰工作办法，学校组织各二级学院团总支对照文件要求择优推报，经校团委牵头组织专家评审，并报学校党委审定。公示无异议后，上报推荐人选参评"江苏省优秀共青团员"。近几年我校获该项荣誉学生名单如表 6.4 所示。

表 6.4 近几年我校获"江苏省优秀共青团员"荣誉学生名单

序号	学院	姓名	班级	荣誉名称及获奖年度
1	设计艺术学院	郁 峰	室内 71631	2018 年度江苏省优秀共青团员
2	财经学院	黄 杨	国贸 41931	2020 年度江苏省优秀共青团员

三、江苏省最美职校生

- 评选时间：每年 4 月。
- 评选办法：根据江苏省委相关工作提示，经学生自荐、二级学院推荐和校级评审、公示，公示无异议后，确定候选人参评"江苏省最美职校生"。近几年我校获该项荣誉学生名单如表 6.5 所示。

表 6.5　近几年我校获"江苏省最美职校生"荣誉学生名单

序号	学院	姓名	班级	荣誉名称及获奖年度
1	财经学院	黄 杨	国贸 41931	2020 年度江苏省最美职校生
2	机械工程学院	张 宇	顾秋亮创新班 18	2020 年度江苏省最美职校生
3	汽车与交通工程学院	郭祥龙	汽修 52032	2022 年度江苏省最美职校生标兵
4	开源创新创业学院	李金瑶	云商创新班 20	2022 年度江苏省最美职校生
5	开源创新创业学院	万兴哲	顾秋亮创新班 20	2022 年度江苏省最美职校生
6	控制工程学院	胡董兵	机器人 22101	2023 年度江苏省最美职校生
7	控制工程学院	刘苏龙	工业自动化 22131	2023 年度江苏省最美职校生标兵

四、江苏省高校省级三好学生、优秀学生干部、优秀毕业生

评选时间：每年 3～5 月。

评选办法：由江苏省教育厅、共青团江苏省委发布评选通知及各高校具体名额，学校根据学生工作实际分配申报名额至各二级学院，再由各二级学院严格按要求组织符合条件的学生申报，并根据学校下达名额进行二级学院内差额评比，重点审查候选人资格条件和推选程序，同等条件下择优选择。推选出候选人后，各二级学院予以公示，公示无异议后向学校提交申报材料。由学生工作处按照工作进程组织校内专家评审公示，无异议后推荐上报相关荣誉。2024 年度我校获该项荣誉学生名单如表 6.6 所示。

表 6.6　2024 年度我校获江苏省高校省级三好学生、优秀学生干部、优秀毕业生荣誉学生名单

序号	学院	姓名	班级	荣誉名称
1	控制工程学院	刘苏龙	工业自动化 22131	省级优秀毕业生
2	物联网工程学院	董子旭	物联网 32133	省级优秀毕业生
3	设计艺术学院	姚倩倩	数媒 72131	省级优秀毕业生
4	文旅学院	王富平	葡萄酒 62131	省级优秀毕业生
5	机械工程学院	张西祁	数控 22321	省级三好学生
6	控制工程学院	董小龙	工业自动化 22131	省级三好学生

续表

序号	学院	姓名	班级	荣誉名称
7	物联网工程学院	徐 蕾	云计算 32132	省级三好学生
8	集成电路学院	李 珂	电子信息 22132	省级三好学生
9	管理学院	夏 泽	电子商务 22322	省级三好学生
10	设计艺术学院	夏志豪	室内艺术 72132	省级三好学生
11	文旅学院	杨鑫奕	酒店管理 62132	省级三好学生
12	开源创新创业学院	方志伟	汇川创新班 22	省级三好学生
13	机械工程学院	周晓杰	模具 12131	省级优秀学生干部
14	汽车与交通工程学院	席加诚	汽修 52132	省级优秀学生干部
15	爱尔兰学院	周雨欣	广告设计 72181	省级优秀学生干部
16	开源创新创业学院	韩欣慧	云商创新班 22	省级优秀学生干部
17	开源创新创业学院	陈云昊	姚建铨创新班 21	省级优秀学生干部

第三节 市级重要荣誉

一、无锡市优秀共青团员

- 评选时间：每年 4 月。
- 评选办法：根据共青团无锡市委评选表彰工作办法，由二级学院团总支对照文件要求择优推报，经校团委组织专家评审，并报学校党委同意、公示，公示无异议后上报推荐人选参评"无锡市优秀共青团员"。近几年我校获该项荣誉学生名单如表 6.7 所示。

表 6.7　近几年我校获"无锡市优秀共青团员"荣誉学生名单

序号	学院	姓名	班级	荣誉名称及获奖年度
1	控制工程学院	张绪文	工业自动化 21831	2020 年度无锡市优秀共青团员
2	机械工程学院	崔嘉龙	机制 11941	2021 年度无锡市优秀共青团员
3	机械工程学院	张 宇	机电 12132	2022 年度无锡市优秀共青团员
4	开源创新创业学院	陈云昊	姚建铨创新班 21	2022 年度无锡市优秀共青团员

二、无锡市最美职校生

- 评选时间：每年 9～10 月。
- 评选办法：根据共青团无锡市委相关工作指示，经二级学院团总支对照文件要求择优推报，校团委组织评审、公示。公示无异议后，上报推荐人选参评无锡市最美职校生。2023 年度我校获该项荣誉学生名单如表 6.8 所示。

表 6.8　2023 年度我校获"无锡市最美职校生"荣誉学生名单

序号	学院	姓名	班级	荣誉名称
1	控制工程学院	胡董兵	机器人22101	无锡市最美职校生
2	控制工程学院	刘苏龙	工业自动化22131	无锡市最美职校生
3	物联网工程学院	李梦媛	网络32102	无锡市最美职校生
4	管理学院	毛诗涵	物流42131	无锡市最美职校生
5	汽车与交通工程学院	雷文博	新能源汽车52131	无锡市最美职校生
6	文旅学院	杨鑫奕	酒店管理62132	无锡市最美职校生
7	设计艺术学院	夏志豪	室内艺术72132	无锡市最美职校生
8	开源创新创业学院	杨义刚	云商创新班21	无锡市最美职校生

三、无锡市职业院校技能雏鹰

- 评选时间：每年 6~7 月。
- 评选办法：根据无锡市相关文件精神，各二级学院对符合条件的申报对象，对照要求，认真评审，择优推荐至少 1 名候选人，学生工作处组织专家开展评议审定，并对结果进行公示、上报。2023 年度我校获该项荣誉学生名单如表 6.9 所示。

表 6.9　2022 年度我校获"无锡市职业院校技能雏鹰"荣誉学生名单

序号	学院	姓名	班级	荣誉名称
1	机械工程学院	黄振宇	数控12033	无锡市职业院校技能雏鹰
2	控制工程学院	崔世林	机器人22001	无锡市职业院校技能雏鹰
3	控制工程学院	孙楚骏	电气22034	无锡市职业院校技能雏鹰
4	控制工程学院	王忠晖	电子信息32033	无锡市职业院校技能雏鹰
5	物联网工程学院	陈旺	物联网32031	无锡市职业院校技能雏鹰
6	物联网工程学院	张鑫	工业自动化22131	无锡市职业院校技能雏鹰
7	汽车与交通工程学院	郭祥龙	汽修52032	无锡市职业院校技能雏鹰
8	管理学院	郭甜豫	物流42031	无锡市职业院校技能雏鹰
9	管理学院	胡梦婷	市场营销42041	无锡市职业院校技能雏鹰
10	开源创新创业学院	章乐康	顾秋亮创新班20	无锡市职业院校技能雏鹰

四、无锡市三好学生、优秀学生干部

- 评选时间：每年 3~5 月。
- 评选办法：由无锡市教育局、共青团无锡市委员会发布评选通知及各高校具体

名额，学校根据各奖项名额分配到各二级学院。经学生个人申请、二级学院初审、学生工作处终审，公示无异议后上报。2024 年度我校获该项荣誉学生名单如表 6.10 所示。

表 6.10 2024 年度我校获无锡市三好学生、优秀学生干部荣誉学生名单

序号	学院	姓名	班级	荣誉名称
1	机械工程学院	冯 茂	数控 22322	无锡市三好学生
2	机械工程学院	储瑞焱	材料 22011	无锡市三好学生
3	机械工程学院	苏 舟	机制 22322	无锡市三好学生
4	机械工程学院	余柯慧	机电 22012	无锡市三好学生
5	机械工程学院	何润涛	模具 22011	无锡市三好学生
6	机械工程学院	吴彦霆	机制 22321	无锡市三好学生
7	控制工程学院	丁绪涵	机器人 22012	无锡市三好学生
8	控制工程学院	王佳威	工业自动化 22321	无锡市三好学生
9	控制工程学院	邱玉政	工业自动化 22321	无锡市三好学生
10	控制工程学院	马 越	机器人 22011	无锡市三好学生
11	控制工程学院	朱 晴	工业自动化 22321	无锡市三好学生
12	物联网工程学院	韩露源	软件 22322	无锡市三好学生
13	物联网工程学院	窦润萍	网络 22012	无锡市三好学生
14	物联网工程学院	董文捷	软件 22323	无锡市三好学生
15	物联网工程学院	腾佳慧	物联网 22321	无锡市三好学生
16	物联网工程学院	谢 婕	人工智能 32132	无锡市三好学生
17	物联网工程学院	侯雪儿	人工智能 32132	无锡市三好学生
18	汽车与交通工程学院	汤岚欣	空乘 22321	无锡市三好学生
19	汽车与交通工程学院	王 燕	空乘 22321	无锡市三好学生
20	汽车与交通工程学院	张吉龙	汽车制造 22321	无锡市三好学生
21	汽车与交通工程学院	谢世鑫	智能网联 22321	无锡市三好学生
22	汽车与交通工程学院	张海波	智能网联 52132	无锡市三好学生
23	集成电路学院	毕志园	电子信息 22131	无锡市三好学生
24	财经学院	朱奥冉	商务英语 22351	无锡市三好学生
25	财经学院	黎 可	金融 22322	无锡市三好学生
26	财经学院	李雅迪	商务英语 22351	无锡市三好学生
27	财经学院	陈 鑫	金融 22321	无锡市三好学生
28	财经学院	郦洁宇	商务英语 22322	无锡市三好学生
29	财经学院	章 意	财务 22321	无锡市三好学生

续表

序号	学院	姓名	班级	荣誉名称
30	管理学院	刘心怡	物流22321	无锡市三好学生
31	管理学院	赵 静	物流22322	无锡市三好学生
32	管理学院	马 恒	物流22322	无锡市三好学生
33	管理学院	孙可銮	电子商务22322	无锡市三好学生
34	文旅学院	彭辰辰	旅游22321	无锡市三好学生
35	设计艺术学院	陈刘雯	广告艺术22321	无锡市三好学生
36	设计艺术学院	张歆悦	室内艺术22321	无锡市三好学生
37	开源创新创业学院	代 雪	顾秋亮创新班22	无锡市三好学生
38	开源创新创业学院	皮路斌	汇川创新班22	无锡市三好学生
39	机械工程学院	刘浩伍	机制22011	无锡市优秀学生干部
40	机械工程学院	尹 健	机制22321	无锡市优秀学生干部
41	控制工程学院	任思齐	机器人22321	无锡市优秀学生干部
42	控制工程学院	孟 杨	工业自动化22322	无锡市优秀学生干部
43	物联网工程学院	白娜娜	云计算22322	无锡市优秀学生干部
44	物联网工程学院	周晶晶	物联网22321	无锡市优秀学生干部
45	汽车与交通工程学院	杨 杰	新能源汽车52132	无锡市优秀学生干部
46	集成电路学院	刘柯扬	集成电路22322	无锡市优秀学生干部
47	财经学院	陈庭辉	财务22321	无锡市优秀学生干部
48	财经学院	杨宇晨	商务英语22322	无锡市优秀学生干部
49	管理学院	高正阳	连锁管理42131	无锡市优秀学生干部
50	文旅学院	张万甲	酒店管理62131	无锡市优秀学生干部
51	设计艺术学院	杨 浩	室内艺术22323	无锡市优秀学生干部
52	开源创新创业学院	杜雨桐	卡尔本茨创新班22	无锡市优秀学生干部
53	爱尔兰学院	蔡曦蝶	财务22811	无锡市优秀学生干部

五、无锡市优秀毕业生、十佳优秀毕业生

• 评选时间：每年4~6月。

• 评选办法：根据无锡市教育局、共青团无锡市委员会相关通知，经本人申请、班级推荐、院系推荐、学校组织评审、公示，公示无异议后确定上报人选。2024年度我校获得该项荣誉学生名单如表6.11所示。

表 6.11　2024 年度我校获无锡市优秀毕业生、十佳优秀毕业生荣誉学生名单

序号	学院	姓名	班级	荣誉名称
1	机械工程学院	张　宇	机电 12132	无锡市优秀毕业生
2	机械工程学院	张一帆	机电 12131	无锡市优秀毕业生
3	控制工程学院	张译文	控制 22132	无锡市优秀毕业生
4	汽车与交通工程学院	雷文博	新能源汽车 52131	无锡市优秀毕业生
5	集成电路学院	吴鑫磊	电子信息 22132	无锡市优秀毕业生
6	管理学院	王琇斑	工商 42132	无锡市优秀毕业生
7	开源创新创业学院	黄嘉明	卡尔本茨创新班 21	无锡市优秀毕业生
8	开源创新创业学院	任单会	云商创新班 21	无锡市优秀毕业生
9	爱尔兰学院	吴梦北	机电 12181	无锡市优秀毕业生

第四节　校级重要综合荣誉

一、校级大学生年度人物

- 评选时间：每年 10～12 月。
- 评选办法：根据《无锡职业技术学院"大学生年度人物"评选办法》（锡职院学〔2020〕47 号），经学生自荐或班级推荐、学院评选推荐、资格审查、名单初审、网络投票、风采展示等环节，每年推选出 10 名学生获得无锡职业技术学院"大学生年度人物"荣誉称号，10 名学生获得无锡职业技术学院"大学生年度人物提名"奖，并从中择优推选 1 名学生参评"江苏省大学生年度人物"。2023 年度我校获该项荣誉学生名单如表 6.12 所示。

表 6.12　2023 年度我校获校级"大学生年度人物""大学生年度人物提名"荣誉学生名单

序号	学院	姓名	班级	荣誉名称
1	机械工程学院	张　宇	机电 12132	大学生年度人物
2	机械工程学院	张西祁	数控 22321	大学生年度人物
3	机械工程学院	曹　娜	模具 12131	大学生年度人物
4	控制工程学院	刘苏龙	工业自动化 22131	大学生年度人物
5	物联网工程学院	薛幸龙	物联网 32141	大学生年度人物
6	物联网工程学院	董子旭	物联网 32133	大学生年度人物
7	汽车与交通工程学院	雷文博	新能源汽车 52131	大学生年度人物
8	财经学院	彭　欣	财务 42132	大学生年度人物

续表

序号	学院	姓名	班级	荣誉名称
9	文旅学院	杨鑫奕	酒店管理62132	大学生年度人物
10	管理学院	毛诗涵	物流42131	大学生年度人物
11	控制工程学院	张译文	控制22132	大学生年度人物提名
12	控制工程学院	刘家辉	控制22132	大学生年度人物提名
13	汽车与交通工程学院	席加诚	汽修52132	大学生年度人物提名
14	财经学院	钟歆怡	财务42132	大学生年度人物提名
15	设计艺术学院	夏志豪	室内艺术72132	大学生年度人物提名
16	设计艺术学院	孙菁菁	广告设计72131	大学生年度人物提名
17	开源创新创业学院	黄嘉明	卡尔本茨创新班21	大学生年度人物提名
18	开源创新创业学院	任单会	云商创新班21	大学生年度人物提名
19	开源创新创业学院	徐可欣	云商创新班21	大学生年度人物提名
20	爱尔兰学院	周雨欣	广告设计72181	大学生年度人物提名

二、校级"五四"青年奖

- 评选时间：每年4~5月。
- 评选办法：根据相关文件精神，面向全校师生每两年评选一次，采取自下而上评选方式，由各团总支按照相应名额组织推荐，校团委组织评审，每届评选5~6名个人（团队）获校级"五四"青年奖。2023年度我校第三届校级"五四"青年奖榜单揭晓，具体获奖名单如表6.13所示。

表6.13　2023年度我校获第三届校级"五四"青年奖荣誉名单

序号	学院	姓名	班级	荣誉名称
1	物联网工程学院	钟兴宇	网络31432	"五四"青年奖
2	物联网工程学院	曹高明	计算机30971	"五四"青年奖
3	汽车与交通工程学院	郭祥龙	汽修52032	"五四"青年奖
4	开源创新创业学院	李金瑶	20级云商创新班	"五四"青年奖
5	机械工程学院	苗盈	教师	"五四"青年奖
6	机械工程学院	"蒲公英"实践支教团	团队	"五四"青年奖

新同学，你好！若干年前，上述榜单中的学长、学姐们曾像你一样，满怀对大学的憧憬，来到无锡职业技术学院求学。或许他们也曾像你一样迷茫过、困惑过……但是，他们怀揣梦想，一路前行，让自己的大学生活变得更加充实，让自己的青春更加绚烂多彩。

年轻的你有无限可能，还有更多的未知等待着你亲身体验与探索，只要你明确奋斗目标，并且为之不懈努力，"越来越优秀"必定会成为你值得骄傲的成长轨迹！

2022 年度校级"大学生年度人物"风采

2023 年度"校级大学生年度人物"风采

第三届校级"五四"青年奖获得者风采

参考文献

[1] 弗朗西斯科·西里洛. 番茄工作法[M]. 廖梦骅,译. 北京:北京联合出版公司,2019.

[2] 史蒂夫·诺特伯格. 番茄工作法图解[M]. 大胖,译. 北京:人民邮电出版社,2023.

[3] 罗磊. 大学生的时间管理[M]. 南京:东南大学出版社,2020.

[4] 孙正聿. 理想信念的理论支撑[M]. 长春:吉林人民出版社,2014.

[5] 宋羽. 一水倾城是无锡[M]. 北京:中国社会出版社,2015.

[6] 无锡市崇安区档案局(馆). 无锡胜迹与成语典故[M]. 苏州:古吴轩出版社,2013.

[7] 无锡市史志办公室. 无锡读本[M]. 北京:方志出版社,2018.

[8] 龙瑞全,余图军. 大学生心理健康教育[M]. 成都:电子科技大学出版社,2017.

[9] 江西省教育厅,江西省高校心理健康教育专业委员会. 大学生心理健康教育教程[M]. 南昌:江西高校出版社,2019.

[10] 段鑫星,李文文,司莹雪. 恋爱心理必修课[M]. 北京:人民邮电出版社,2019.

[11] 叶星,毛淑芳. 大学生心理健康指导[M]. 北京:对外经济贸易大学出版社,2014.

[12] 李龙,李晨光,陈恒英. 大学生心理健康教育[M]. 重庆:重庆大学出版社,2018.

[13] 李宝山,罗新兰. 大学生心理健康教育[M]. 重庆:重庆大学出版社,2017.

[14] 夏洛特·斯泰尔. 向好而生:积极心理学的10大发现[M]. 丁敏,译. 北京:人民邮电出版社,2020.

[15] 彭凯平,闫伟. 活出心花怒放的人生[M]. 北京:中信出版社,2020.

[16] 胡燕,胡锋. 美学与大学生艺术素养[M]. 南京:南京大学出版社,2013.

[17]承剑芬,强伟纲.大学生公共艺术教程[M].南京:南京大学出版社,2013.

[18]崔志梅.自主与失控:媒介化的时间管理实践及其困境[J].学习与实践,2023(2):133-140.

[19]梁晓燕,蔺文韬,赵桐,等.大学新生时间管理倾向、手机依赖与无聊倾向的关系:一项交叉滞后研究[J].心理科学,2022,45(5):1214-1221.

[20]黄海燕,许国成,付莹.大学生成就目标定向与学习投入的关系:时间管理倾向的中介作用[J].心理学探新,2017,37(4):375-379.

[21]骆郁廷,靳文静.坚持用党的理想信念凝聚青年学生[J].思想教育研究,2021(12):3-10.

[22]刘建军.在学思践悟中坚定理想信念[J].学校党建与思想教育,2021(9):4-7.

[23]徐露诗.真诚交流,改善沟通:宿舍人际关系处理案例[J].读书文摘,2017(4):14.

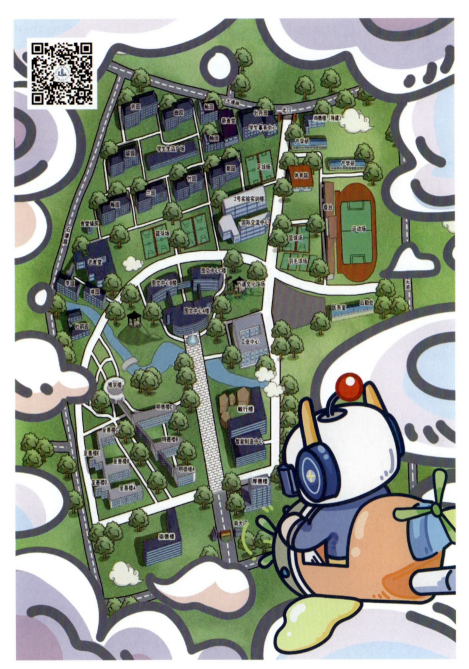

学校彩绘地图

学校南门

学校图书馆

学校教学楼

学校大学生文化广场

无锡全景

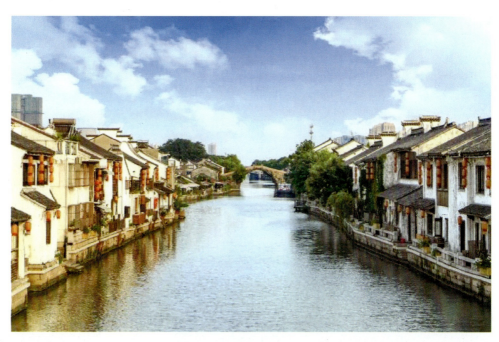

无锡古运河